口才学通论

KOU CAI XUE TONG LUN

◆主　　编　傅明善
副 主 编　李　秋　赵中华
参编人员　李　秋　赵中华
　　　　　郎　萍　傅明善

ZHEJIANG UNIVERSITY PRESS
浙江大学出版社

图书在版编目(CIP)数据

口才学通论/傅明善主编. —杭州：浙江大学出版社，2007.5(2015.3重印)
ISBN 978-7-308-05166-8

Ⅰ. 口… Ⅱ. 傅… Ⅲ. 口才学 Ⅳ. H019

中国版本图书馆CIP数据核字(2007)第025796号

口才学通论

傅明善　主编

策划组稿 责任编辑　孙秀丽(sunly428@163.com)
封面设计　刘依群
出版发行　浙江大学出版社
(杭州天目山路148号　邮政编码310007)
(网址：http://www.zjupress.com)
排　　版　杭州大漠照排印刷有限公司
印　　刷　德清县第二印刷厂
开　　本　787mm×960mm　1/16
印　　张　16.5
字　　数　286千
版 印 次　2007年5月第1版　2015年3月第5次印刷
书　　号　ISBN 978-7-308-05166-8
定　　价　25.00元

浙江大学出版社发行部联系方式：0571－88925591；http://zjdxcbs.tmall.com

前 言

随着全球经济一体化时代的来临，地球村已不再是神话，天涯若比邻成为事实，“地球在缩小，舌头在延长”，是这个时代的特征。良好的口才，将成为未来成功者必须掌握的技能之一。良好的口才主要表现在：敢说、有说、会说。

在讨论口才到底重要与否的时候，我以为先得为“口才”正名。

有口才，不在于话多，也不在于尖锐，而在于说得精炼，说得巧妙。一天，有位外交官偶然看见美国总统林肯在擦自己的靴子，便问：“呵，总统先生，你经常擦自己的靴子吗？”这个问话显然带有讽刺的口吻，会使人难堪。林肯不动声色地回答：“是啊，那你经常擦谁的靴子呢？”就这么简简单单的一句话，语气也很平和，但是反击的力量却很大，对方只能是哑口无言。这就叫口才，这样的人，才叫有口才的人。

有口才，不在于语言华丽漂亮，也不在于语义深奥，而在于说得幽默，说得形象。被誉为“光头笑星”的台湾电视节目主持人凌峰，在一次主持“神州风采”特别节目介绍赵本山出场时说：“为了丰富今晚的节目，我们特别为您介绍一位比我长得还困难的、来自东北的赵本山。”赵本山机智灵巧，将“包袱”丢给了冯巩。冯巩打趣地说：“我知道我长得丑，属于‘困难户’、‘重灾区’，但跟他们两位相比，我可以自豪地宣布，我‘脱贫致富’了！不客气地讲，一看见他们二位，我就想起了万恶的旧社会。”他们的话让观众眉开眼笑，前仰后合。这才叫口才，形象风趣；善于这样说话的人，才叫有口才的人。

口才实际上是智慧、知识、艺术和技能的总和。没有智慧和知识，就不可能有口才。当然，口才作为一种才能，也有自己的特殊性。它必须根据具体对象和环境，准确地把握对象的心理，需要一定的艺术和技能。没有智慧和知识作为铺垫，很可能就会像油嘴滑舌的小商贩，竭力卖弄自己的油腔滑调，却漏洞百出；只有智慧和知识，而没有特别的说话技能，则又很可能像茶壶里煮饺子，倒不出来。因此，真正的口才，会因人而异，因人而"宜"，适可而止。

口语表达活动在人类发展史上可谓源远流长。自古就有"一人之辩重于九鼎之宝，三寸之舌强于百万之师"之论。我们不可能终生不说话，一切人情世故，大多在说话当中。话说得好，小则可以欢乐，大则可以兴国；说得不好，小则可以招怨，大则可以误国。所以古人说："一言可以兴邦，一言可以丧邦"，这话真是切中利害。所以说话，第一是要谨慎。俗语说："祸从口出"，如果说话不当心，招人之忌，那是难免的。"金人三缄其口"，就是告诉我们说话要谨慎。可是，缄口不言，事实上是做不到的，那么我们说话的时候，惟有小心谨慎而已。话说得越多，出毛病的机会也就越多。大智若愚，大凡有学问的人不大乱说话，只有胸无点墨的人才喜欢大吹大擂。"宁可把嘴巴闭起来，使人怀疑你是浅薄的人，也不要一开口就让人证实你的浅薄。"这是一句值得大家牢记的格言。所以在研究说话艺术的时候，第一要先学会"少说话"。

这不是太矛盾了吗？你会说："既然人人要学少说话，那么，口才也就不必细加研究了。"其实不然，少说话固然是美德，但人既然生活在现实社会中，只能"少说"却不能完全不说。既要说话，又要说得少而好，这才是口才艺术的辩证法。

口才实践的丰富经验已经有了相当长的一个积累过程，到了今天，完全具备了建立起自己独立学科的基础，因此，本书的写作就是建立在众多口才学相关门类学科的发展与完善的基础之上的。它与其他学科的关系相当紧密，诸如口才学必须要有良好的心理学基础、生理学机制，与思维科学、逻辑学、语言学、修辞学、文学等学科之间都有着不可分割的密切联系。同时，在口才学内部，又要理清诸多不同方面口才实践的基本要素，诸如教学口才、领导口才、推销口才、社交口才、演讲口才、辩论口才等，在整体的口才学框架中，它们各领风骚，独具特色。本书就是旨在建立起一个整体框架，既要与众多其他学科之间有机结合，又要在口才学内部梳理出各自领域不同风采的口才特色及其具体方法，进而在推进口才学教学与实践的全面发展上贡献我们微薄的力量。

编　者

2007 年 1 月

CONTENTS

目录

第一章 绪 论

第一节 口才的重要性

口才在历史上具有举足轻重的地位。第二次世界大战中，一些西方人士曾把"舌头"、"原子弹"、"金钱"并提，称之为"世界三大威力"。而在我们所生活的今天，又有人把"口才"、"美元"、"电脑"作为"三大战略武器"。足可见口才的重要性。随着我国改革开放形势的深入发展，口才艺术的应用与研究已经越来越受到社会各界的重视与关注。

一、口才是一种必不可少的能力

当前全民瞩望"素质教育"，作为21世纪的大学生，究竟应该拥有怎样的素质呢？一开口就露丑的大学毕业生，难道可以说具有很高的文化素质吗？当然不能！也许有人会说，孔圣人不是说过"君子讷于言而敏于行"吗？对，孔子是说过这样的话，但是，殊不知，作为当代青年，将来面临各式各样的工作，你所谓的"言"，往往就是你"行"的一部分，言与行在许多工作中是密不可分的。比如说，你想成为一名光荣的人民教师，就要靠口耳相传来达到教学目的；你想成为一名高尚的法律工作者，就要面对法庭辩论，你的所有的"言"，也就正是维护法律尊严的正义之"行"；你想成为一名畅游商海的企业家，那你就需要鼓动你的如簧之舌，去说服顾客和你的合作伙伴……因此，具有口才的人，必然是现代社会中的活跃人物。能干的企业家，要应用这门技术去开拓，律师要运用这门技术去雄辩，政治家要用这门技术去阐述自己的政见，教师、推销员、演员等等无不如此，都必须具备这门技术。对于许多专业而言，练就一副过硬的口才，将是终身受用不尽的法宝。

究竟什么叫做“口才”呢？口才是以口头语言为外壳的，德、才、学、识的综合体。它是人们在交谈、辩论、质询或演讲时，熟练地将自己的思维成果、知识学问、道德情操等多方面修养综合起来，充分发挥语言表情达意作用的一种高超的能力。

二、口才是一种争取更多机遇的技术

人类社会发展到今天，口才已经成为决定一个人生活及事业优劣成败的重要因素之一。由一个人每天所说的话，可以判定他每天的工作生活情况；一个人每天的喜怒哀乐，往往由其言语来表现。一生失败于口才的人很多，我们和人接触时所说的话，是很容易被人估定其价值的。口才好、说话流利会让人托付重任。有才干没有口才，虽也可以达到成功的目的，但有才干兼有口才的人，成功的希望更大。一个滔滔不绝的说话者，有一种不可思议的力量，可以影响周围的气氛是松弛还是紧张。

口才，确实是人类生活中最难能可贵的艺术或技术，但它并不全是天生的，是可以训练的。口才可以给人带来意想不到的机会。

有一个人对商业广告极有研究，曾在无机会的环境中创造机会。他以求职的目的去拜访一个大公司的经理，会面以后他始终没有把谋职的意思说出。他只和经理谈天，在巧妙的谈话中，尽量地把广告对商业的重要性及其运用的方法说出。他举了许多有力而又典型的例子，他丰富的知识、犀利的词锋引起了经理的兴趣。结果他虽没说出谋职，反而由经理主动请他替公司设计广告事务。他的目的达到了，这就是仅凭一席话，给自己创造机会的人。

还有一个青年去应聘一间火柴厂的职位，对于这类业务他原是外行，但是为了去应聘，预先调查好了国内火柴厂的出品数量和销量、外国火柴在市场上的地位、各种火柴厂产品的比较、各竞争厂家的营业情形等等。当他应聘时，他对于这一业务的广博研究使主持者大感兴趣，在几十个应聘者当中脱颖而出。所以，预备一些使对方发生深切兴趣，同时表现你具备此道才干的谈话资料，往往能帮助你较易获得成功。

工业社会是一个繁忙的社会，具有口才的人，必然是现代社会中的活跃人物。一个人的说话能力可以代表他的力量，口才好的人往往容易受人重视，而口才差的人容易被人冷淡遗忘，口才对人生具有着重要的意义。

三、口才是生活中一种必备的要素

人类生活的要素，一方面是物质生活的满足，如衣、食、住、行、乐的舒适;另一方面是精神生活的安慰,如思想、意念、情感等等。充实精神生活,与满足物质生活一样重要,甚至在某一种境地中,满足精神生活,较之满足物质生活要重要得多,尤其是表达思想、满足意念、传述情感的语言,更是人类生活当中一件不可少的要素。当你无法表达你的意思、满足你的意念、传达你的情感时,你所受的痛苦一定是非常巨大的。人类生活已经到了不能孤独生存的境地,语言的作用,更不可或缺。无论在什么环境中,都无法避免与人交往。

口才好的人很受人欢迎,他能够使许多原先不相识的人携手,还能使许多本来彼此不感兴趣的人互相了解,能替人排解纠纷,消除人与人之间的隔阂;能医治他人的愁苦、忧闷,使大家生活得更美好,能把生活变得十分快乐。他们业余的时间,可以和朋友或家人快快乐乐地度过,使大家得到很多的乐趣。

人的见解、主张,是经过长期实践形成的,但也是可以变的。想通了这一点,当别人的意见和你不一致时,一方面就不会过于迫切地要求别人认同自己,会容人多多考虑一下,并且希望别人多多考虑一下;另一方面,也不至于一听别人意见和自己不同,就说什么"话不投机半句多",三言两语合不来,就要断绝交往了。相反地,你会很有兴趣地听听别人有什么不同的意见,然后在证明自己的意见确实高于他的时候,进一步胸有成竹地进行引导和说服。

事业的成功和失败,有时决定于某一次的谈话,这绝不是夸张。在富兰克林的自传中,有这样一段话:我在约束我自己的时候,曾有一张美德检查表。当初,在那表上只列着十二种美德,后来,有一个朋友告诉我,说我有些骄傲,这种骄傲,常在谈话中表现出来,使人觉得盛气凌人。于是,我立刻注意到这位友人给我的忠告,相信这足以影响我的前途,然后我在表上特别列上了"虚心"一项,决定竭力避免一切直接触犯别人感情的话,甚至禁止自己使用一切确定的词句,像"当然"、"一定"、"不消说"……而改用了"也许"、"我想"、"仿佛"……来代替。这是千真万确的,一个人事业的成败,常会在一次谈话中体现出来。所以,你想获得事业上的成功,必须具有能够应付一切的口才。

四、口才是人际交往的调节剂

要使别人瞧得起自己,先要自己瞧得起自己,绝不可露出乞怜的样子。在人际交往中,可以谦逊,但绝不可以谄媚,不可以唯唯诺诺,使人觉得你一无动人之处。

当你需要说出你的能力，当你被试探着你的智慧时，回避不是办法，简单作答，是必须的要求。发表意见时不可肆意批评别人，更不可以告诉对方说你的计划一定成功，如果雇用你必可使业务发展等等。这种效果是只能由对方心里称许，而不应由自己说出，表现能力而不流于自夸，得失应该让对方去评判。这样，即使你的见解与他人不相符，希望仍在：自夸必连带着固执，这种态度只会使人厌恶。如果你去拜访一个人，把目的简单地说出之后就可以离开了。即使环境许可可逗留一些时间，也应该立刻把话题转到别处。

在工作交往上，不仅要胜任，还要保持工作的气氛愉快，不要摆一副冷面孔，尽量减少情绪上的困扰及不切实际的想法，可以谈谈工作上所需要的知识，以及工作经验，要诚心诚意，不存任何的成见。在一块儿工作的人，必须彼此敬重、礼貌、关心，语气温和。如果有人不想说话，我们必须尊重他不想说话的权利。若有人略显慌乱或口吃时，周围的人就要开口为他解围，适时掩饰他的词穷。

有些人常感到这样一种痛苦：当在一群同事或与工作有关系的人中，他们的信心就瓦解了，开始怀疑自己是一室人中最不风光也最不机智的人。沮丧布满了他们的全身，反应也开始迟钝。他们只顾喝饮料，甚至连好友的名字也忘掉。对待这些人，我们既不忽视他们，也不要过分注意他们，忽视会使他们更不自在，而过分注意又会使他们更加难堪。

失言是常有的事。此时应该立即承认自己犯了错误，就不会致使情况恶化，而且你很可能还有所收获。现在有勇气说“我错了”的人并不多，因此，敢说“我错了”也能赢得尊重。

第二节　口语表达的特性

由于社会职业的多元化，口才的类型也是多种多样的。按照口语表述的不同职业功能，口才可以分为宣传教育口才、知识传授口才、推销营业口才、文艺表演口才以及日常交际口才等等；按照口语表述的语气和语言手段的特点，口才又可以分为叙述口才、质询口才、抒情口才、演讲口才、辩论口才等等。在所有这些种类的口才中，演讲口才和辩论口才则是最具有综合性的两个大类。

口语表达作为一种特殊的社会实践活动，有着自身固有的用以区别其他活动的一些特性。

一、口语表达的综合性

口语表达是一种综合性的活动，这是口语表达最为突出的特点。

首先，口语表达的综合性体现为系统的综合。口语表达活动是由语音系统、声调系统、态势系统、主体系统、听众系统和时境系统等构成的复杂的大系统，它具有整体感和时境感。这主要体现在每个子系统既作为独立的单元而存在，具有自己独特的规律和功能，又作为口语表达活动整体的一部分而出现，服从和服务于口才艺术的总目标和总要求。同时，又通过心想、口说、耳听、目视、情动等生理和心理活动的默契配合，协调一致，来共同完成口语表达的任务。例如陶渊明的《归去来兮辞》。有人怀疑这个题目是否有问题，其中的“辞”是一种文体，“兮”是语气词，自不必说，那么“归去来”三个字又该如何解释呢？是归去，还是归来？这正好形成相反的取向。其实在陶渊明来说，这正是他心之所想，情之所动，口之所言，笔之所书的结果。那么，作为读者就必须“以意逆志”，去逆推作者之本意。据钱钟书先生的解释是：“《辞》作于‘归去’之前，故去后着‘来’。”❶其实，这个“来”字并非去向动词，而是语气助词，即民歌中所谓“一月里来是新春”的“来”，是“来兮”两个虚字的连用。“兮”即“哦”、“啊”之类，也就是“依呀呀哦来哦”的用法。在这里，“归去来兮”作为全篇首句，就强烈抒发了陶渊明经过反复的思想斗争之后，终于痛下决心，“不为五斗米折腰向乡里小儿”，坚决离开污浊的官场，回归清新大自然时的欢快心情，于是，不自觉地脱口而出：“归去来兮，田园将芜胡不归！”以下便是想象归途中的情景，“载奔载欣，乃瞻衡宇”，“木欣欣以向荣，泉涓涓而始流……”，这一切都充分体现了生理活动和心理活动的默契配合，协调一致。

其次，口语表达的综合性，还表现为调动的综合性。口语表达的过程，是一个从生活到思想，再由思想到口语的双重转换过程。既然是双重转换，那么从生活到思想的第一层转换就离不开表达者认识并加工生活的摄制力；而在从思想到口语的第二层转换中，又离不开表达者“调动”多方面素养储备的表现力。因此，口语表达的实质是对自身储备的一种综合“调动”。这种储备包括表达者多方面的素养、能力和知识。在综合储备大体相当的情况下，不同的表达者所表现出调动艺术能力的高低，就有着决定性的意

❶ 钱钟书：《管锥编》，中华书局 1979 年版，第 25 页。

义。何谓“调动”？调动，就是通过想象和联想，促成各种沉淀记忆的复活和再现，以便源源不断地满足连续讲话的需要。正因为表达是一种调动，所以，“积之愈厚，发之愈佳”。善于调动而又能厚积薄发，常常是口语表达的秘诀所在。还是举一个教学口语的例子吧。李白有一首名作《蜀道难》，开篇几句十分特殊，也就是被贺知章一见即称为“谪仙人”的首要表现，那就是“噫嘘唏，危乎高哉！蜀道之难难于上青天”。在一般人读来，只能按照字面的读音，根本无法表达诗人彼时彼地特有的惊叹之情，而储备深厚者，就能知道“噫嘘唏”三字今读为细音，而古读为宏音。细音不能抒发豪情，只有宏音才行，开口度要大。这里就有一个古今语音演变的知识储备问题了。其实说来很简单，语音学上有一条，叫做“古无高元音(i)”。因而，(i)音中古以前皆读为(o)，又 jqx 在语音演变中对应的是 gkh，于是我们就明白了，原来“噫嘘唏”按古音应该读为“哦嚯嚯”。只有读出了这样一种惊叹语音的时候，我们才能充分领会谪仙人李白那豪迈奔放的诗歌特色。

第三，口语表达的综合性还体现为表现手段的综合性。口语表达超越文字之外，具有传声性和表情性两大长处和手段多样性的特点。就传声性来说，口语表达通过声调的高低、强弱，语气的缓急、长短、粗细，使有声语言增强了活力，在语流进程中显示出千姿百态，甚至还可以掩盖内容的不足，所以，苏东坡有所谓“三分诗七分读”的说法。在宋代，有一人名叫王洙，字楚望，皇上殿试举人，常常让他来读试卷。王洙也素来善于读文，即使是文格低下的文章，他也能读得抑扬顿挫，使听者不厌，而且经过他阅读的卷子往往能高中。所以在举子中流传着这样的说法：“得王楚望读之，万幸也。”❶

二、语言思维的同步性

口语表达的另一显著特点，就是作为外部语言的口语和作为内部语言的思维，它们的运动是同步的。实际上，口语表达的过程是一个将自己的思维语言迅速外化为口头语言的过程。在这个过程中，从思维到快速的选词造句，再到口头语言，几乎是闪电般的快捷，当然，从更加精确的意义上说，这种同步实际上是具有一定时差的同步。

口语和思维的同步运动是在现想现说、现说现想的情况下进行的。当要说又还未启口的时候，思维往往是最为活跃的，与话题相关的内容想到了很多，但不一定有条理，或者仅有一个大概的轮廓。在说话的过程中，前一

---

❶ (宋)文莹：《玉壶清话》，中华书局 1997 年版，第 98 页。

个意思说完了，新的想法很快又产生了，而且总想尽量使所要表达的意思说得更加完善、更加充实。有时，口头语言已经说完了，但思维所产生的意思尚未完全被语言所表达出来，于是，经过快捷的思维，又迅速用口语加以补充，人们的思维和口语就是这样互相联系、互相影响着，由起初不完全定性的想法到逐步完善，直到越说越明白。完善的口语表达要求言语和思维必须同步，思维慢了，前言不接后语，造成表达上的“延顿”和“空白”；言语慢了，跟不上思维，形成表达的“迟滞”或“嗫嚅”。口语表达上的这一特点，要求人们的思维更加敏捷，表达更加准确，反应更加灵活。

前面我们说了，语言与思维的同步，实际上是一种具有一定时差的同步，这是从时间外延的角度而言的。而列宁说过，“语言与意念之间，始终存在着差别”，这里则是从意义内涵的角度而言的，那就体现为下一个特点了。

三、言语形式的简散性

一般说来，口语是随着内容表达的需要而自然吐露出来，并加以自我调节的。由于表达速度快捷，使得表达者来不及对语言进行细致的加工润色，因此，口语不像书面语那样讲究语法的严密和结构的完整，它具有简散性的特点，即表现为语言形式的简略和松散。

简略，是指用语简略，即多用短语以及省略句、隐含句、脱落句等。这是因为思维受时间的限制，说话者难以组织结构复杂的长句，而且，说话双方处于特定的语境之中，有词句省略不说，也不影响理解。因此，日常口语不追求句子成分的完整，而着意于表情达意的需要，也就是孔子所说的“辞达而已矣，何以文为”。

松散，是指结构松散，如口语停顿多、关联词少、语流时断时续等等。这是因为口语表达可以随想随谈，并不要求一口气说完，而且口语的呼吸停顿要比文章的视觉停顿短得多。文章写在纸上，一个停顿可以看几十个字，而说出话来，一般十来个音节就需要有一个停顿。因此，口语表达在言语形式上就有了松散的特点。

口语简散性的特点，给人们规范口语表达，提高口语质量提出了新的课题。当然若能做到简练而不松散，再辅之以一定的音律性，那就是吟诗了。实际上，语言的简略性，不仅是口语，即使是书面语言也是无法穷尽思维之所有的，黑格尔说：“语言实际上只能表达普遍的东西，但人们的所想却是个别的东西，特殊的东西。因此，不能用语言准确地表达人们的思想。”（列宁批注：“在语言中只有一般的东西，任何词都已经是概括。”）也就是说，语言只是一个个声音的片段，只能给人以启示，而思想是无声的、连续的，要使之表达出来，需要经过语言的加工和整理，才能使人领会，而这已经不完全是原来的思想了。这就是中国古代庄子所提出的“言不尽意”这一重要命题的合理内涵。

《庄子·秋水》篇说：“可以言论者，物之粗也；可以意致者，物之精也。言之所不能论，意之所不能察致者，不期精粗焉。”所谓“不期精粗”，就是无所谓“精”，也无所谓“粗”的境地，那就是他心目中的“无”或者说“道”。

《庄子·天道》篇中有一则寓言说，有一个做车轮的工匠名叫轮扁，有一次问正在堂上看书的齐桓公：“公所看何书？”回答：“圣人之书。”又问：“圣人还在吗？”回答：“已经不在了。”轮扁说：“这样看来，公所读的就是古人的糟粕了。”齐桓公生气地说：“寡人读书，轮人安可论乎？有说则可，无说则死。”轮扁不紧不慢地说：“根据我几十年做车轮的经验体会，斫轮徐则甘而不固，疾则苦而不入，不徐不疾，得之于手而应之于心，口不能言，有数存焉于其间，臣不能以喻臣之子，臣之子亦不能受之于臣，是以行年七十而老斫轮，古之人与其不可传也，死矣。然则君子所读者，古人之糟粕已夫！”终于，轮扁给了齐桓公一个合理的说法，因而免于一死。其实，这也是庄子给人们形象地阐述了“言不尽意”的合理内涵。

庄子的“言不尽意”理论发展到后来，就得到了两项重大成果：

(1) 如何使“言”尽可能“尽意”，也就是要求口语表达的精确性，或者说是口语表达的规范性，包括用词规范、语音规范、语法规范等等。在我们今天就是提倡写规范字、说普通话。这样才能使口语表达更好地服务于传播与交流。

(2) 如何使“意”尽可能深含于“言”中而不出，也就是要求口语表达的含蓄性，有意识地造成“言在此而意在彼”的语言最佳状态，使人感到语言隽永，咀嚼不尽，余味无穷。如著名作家王朔有一句名言：“我们已经文明了几千年了，不好意思再文明下去了。”这话乍一听似乎极不合理，我们不是都在提倡文明吗？怎么能说“不好意思再文明下去了”呢？其实，这是他对中国几千年来所形成的封闭、保守、落后的封建文明的反拨。言下之意是：别再死抱住陈旧腐朽的封建意识不放了，都已经进入21世纪信息化的国际社会了，还好意思一味地抱残守缺吗？短短的一句话，足可警世！

四、口语传播的暂留性

口语表达是以声波为载体来传播语言的，而声波传送转瞬即逝。这就决定了口语具有暂留性的特点。所谓暂留性是指一句话讲出来，能够清晰停留在记忆里的时间很短。据测试，一般人听连续的语流，精确地留在记忆里的时间大概不超过七八分钟，此后便被新的语言刺激所代替。口语传播实际上是一个连续不断的语言流动、记忆转换的过程。这是口语区别于文章的一个很突出的特点。文章可以长久保留，反复揣摩，传之永久。而声音却稍纵即逝，来不及推敲、斟酌、玩味。所以，人们对口语表达的评价往往是从整体印象出发的。

口语传播的暂留性，对口语运用有如下的指导意义：第一，要求以准确、清晰、洪亮的声音有效地完成口语表达；第二，必须掌握适当的语速，需要对方听清的问题可以放慢速度，以加深记忆；第三，必要情况下可用强调、反复、渲染、烘托等手法实施语言的强刺激，以延缓暂留时间；第四，注意保持语意完整、语流畅通和语势连贯，以增强整体效果。

五、表达过程的临场性

口语表达的临场性指的是口语表达者和听众总是同处于特定的现实语言环境之中这样一种现象。所谓临场性，我们可以作三个方面的理解：

首先，是指口语表达总是在特定的时空中进行的。口语表达受到时间和空间的限制，你在此时说的，彼时就听不到；你在此地说的，另一地方就听不到。虽然现代录音和电讯技术在一定程度上打破了这种时空的限制，但能传之久远的声音对于文章来说毕竟是很少的。这就在人际交往中给那些爱拨弄是非者提供了条件。因此对待传话，我们要有良好的心态，姑妄听之，除非亲耳听到完整的说法，否则不必全信。也正因为如此，古人才有“兼听则明，偏信则暗”的规劝。

其次，是指口语表达的对象是具体的、特定的。口语表达和写作都有一定的对象，但是口语表达的对象更加直接、明确和具体，因而不能不考虑特定对象的接受能力和具体要求。如《阿Q正传》中的假洋鬼子在阿Q面前所说的“No——这是洋话，你们听不懂的”，既然明知人家听不懂还故意说洋话，这就是卖弄学问、故作清高的假洋鬼子的本质。又如“先生贵庚”——这种附庸风雅的问询只能产生一种隔阂，而不能产生亲和力，甚至引起人们的反感，从而在社会交往中就会失去应有的地位。

再次，就是指信息交流是在现场氛围中实施的。这种现场氛围对口语表达的影响有两个方面：第一，由于现场氛围的限制，使得口语不露痕迹的修改成为不太可能的事情。写文章可以任意修改，而口语表达却不能这样，说话是口耳相传的事，只要一发出声音，想要收回就已经不可能了。从这个意义上说，口语表达是一种遗憾的艺术。如鲁迅小说《风波》中记下了一则趣事：

革命高潮来临时，撑航船的七斤由于信息灵通，率先剪掉了辫子，那时的七斤嫂也没有觉得有什么不好的。但是革命高潮一过，复辟势力就回来了，说是没有辫子就要杀头。这时的七斤嫂就要为七斤担心起来了，于是就当众数落起七斤来："这死尸自作自受，造反的时候，我本来说不要撑船了，不要上城了，他偏要滚进城去，便被人剪去了辫子，弄得僧不僧、道不道的……这活死尸的囚徒……"这时在一旁的八一嫂听不下去了，就顺口回敬了一句："七斤嫂，算了吧，人不是神仙，谁知道未来的事呢？便是你自己那时不也说，没有辫子也没有什么丑的吗？"弄得七斤嫂哑口无言，只好拿自己的女儿出气，顺手就将手中的筷子在女儿六斤头上直扎下去，并骂道："谁要你来多嘴，你这偷汉的小寡妇！"（八一嫂是个寡妇，怀中正抱着一个两岁的遗腹子）。

在这里，七斤嫂自己前面说过的话，与当前的话语正好成了鲜明对照，因而就被人抓住了把柄。因此，在人际交往中，素来就有所谓"一言既出，驷马难追"之说，还有更为形象的说法，叫做"嫁出去的女儿泼出去的水，再也收不回来了"。第二，信息交流的现场性决定了表达者在现场的每一分钟都容易受到外界的影响。口语表达是说者和听者的双向沟通反馈活动。当众说话，听众的反应常常直接影响说话人的情绪。因此，口语表达时一定要认真观察听众心理和情绪的变化，并根据反馈的信息，随时调整自己讲话的内容和形式，以牢牢掌握表达的主动权。八一嫂在刚才讲的那个情境中就是没有看清七斤嫂那番数落的真实用意，其实只是想要为七斤开脱罪名，而八一嫂却多嘴多舌地说错了一句话，招来了七斤嫂一番指桑骂槐的痛骂，最后只好恨恨地说："七斤嫂，你恨棒打人！"就没趣地抱着她的遗腹子回去了。

第三节　提高口才的途径与方法

从某种意义上说，一个人在社会交往过程中的口语表达能力，很能体现他的综合素质。而语言运用中，又有高低之分、优劣之别、精与粗、文与野的差异。要想使自己的语言达到"高、优、精、文"的境界，就要努力学习，别无他法。

一、提高认识，树立正确的口才观

毋庸讳言，社会上对口才褒贬不一，而孔门四科的顺序则是“德行、言语、政事、文学”，言语仅次于德行，排列第二，从中可以看出在孔子的教育实践中，“言语”所占的地位之高。在中国古代社会中，说客，一度十分流行。以苏秦、张仪为代表的所谓纵横家，在春秋战国时代比今天的外交部长要受欢迎得多，地位也要高得多。因而到了汉代班固的《汉书》中，还将纵横家与儒道阴阳法名墨等思想流派并列，成为“九流十家”之一，当时甚至还出现过鬼谷子所创办的口才学校。

当然，古代的政治家、理论家也有反对把口才当作一门艺术的，如北宋著名历史学家司马光就对说客极力诋毁，说他们是“掉三寸之舌”，“专以辩说相高，人君悉国而听之，此所谓利口覆邦者也”。到了现代社会对此也仍然分歧巨大，有人认为口才是人才的一半；也有人认为能说会道只不过是“耍贫嘴”。这种贬低口才的观点，从历史的角度看是不公正的；从认识论的角度看，是片面的、极端的，他们没有看到口才与思维水平之间的密切关系，谁能说一个思维迟钝而混乱的人，会有好的口才呢？又有几个口才好的人在业务上是低能儿呢？尤其是当今社会已经进入了信息时代，而口语则是最常用、最便捷的交流工具。为了培养现代化的复合型人才，我们今天也必须一扫那些对待口才的陈腐观念，变“君子讷于言而敏于行”为“君子善于言而又敏于行”，树立正确的口才观，努力锻炼自己雄辩的口才，大力弘扬口才艺术。

二、“功夫在说外”，加强个人修养

有人误解了口才的本质，错误地认为口才好者，只不过是嘴皮子功夫。这是大错特错的偏见。因为口才绝不仅仅是嘴皮子的事，在社会言语交流过程中，说话人总是根据自己特定的世界观、政治倾向、道德观念、思想感情、知识水平、思维方式以及语言环境等基本要素的要求，将自己在认识中积淀于心灵深处的信息，转换成一种口语音响的形式传递出去。就比如一名教师的基本要求是“学高为师，身正为范”，这就很好地揭示了作为优秀教师，必须要具有很好的修养。“语言是思想的直接现实”。没有爱憎分明，哪有义正词严；没有渊博见闻，哪能谈古论今；没有虚怀若谷，哪有言谈雅秀；没有文思泉涌，哪能口若悬河！十分明显，要想掌握好口才艺术，不仅仅是磨砺嘴皮子，更关键的是磨砺思想。朱熹《观书有感》一诗中说：“半亩方塘一鉴开,天光云影共徘徊;问渠哪得清如许?为有源头活水来。"口才艺术的"源头活水"就在于人的德、才、学、识以及高尚思想指导下的社会实践活动。

三、普遍练习与重点突破相结合

培养丰富的语体感是口语表达训练的一项重要任务。要做到这一点,就应该坚持唯物辩证法关于一般与个别相结合的原则,既要抓好一般性口语语体的普遍练习,又要选择符合自己才能和兴趣的一种或多种语体进行个别突破。

首先,应该对使用频率较高而又适合训练的各种口语语体进行认真练习。根据以上原则,我们可以依据言语样式的不同,选择交谈、发言、问答、论辩、演讲等五种不同的口语语体。这其中交谈属于日常口语,演讲则自成一体。这些语体虽然带有举例性质,但都是日常学习、工作、生活和社交中经常遇到,而又必须加强练习的。

其次,应该选择符合自己的语体,以重点突破。这是一个相当古老而又颇有道理的见解。三国时,曹丕在他的《典论·论文》中说:"文非一体,鲜能备善","故能之者偏也,唯通才能备其体"。十八般武艺样样皆通,一般的人是难以做到的,口语语体的运用也是如此。因此,可以在各类语体中,选择符合自己一种或数种的语体作为口语训练的方向去认真实践。老一辈革命家中如毛泽东擅长演讲,周恩来擅长谈判,陈毅擅长答问……他们在各自的领域里大显身手,获得了举世瞩目的成功。

四、学习前人,敢于创新

在中国古代,口才上乘的范例简直数不胜数,如《左传》中记载的"蔡厨师认罪辨冤"的故事:

晋文公作为公子时,曾经在外流浪了19年,受尽了磨难。后来回国执政当上了国君,就尽情地享受了一番,什么山珍海味他全都尝遍了,其中最爱吃的则是烤肉。有一次,晋文公点了一盘烤肉,但是端上来一看,分明有一根头发丝缠绕在烤肉上。于是,晋文公勃然大怒,唤来烤肉的蔡厨师。文公的侍从对蔡厨师吆喝道:"烤肉上居然缠有头发丝,这是对君主的大不敬,你如此失职,该当何罪?"蔡厨师看了一眼盘子里的烤肉,心知有人故意陷害自己,心想,我一个卑贱的厨师,在皇上面前哪有辩护的权利?但是如果不将冤屈点破,又会马上被处死。在这危急关头,聪明的蔡厨师连忙跪倒在地向晋文公认罪:

"臣有罪，臣该死！臣罪有三：厨下切肉的刀快得像宝剑，能够割断肉却割不断头发丝，这是臣罪之一；烤肉时，我用铁锥串起来反复翻动，却没有发现这么长的一根头发丝，这是臣罪之二；炉火熊熊，旺得发红，肉烤熟了，头发竟然还没烤焦，这是臣罪之三。有此三罪，死罪难免。"

晋文公听了这番话之后，就领会了蔡厨师的巧妙申辩，醒悟到这是有人故意做手脚，一是戏弄国君，二是陷害厨师。于是，他下令将伺候进膳的侍从找来审问，果然如此。文公大怒，杀了这一侍从。蔡厨师终于免遭杀身之祸。

这个故事中，蔡厨师认罪的三条罪状本身就是自相矛盾的判断，而每一个矛盾的判断，又都是一个三段论的前提与结论相结合的复杂判断，他故意省却了一个小前提，即头发是别人在肉烤好后故意绕上去的。这个小前提就让晋文公自己去领悟。

更为著名的是《晏子使楚》的故事：

齐相晏子奉命出使楚国，楚国人知道晏子身材矮小，就想要故意侮辱他。他们在城门边上开了个小门，请晏子从小门进宫。晏子见了，笑着说："出使狗国，才从狗洞里进去。现在臣奉命出使楚国，大概不应该从狗洞里进去吧？"楚国官员听了之后，赶快打开正门，请晏子进宫。

晏子对楚王行礼，刚刚站起身，楚王就发话了："齐国难道没有人了吗？"晏子一听，就明白了楚王是在蔑视自己，可表面上却似乎在说齐国没有人，于是就从容答道："齐国都城临淄，有三十万户人家，每人如果抬起胳臂来，那衣袖可以遮住太阳；每人挥一把汗，就像下了一场大雨；大街上人来人往，摩肩接踵，谁说齐国无人？"

楚王又问道："既然齐国有那么多人，怎么派你来出使呢？"晏子随口回答："齐王任命使臣，量才录用，任命贤德之人出使贤德之王，品行不好的人出使到下等国度。臣的品行最差，所以只能被派到楚国来了。"

楚王听了，气得张口结舌，无言以对。但楚王对自己的失败仍然耿耿于怀，总想找个机会进行报复，便与手下大臣商议对策，等着要羞辱晏子。过了两天，楚王请晏子进宫赴宴。众人畅饮正欢，忽见殿前走过一伙人，晏子一看，原来是一队卫兵押着一名囚犯走过。楚王高声斥问道："何人来此喧哗？"一名侍卫官报告说："启禀大王，刚刚抓到一个贼。"楚王又问："从哪里来的？审问过没有？""审问过了，这贼说他是从齐国来的。"楚王听了就得意地对晏子说："齐国人生来就善于偷盗吗？"晏子听了立刻起身答道："臣听说橘生淮南则为橘，果实大而甜；移之淮北则为枳，果实小而酸。为什么？原来是因为水土不同的缘故啊。今齐国百姓在齐国不会偷盗，人们可以夜不闭户；而这人一到楚国就会偷盗，该不是楚国的水土使人变得善于偷盗了吧?”楚王听了哭笑不得，呆了一会儿，才自我解嘲地说：“与圣人真是不能随便开玩笑啊，这次我是自找难堪了。”

那晏婴是什么人啊？身任齐灵公、齐庄王、齐景公三朝相国，是一位著名的政治家，又是一位能言善辩的外交家。他多次出使诸侯各国，都以犀利的口才维护了自己的人格和国家的尊严。在这则故事里，他巧妙地运用了归谬法，将对方荒谬的观点进一步夸大，并将荒谬引向对方自身，使人一听就知道是荒谬至极，而且使羞辱他的人受到加倍的羞辱。这种方法就叫做“请君入瓮”。

古人这些以绝妙口才出奇制胜、转危为安的事例，令人百读不厌。我们常见的口头创作，或借古讽今，或以物喻理，或以近喻远，或以小喻大，或虚张声势、明知故问，或借题发挥、指桑骂槐，或跌宕起伏、妙语连珠，或先声夺人，或后发制人……如此等等，莫不令人拍案叫绝。学习古人的口才，不仅要学习他们善于说服人的口语表达技巧，更是要培养自己严密的逻辑思维能力、提高观察判断问题的敏锐性，还要注意加强自我修养，具备良好的气质和风度。

锻炼口才，既要注重借鉴，更要努力创新，要有鲜明性、生动性、创造性，要能够适应于内容、个性、场合和听众，以达到理想的效果。

第二章
口才学的心理学基础

心理学关于人际交往的理论已经非常成熟，社会心理学家从人际交往的动机、影响因素、人际关系的发展阶段等不同角度对它进行了深入的分析与论述。对于口头言语交际行为的研究，也有所涉及，但主要是对一些特殊的口头言语交际现象的心理学原理的解释，没有进行系统的分析，知识点过于分散，可操作性、实用性不强。

本章从心理学角度研究口头言语交际现象，尝试运用心理学技术去提高口才目的的实现率，以帮助人们更顺利地交流。

第一节　建立良好的人际关系：口才目的实现的有效手段

心理学专业的学生都知道，大多数心理咨询师都非常重视在心理咨询中建立良好的咨询关系，认为这是心理咨询取得成效的基础。其实，在口头言语交际中，也需要有良好的人际关系作基础。因为只有当交际对象信任、亲近我们时，我们对他施加的影响才不会被排斥，才会起作用，交际才能成功，口才目的才能得以实现。怎样才能建立良好的人际关系呢？从众多的社会心理学关于人际交往方面的理论中，我们可以看出，在日常生活中，与他人建立良好的人际关系，就是要做到：首先，学会站在他人的立场上看问题——避免冲突；其次，进行印象的控制——博取他人的好感。

这里的冲突指的是人际冲突。社会交换理论告诉我们，每个人在与别人打交道的时候，总会付出代价，同时也一定能获得奖励。如果双方都能从奖励和代价的相互作用中获得最大的积极效果，那么双方就会继续交往，否则，就会产生人际冲突，导致情感的不融合，甚至行为的对抗。那怎样才能避免人际间的冲突呢?

一、共情——避免人际冲突的好方法

共情是心理咨询中用于建立良好咨询关系的一项重要技术。罗杰斯曾经说过,共情是心理咨询的必要手段,也可用于任何的人际关系。共情,在心理咨询中的含义是:暂时抛开自我而与他人认同,通俗地说,就是设身处地地以对方的思想、情感去感受体验周围的人和事。共情不是同情。同情包含了怜悯,是一种居高临下的恩赐似的反应,而共情是完全从对方角度看问题,是一种平等的共鸣似的反应。心理学家哈尼克认为,准确的共情包括两个方面的因素:第一是准确地感受交际对象的世界,能够以交际对象的方式去看事物;第二是能向交际对象表达你对他的理解。其中,第二点是对心理咨询关系的要求。在日常的人际交往中,做到共情就是要站在交际对象的角度去看问题。具体就是:了解我们的交际对象的心理,包括交际对象的一般情况、与我们交际的动机、交际时的情绪状态以及交际过程中的心理变化。

1. 了解交际对象的一般情况。了解交际对象的一般情况有助于我们对交际对象的行为作出合理的解释和预测,是我们选择合适的交往方式的前提。交际对象的一般情况包括交际对象的文化背景和社会背景。

文化背景指交际者积累的文化经验的影响。由于文化的东西已转变为价值观和行为习惯而为人们所自动保持,所以,通常人们体会不到文化对交际的影响。实际上,文化影响着交际的每一个环节。心理学研究发现过掌握多种语言的交际者,结果在他们使用不同的语言时,他们所保持的交际准备状态也是不同的。在日本生活多年的留学生,回国时如果讲国语,那么较不容易看出他有日本的文化经验积累。但是,如果改用日语交流,他则会在交谈过程中伴随着更多的点头、鞠躬或注意倾听等动作。

社会背景主要是要你注意交际对象与你之间的社会角色关系。根据关系的不同,选择不同的交往方式。

2. 了解交际对象的交往动机。在了解了以上因素的情况下,你还需要了解交际行为产生的心理原因,以便更好地对交际行为作出反馈。

从心理学角度来说,对话是因为人们有和别人进行交流的动机。动机是激起人进行活动并维持这种活动的需要,是激发和维持个体进行活动,并导致该活动朝向某一目标的心理倾向或动力。激发人进行人际交流的动机主要有:

（1）亲和动机。是人类普遍具有的最主要的动机，主要指人们害怕孤独或深感力量单薄，需要与他人在一起的渴求和愿望。在实际生活中，每个人都需要同他人发生这样或那样的联系。

（2）成就动机。是指个人专注于自己认为重要的工作，并且愿意百折不挠地全力做好这一工作的心理倾向。

（3）赞许动机。是指交际的目的要得到对方的鼓励和称赞，从而获得心理上的满足。赞许应该说是一种激励机制，它对人的奋斗与成功是有积极意义的。一般来说，人们从事工作或某种活动总希望得到他人或组织的赞赏和肯定。赞许动机实质上是一种取得成就而得到他人和组织的尊重、承认和赞扬的需要。

3．了解交际对象的情绪状态。选择在情绪状态好的时候进行交际活动。此时，交际者的思维处于活跃状态，对周围世界充满兴趣。这时人们交际态度积极，在这种情况下，不仅交际的过程容易进行，交际的内容也有较大的广度和深度。同时交际也容易给交际双方带来积极的心理效应。

4．了解交际对象在交际过程中的心理变化。很多时候，因为某种目的，交际对象所说的话即所传送的言语信息并不代表交际者的真实意图，甚至与交际者的想法截然相反。比如，一个售货员对一个身材过于丰满的妇女说，这件白色紧身衣服真适合你，你看，把你的身材都显示出来了。很显然，售货员这么说只是为了提高自己的销售额。当然，在很多时候，人们对这种意图认识不清，在长时间的赞美之后，自己也就相信了别人的观点。那怎样才能了解别人的真实想法呢？

心理学告诉我们，非言语信息非常重要。梅尔贝因曾报告过其对非言语行为和不协调信息的有关研究。其实验结果表明，当人们收集到的各种信息不一致时，其总体效果等于7%的言语联系加38%的声音联系加55%的面部表情联系。即当言语及身体语汇所表达的信息不一致时，其中影响力最大的是面部表情，其次是声音的音调，最后才是言语本身。应该说，他的研究让我们了解了各种言语、表情、动作成分所传递的信息的百分比组成，但更为重要的是，研究使我们明确了非言语行为在整个信息交流过程中所起到的作用。因此，在倾听的时候，在侃侃而谈的时候，还要注意对对方非言语信息的观察。交谈者对于交谈过程中的语言可以进行选择，但却很难控制自己的非言语行为。注意非言语行为的观察，有利于你了解对方的意图、情绪状态。非言语行为主要有以下3个方面。

（1）面部表情。由于面部表情每时每刻都与人的情绪相关联，因此面部被认为是可确认情绪反映自然特性的最重要的部位。面部表情是一个可以实现精细信息沟通的身体语言途径。人面部的数十块肌肉可以做出上百种不同的表情,可以准确地传递出不同的内心情感状态。在人际交往中,通过面部表情所传递的情绪反应信息,常常决定着人际交往的进程及方向。

在谈到面部表情时,不可避免地要涉及人们视线的接触以及人们从目光中所传递出来的信息。通过眼睛这个被人们称为心灵之窗的地方,几乎可以领会人的各种心灵语言。而且,眼睛的变化,不像表情肌的运动那样是自觉的,人们可以随意控制,很少人能控制眼睛的变化,使之故意显示出与内心状态不相一致的信息。

(2) 身体动作所传递的信息。身体的运动在信息交流过程中,也起着重要作用。运动是人们通过自身的移动、姿势的改变进行交流的一种方式。运动是受到文化传统影响的,通过后天模仿得到的行为。

非言语交流的躯体表现包括手势和身体姿势。按照某些研究者的看法,手势具有说明、强调、解释或指出某一问题、插入谈话等作用,是很难与口头的言语表达分开的。手势在人际交往中,往往是经过推敲而运用的。手势的运用是与身体姿势相关联的。借助手势和身体姿势,人们可以表达各种情绪。在相同的文化背景中,人们的这些表现往往是很相似的。在交流过程中,当言语表达显得不够用时,手势和身体姿势的运用就是必要的了。

身体语汇中,对我们的观察而言,最有用的一种是身体姿势的改变。这种改变往往是在无意识中进行的。因此,有时观察这种改变有可能得到从对方言语交流中得不到的东西。比如,人在处于紧张或烦躁不安状态时,往往出现这样一些身体动作:身体坐不稳,仿佛座椅使之感到不适,膝盖抖动,手指不停地摆弄东西、相互摩擦等。这些动作往往是人的感情的自然流露,他们本身也可能不知自己为何如此。

在身体语言的理解方面,还必须注意:第一,身体语言信号的意义,直接同情境和沟通者的性格特征有关。很容易理解,在喧闹的舞会上,异性之间的谈话需要距离更近一些才能听清楚。显然此时的近距离不一定意味着双方的情感联系非常密切。但是,如果一个异性在只有两个人的情境中,愿意与你保持很近的空间距离,或总是与你靠得很近,则意味着在内心里已经对你有高度的接纳。

性格对身体语言运用的影响也是很显然的。一个活泼的女孩子,在与你进行沟通时会运用很丰富的身体语言，不大在乎与你保持较近的距离。但这可能并没有什么特殊意义，因为她与其他人沟通时，也是这个样子的。而一个文静的女孩子表现出这样的行为的话，则可能意味着她在向你透露，她已经喜欢你了。

第二，还要从整体的身体语言背景来确认每一个具体身体语言信号的意义。心理学家发现，各种身体语言的使用不是孤立的，而是相互呼应、相互一致、整体协调的。而准确理解身体语言的正确途径，应当是整体地了解一个人全部身体语言的状况。

（3）声音特征。有声的非言语交流也称之为副语言，它包括音质、音量、音调和言语节奏的变化等。其中音质相对稳定不变，其他部分都可以变化。人们的言语表达借助于音量、音调及言语速度的变化，能够表达多种复杂细微的感情。

人的声音大小的变化所反映的情绪特征往往可借鉴日常生活经验来判断，说话节奏的快慢可能反映了每个人的个性特征。而语调语速的变化，则包含了更多的情绪变化，声音的音调的降低和提高表明了人们对所谈事物的看法和情绪。说话节奏的快慢变化可以表明情绪的兴奋或疑虑。此外声音的停顿也值得注意，如果对方在谈话过程中有意识地停顿，可能表明对方希望所谈内容能引起你的注意，或者想看看你的反应，从而决定下一步谈什么。

二、印象及其控制

要与别人建立良好的人际关系，仅仅在理解对方的行为及行为产生的心理原因基础上避免与对方产生冲突是不够的，还需要赢得对方的好感，这就需要进行印象控制。

1. 什么是印象。印象是指对别人的看法。从本义上说，印象包含了人们对认知对象各方面的突出特点的认识，它所反映的是对象的总体特征。但是，在很多情况下，并不是等到把握了对象的全部特征之后，才形成印象的。有时甚至只需看一下一个人的照片，或者跟他说几句话，就可以形成一种最初印象。社会心理学家在以往的研究中发现，最初的印象，或者说我们留给别人的最初印象，往往会决定以后被评价的态度和倾向。

人与人之间第一次交往所产生的人际效果称第一印象，它主要是获得对方的姿态、身材、仪表、年龄、服装等表象方面的印象，包括亲眼见到对方所获得的印象，也包括看到或听到对方其他方面的材料时所获得的印象。

双方初次见面时获得的个人资料是外表与才华，这种初步印象在人们的认识过程中起到不可忽视的作用。使人满意的第一印象，可能使双方相互吸引而成为以后交往的基础，反之双方可能避而远之，从此不再交往。

印象对于人际交往是如此的重要，那么我们如何才能给别人一个好印象呢？换句话说，我们能不能使用某些方法，让别人对我们产生良好的印象。

2. 印象控制及其意义。印象控制也称印象管理，是指一个人以一定方式去影响别人对自己的印象形成的过程。也就是一个人进行自我形象的控制，通过一定的方法去影响别人对于自己的印象，使别人所形成的有关自己的印象符合自己期望的过程。在现实生活中，人们往往有意识地运用印象控制策略给别人留下一个自己期望造成的印象，并借此达到某一预定目的。

3. 印象控制的原则。

(1) 角色获得。在我们与别人的交往中，别人对于我们应当如何行为都有一定的期望。当我们的行为符合别人的期望时，别人的期望都得到了实现，情感上就会有愉快的感受，并自然地产生对我们悦纳的情感反应。相反，如果行为不符合人们的期望，人们在情感上就会有不愉快的感受，并自然地产生对我们拒绝的反应。我们的行为越是偏离人们的期望，人们的失望也越强。相应地，情感上对我们的排斥也越大。严重时，别人对我们的不愉快会转化为直接的厌恶。

大量的心理研究揭示，准确了解别人期望的最有效途径是“角色获得”(role talking)，即站在别人的立场上，体验别人的角色，了解别人在特定交往情境中对我们的期望与情感。通过角色获得，我们可以知道别人在特定条件下期望我们怎样行为，从而了解到此时此刻我们怎样表现是恰当的。由此，我们就可以调节自己的行为，使其效果符合我们的愿望。心理学家发现，通过角色获得，我们可以十分细致地了解别人在特定条件下对于我们的感受。如果需要，我们甚至可以知道应该选择怎样的姿势，用多高的声音说话。

(2) 相互支持。交友过程中使印象控制达到良好效果的第二个条件，是印象控制必须不侵犯别人的尊严。社会生活中的每个人都在扮演一种角色，人们通过扮演这种角色的过程来实现自己的社会职能。每一个角色的扮演者，对于自己的角色形象都有一种期望，如果自己的角色扮演符合自己对角色形象的期望，则人们就感到自己的价值得到了实现，就有了“面子”，有了尊严。当人们的行为没有达到自己期望的时候，就会感到窘迫。如果别人损害了自己的“面子”，使尊严受到威胁，则会对他人持高度排斥态度。所谓成功的社会交往，实质上就是交往的双方以各自的印象控制相互支持，使对方的期望得以实现，同时也达到自己的目的。

4. 印象控制策略的具体应用。

(1) 运用印象控制策略建立良好的第一印象。建立良好的第一印象要从两个方面入手：一是塑造一个良好的静态的外在仪表印象；二是通过行为营造一个轻松、友好的形象。

仪表印象主要是指个人的长相、穿着、仪态等。良好的仪表形象有助于形成良好的印象。良好的仪表印象要求：① 外貌。“爱美之心人皆有之”。凡是美的东西总会受到人们的欢迎，当然也包括人的美貌。美丽的外貌很容易让人产生好的印象。而外貌对于第一印象的形成尤其重要。如果站在我们面前的是漂亮的姑娘、英俊的小伙子，我们会情不自禁地赞叹他们的俊美，打心眼里喜欢他们；如果是五官不正、丑陋无比的人，我们自然不会喜欢。外貌在很大程度上是遗传决定的，我们无法改变。但是，我们可以通过穿着改变外在形象。② 穿着。一个人的穿着打扮也体现了他的精神风貌。穿着要得体，这能给人一种美的享受，从而留下美好的印象，深深地吸引他人。③ 仪态。素不相识的两个人初次见面时，都彼此注意对方的姿态。一举手、一投足，这些细微的动作都影响着第一印象的形成。得体的举止是吸引人的一个要素。

那么，什么样的行为，可以给我们营造一个轻松、友好的形象呢？

心理学家艾根(G. Egan)对此有过深入的研究。研究表明，在同陌生人相遇的开初，按照“SOLER”模式来表现自己，可以明显增加别人对自己的接纳性，在别人心目中建立起良好的第一印象。

S 表示“坐要面对别人”；

O 表示“姿势要自然开放”；

L 表示“身体微微前倾”；

E 表示“目光接触”；

R 表示“放松”。

从上面的描述中我们可以看到，当我们按照“SOLER”方法来表现自己时，就是在对人说“我很尊重你；对你很有兴趣；我内心是接纳你的；请随便”。研究发现，如果我们有意识地在社交场合运用“SOLER”方法，而改变不适当的自我表现习惯，可以有效地增加别人对我们的好感以及接纳性。

(2) 适当地自我暴露。我们在谈话的时候,要控制自己所使用的语言留给别人的印象。不仅要根据交际环境、交际对象的不同,选择不同的语言。还要根据交际对象与自己关系的不同,决定自我暴露的程度。

自我暴露是指把自己不会随意透露给他人的一些事情讲出来。自我暴露是双方面的事情。如果一个人单方面进行自我暴露,而对方只是静听,则暴露不可能继续;自我暴露只有在重要的相互关系中才应该发生。社会心理学领域的大量研究发现,人们对于陌生人,对于熟人和亲密朋友,在自我暴露的广度和深度上是明显不同的。对于陌生人,自我暴露的深度和广度都极为有限,交流只涉及非亲密性的话题。对于熟悉的人,自我暴露的深度和广度会增加,但只在小范围内涉及亲密话题。而对于亲密朋友,交流最为广泛充分,所涉及的亲密性话题和非亲密性话题都很广泛。当然,对于任何人,无论是多么亲密的关系,我们都有不能暴露的领域。

那么究竟哪些方面属于自我的浅层,可以暴露;哪些方面属于自我的深层,只能对亲密的朋友暴露的呢?对大学生的研究发现,人们的情趣爱好,如饮食、偏好、兴趣、娱乐的选择等属于自我的最表面水平。我们的态度,如对某个人的看法、对时事政治的观点等属于第二层次。而自我的人际关系与自我概念状况属于自我的第三层次。如同朋友间的关系、同学间的关系。对于这一层次的问题,人们轻易不会暴露。

属于自我最深层次的,是我们通常称为隐私的东西,如自己的某些不被主流文化接受的观点、念头和行为。有时可能一辈子也不会对任何人暴露。

心理学的研究表明,自我暴露应该是有选择性的。如果你向一个不怎么熟悉的人过早暴露太多,不仅不能拉近人际距离,还会令对方感到不舒服。因为你所暴露的信息已经在他们期望获得的信息范围之外。继而怀疑你行为的动机,因此产生不良的印象。

(3) 通过倾听来建立良好的印象。交往中的双方,既是信息接受者,又是信息发出者。我们要会说,更要会听。一个善于倾听的人,会给人这么一个印象:他很关注交际对象,对交际对象充满兴趣,并且很尊重交际对象,因此交际对象也会喜欢和他交往。而一般人都不会喜欢一个滔滔不绝却不关心他人感受的沟通对象。倾听对我们很重要,善于倾听可以给别人留下一个良好的印象。那倾听的技巧是怎么样的呢?倾听的技巧也即言语引导的技巧,表现如下。

提问技巧:多使用开放式的问题。为了使交谈对象更多地讲述有关情况、想法，在倾听过程中，我们可以经常运用包括“什么”、“怎么”、“为什么”等疑问词在内的语句对交谈对象进行发问。开放式问题可以使我们掌握更多的信息以及对方的情绪反应和看法。在使用开放式问题时，我们一定要对交谈对象充满尊重、共情和真诚，还应注意语气语调的运用，避免连珠炮式的发问以及语气强硬的发问。

鼓励技巧：鼓励技巧包括对交谈对象所说的话进行简短的重复以及使用某些鼓励语来肯定或启发交谈对象继续说下去，如“噢”、“是这样”或“后来呢”等鼓励语句。

对感情的反映技巧：在交谈过程中，我们还要对交谈对象的情绪、情感进行准确的反映。对交谈对象的感情也可以使用一些语句加以反映或表达。这些语句是包括“你”和某种情绪的句子，如“你觉得很生气?”或“你心理感到很委屈?”、“这件事你现在想起来仍很伤心?”等。

5. 特殊的印象控制策略。在实际的人际交往中，人们除了在通常的人际情境中使自己的行为符合于自己的角色形象期望之外，他们在某些特定的情境中，还经常有意识地使用一些特殊方法去向别人表现他们自己，借以给别人留下各种不同的印象，以达到不同目的。社会心理学家琼斯等人总结了人们主要的特殊印象控制策略，包括逢迎、恫吓、自我抬高、显示、恳求等五种。而其中的逢迎、自我抬高、恳求，在我们的日常生活中不可避免将会有所涉及，以下对它们作一个简单的介绍。

(1) 逢迎。这是最为常用的印象控制技术。它是用一定的策略性行为(如抬高别人、遵从别人观点、送礼等)来影响别人，以增加自己个人品质的吸引力，使自己看起来值得喜欢。逢迎有两种常用方法：一是赞美别人；二是赞同别人的观点。大量研究表明，赞美只是在别人看来是可信和真诚的时候才起作用。同样，表示赞同别人的观点、态度或行为也必须是由衷的，否则会弄巧成拙。从功能上说，这两种常用的逢迎方法都是对别人的自我价值感起支持作用，从而增加他人对我们的接纳性。

(2) 自我抬高。运用这种策略的目的，往往是想让自己在别人看来有能力。人们既可能在总的方面抬高自己，也可能在某些特殊方面抬高自己。自我抬高的人往往也承认自己的一些小的不足，以便在抬高某些重要技能时变得更可信。

(3) 恳求。这一策略是向别人表白自己的弱点和对于别人的依赖。它的目的是引起别人的同情，进而得到帮助。

第二节 态度改变的心理学原理

一、态度改变与认知不协调理论

在人际交往中,我们的观点难免会与交际对象有所不同。而此时,我们又极力希望对方认同自己的观点,想说服对方。说服对方的过程实际上就是让交际对象进行态度改变的过程。态度是个人对事物的评价性观点和看法。态度改变是在一定的社会影响下,在既有的态度背景上形成新的态度的过程。

关于态度改变的最著名的理论当属费斯汀格的认知不协调理论。该理论认为,当认知的各种因素之间出现"非配合性"关系时,认知的主体就会产生认知不协调。这种不协调会产生心理压力,使个人改变有关的观念或行为,来减少或避免这种不协调。观念与行为的改变亦即态度的改变。

二、影响态度改变的因素

1. 态度本身的特点。

(1) 态度的强度。研究表明,一种态度的强度越大,意味着该态度的支持力量也越大。态度的强度与认知的支持直接关联。强度越大,理性的理由越充分,因而改变起来也越困难。

(2) 态度的情绪基础。有强烈的情绪背景的态度,会存在着非常强烈的自发的态度改变抗拒反应,使人有意无意拒绝变化自己的态度。例如,曾经出生入死的军人,怎么也无法接受政治家转眼和敌人相安无事的事实。

(3) 态度与个人需要的关系。如果一种态度与个人需要的满足相联系,则态度难以变化。

2. 影响态度改变的个体因素。

(1) 智力的影响。研究表明,智力的高低与态度改变的难易程度无关,智力的高低在态度改变方面的差异主要表现在态度改变的心理动因上。一般来说,智力较高的人易于接受新的信息,了解各种观点及其逻辑根据,主动改变态度,变化后的态度也较为稳定。而智力较低的人往往是被动的,难以理解复杂的观点,而易于接受非一致、非逻辑的观点影响,易于被同化。

(2) 性格特征的作用。国内外的社会心理学研究表明,性格上依赖性强、低自尊的人，对自己的原有态度信任感低，易于接受权威或接受说服而改变态度。

较多依赖自我防卫和较少依赖自我防卫的两类人对于新信息的接受也是不一样的。前者倾向于维护自己的既有形象与自尊，较难发生态度改变。心理学的进一步研究表明，自我防卫较多的人一般安全感较少。

（3）性别的影响。比较而言，女性比男性更容易接受劝导。

3. 言语交际中态度改变的可行性办法。

（1）"登门槛效应"与技术。"登门槛效应"一词泛指在提出一个较大要求之前，先提出一个小要求，从而使别人对较大要求的态度发生改变，相应的接受性也增大的现象。

"登门槛技术"是对"登门槛效应"的应用，具体技术是社会心理学家先提出一个对象能同意的小要求，然后再提出一个目的指向的大要求，诱发人们同意大要求。

（2）"低球技术"。这个技术也是先提出一个小要求，再提出一个大要求。与"登门槛技术"不同的是，"低球技术"在时间上和要求的性质上有了限制。"低球技术"要求大要求紧跟在小要求之后，并且大要求与小要求有直接的联系。而"登门槛技术"则没有这种要求。

（3）"留面子"效应与技术。"留面子效应"正好与以上两个作用相对应。它是指人们拒绝了一个很大的要求之后，出现对较小的要求的接受性增加的现象。相应地，为了使别人更好地接受一个较小的要求，提高接受小要求可能性的方法就叫"留面子技术"。

（4）"让步"策略。"让步"策略是指，在交际活动中，当双方的观点极为不协调时，要使交际目的得到最大限度的实现，有时候需要双方的让步。最佳的行为方式是，交际主体在开头采取强硬立场，然后只作出小小让步。

口才是交际参与者运用口头言语借助非言语信息进行有效人际交流的能力。本章在运用心理学原理提高口才目的的实现率问题上作了一些尝试。认为：

1. 建立良好的人际关系是实现口才目的的一种有效手段。建立良好的人际关系具体就是要做到两点：一是要站在对方的角度上看问题——避免冲突，二是要赢得交际对象的好感。

2. 共情是心理咨询中用于建立良好咨询关系的一项重要技术。在日常生活中做到共情，就是要站在交际对象的角度上看问题，了解交际对象的心理，它是避免冲突的好方法。

3. 根据交际对象的期望，进行印象控制，可以赢得对方的好感。

4. 态度改变是由认知不协调引起的。“登门槛效应”、“低球技术”、“留面子技术”、“让步策略”等心理学技术的运用有利于改变交际对象的态度。

本章所论，主要是对话言语交际中口才目的实现的方式方法的问题。而口头言语交际的另一个方面，独白言语交际中口才目的实现的影响因素以及实现的方式方法问题，还需要结合认知心理学和社会心理学的理论作进一步的探讨。

第三章　口才学的美学功用

第一节　口才学与美学的关系

我们知道,口才学是探讨和研究人们在社会交际活动中口语表达规律的人文学科。它与许多学科都有密切的关系,如哲学、社会学、写作学、修辞学、逻辑学、心理学等等,同样,它与美学也有着直接而密切的关系。美学是把社会美、自然美和艺术美的创造、鉴赏等全部内容作为研究对象,而口才学则把口语表达的内容、技巧、结构、语言、风度、服饰和场景美等作为研究的对象。当然,研究口才学离不开美学上的各要素研究,口才学要借助美学的研究成果来进行研究。同时,反过来,关于口才的美学因素的研究成果,也必然会给美学的基础理论提供可靠的依据。所以,从美学角度研究口才,就形成了口才美学。

口才美学,是以口语表达所具有的审美性质和听众对口语表达的审美经验为依据,研究口才艺术的审美价值及其与口语表达实用价值的关系,口语表达的主体与客体间的审美关系,以揭示口语表达过程中的美和听众获取的美感的本质、构成、特征和规律为基本任务。

美学是研究人与现实的审美关系的一门学科。优秀的口语表达也是创造美、传播美、展示美的过程,也体现出人与现实的审美关系,因此,其本身就包含着许多美学因素。

一个人要想在社会交际活动中通过口语表达取得成功,获得大家和社会的认可,除了应具备相应的道德情操、思想品德、文化教养、政策理论、行为举止等各种修养外,尤其必须具有丰富的美学知识与较高的美学修养。

一、美与丑

我们知道，美总是与真和善紧密相连，一件事物如果在客观上符合规律，即符合“真”的科学性，主观上符合目的，即符合“善”的意图，形式上能让人赏心悦目，具有艺术性，我们就认为该事物是美的。美与人类的生活、劳动、个性发展密切相关，也就是说，从有人类开始，美就存在了。从古至今，美时时刻刻都贯穿在我们的生活中，即使在生产力低下的远古时期，人们也不乏对美的追求，从出土的各时代人类使用的各种饰物、衣物、用品等就可看出这一点。它体现了人类对自我本质力量的欣赏和关照，体现了人类对客观必然的认识和对现实有限性的超越，同时也体现了人类从对必然性认识中获得的自由。

丑，也是美学范畴之一。它用来确定和评价现实中的畸形的、缺陷的或否定性的事物和现象，是美的对立面。丑，是在感性形式中包含着一种对生活、对人的本质具有否定意义的东西。丑和恶常常联系在一起，但丑并不等于恶，仅仅是形式上的丑的东西就不一定是恶的，如一块丑陋的石头。只有在内容上对人的本质力量具有否定性因素的丑才是恶。

美和丑是相比较而存在的，它们常常相互映衬、相得益彰。正是在这种对比中，人们才更能欣赏到美的特征和丑的独特性，在艺术创造中经常运用美丑对比的方法，或者在美丑对比中着重揭露丑，或者在美丑对比中着重显示美。如浪漫主义作家雨果的名著《巴黎圣母院》中的美丽的艾斯梅拉达和丑陋的敲钟人迦西莫多的外形的对比。但丑在某种意义上又可以变作美供人们欣赏，艺术家的化丑为美，不是要改变丑的事物的本质属性，而是通过精湛的艺术手法淋漓尽致地展示丑，并通过表现对象的丑来达到艺术目的，最终使人们去追求真善美，鞭挞假恶丑。

二、社会美

社会美是指我们社会生活中的美。它主要表现在两个方面：一是经过劳动者创造的物质产品的美，它们是人类按照美的规律和生存需要而创造出来的社会财富，既满足人类的生活需求和对美的需求，同时又体现出人的非凡智慧、才能和创造能力，是人的本质力量在社会实践领域的感性显现。二是社会实践活动的主体的美——人的美。人是万物之灵，既是社会美的创造者，又是社会美的集中体现。人的美分为人的外在美（即人的外貌美、身材美等）和人的内在美（即心灵美），但人的内在心灵美、精神美、情操美、性格美要高于人的外在形体美，决定一个人是否美，主要不是看他的外表，而是看他的心灵和品质。

从特征上说，社会美首先是要以“真”为基础，以“善”为目的，以“美”为结果，在真与善的前提下实现真善美的统一；其次，与自然美相比，社会美更侧重于内容的美，无论对于人还是物，都具有较大的稳定性。

三、自然美

自然美就是客观存在的自然界中自然事物的美。它包括两个大类：一是没有经过人类加工改造的自然美，如灿烂的阳光、璀璨的星空、澎湃的大海、逶迤的山峦等；二是经过人类的实践活动改造加工过的自然美，如整齐的梯田、绿化的山林、花草繁茂的公园、星罗棋布的岛屿等。人类对自然美的认识是人类在认识和改造自然的实践活动中逐步获得的。自然美属于人类的共同美，它可以为不同阶级、不同信仰、不同国家、不同种族的人所共同喜爱，另外，如果说社会美侧重于内容美，那么自然美则侧重于形式美，人们更多地从事物的自然外在形态的美上对自然物倾注自己的爱美之情。

四、艺术美

艺术美是人类经过艺术创作实践，把现实生活中的美加以艺术的创造和表现，集中地表现在艺术作品中的美。如美妙的乐曲、优美的舞蹈、精美的话剧、神奇的雕塑、引人入胜的名著、流芳百世的油画等等。这些艺术美，能满足人类的精神需要，同时，更能启发人类去发现自然和生活中的各种美，对艺术家来说，是将他对美的理解表现在作品中；对欣赏者来说，是一种美的享受，更增加其对生活和自然的热爱。

五、形式美

形式美是指社会生活、自然界中各种事物的形式因素如色彩、线条、声音、形体的有规律的组合。在具体的美的事物中，形式的美不能脱离内容的美而独立存在，它要为内容的美服务，就如上面我们提到的社会美、自然美和艺术美，它们都要求具备形式美。但从形式感的意义上说，形式美又具有相对的独立性，人们可以从某种纯形式的意义上去欣赏形式的美，获得纯形式的美感。如圆形的柔和、方形的刚正、水平线的恬静、波状线的优美等，都可以暂时脱离物体的内容而独立存在。

以上，是我们对美学的一些基本知识的介绍。那么，它和我们的口才美学有什么联系呢？或者说，在口才表现中，这些美又是如何显现出来的呢？这是我们下面要谈到的。

第二节　口才美的构成与特征

人们在社会交际活动中的口语表达是一种既具有科学性又具有艺术性的社会实践活动。优秀的口语表达不仅能给人以理性的启迪、情操的陶冶、知识的拓展，而且能使人精神愉悦，给人以美感享受。既然具有美感，它就具有审美性质和审美价值，受审美规律的制约。

一、什么是口才美

《辞海》中对“审美”一词是这样阐释的：审美活动，就是“欣赏美的事物和创造美的作品的活动，特别是通过艺术形象来把握现实的活动”。据此，这里我们所说的口语表达的审美能力，应包括两个方面：一是指口语表达者按照美的规律创造口才美，遵循审美心理活动规律激起听众美感效应的能力；二是指听众运用美学标准对口语表达进行评价以及对口才美的欣赏能力。

这里我们需要明确的是：无论是按照美的规律创造口才美，还是按照口才美的规律评价口才美，其标准和构成因素都是统一的，都是由内容美、结构美、情感美、语言美、仪态美、人格美、和谐美等因素组成。只有具备了以上诸因素的美，口才表现才能谈得上整体美。

由此，我们得出，口才美是口语表达者按照美的规律，创造口才的内容美、结构美和表达者的情感美、语言美、仪态美、人格美及表达环境的和谐美等诸因素构成的一种通过有声语言和无声语言完美结合表现出来的美的形式，是听众按照美的规律，对口才的一种认同感受和良好评价。

二、口才美的构成

作为人们在社会交际活动中的口语表达，它的美有别于其他事物。它是在特定的时空环境中，通过语言传播显现出来的动态的形象美。口语表达的全过程是由信息内容、口语表达者、有声语言和体态语言传播、听众以及表达效果等组成的。因此，构成口语表达的各种要素及其联系，决定着口才美的功能的产生。从审美的角度来看,听众是审美的主体,信息内容、口语表达者以及传播媒介等则是审美对象。但是,在整个社会交际活动的口语表达过程中,口语表达者自身也能从中得到美感享受。当口语表达者自身作为审美主体时,这种自我欣赏主要是来自于听众的反馈和对效果的满意。如教师在上课时,一方面传授知识,一方面也是展示口才的机会,有的教师在传递课程内容信息时,不但听众入神,自己也陶醉在所讲的内容中,甚至达到忘我的境界。当然听众的信息反馈和配合更能增加教师讲课的热情。因此,社会交际活动中的口语表达的主体(发言者)以及社会交际活动中的口语表达的受体(听众)在不同程度上既是审美主体,又是审美客体。这样,我们在研究口才美时,对口语表达者和听众,既要从审美的主体又要从审美的客体加以考虑。

既然显示口才美的功能取决于口语表达过程中的各要素及其相互联系,那么,要做到口才美,必须具备以下条件。

首先,口语表达过程中的各要素本身必须是美的。即表达的内容具体、真实,符合社会发展要求,具有强烈的时代感和感染力;口语表达的结构要严谨,逻辑要严密;口语表达者内在品德高尚,情感要真挚,外在服饰得体,仪表端庄,风度优美;口语表达的传播媒介——有声语言和体态语言生动活泼,富有表现力;口语表达过程中处所场景宜人,气氛热烈;听众配合默契,效果要显著。

其次,口语表达过程中各要素相互联系得当,形成有机整体。口才美并非各种美的要素的简单相加或罗列,而必须是各要素紧密结合,相映生辉。有些要素单独看,也许很美,符合审美要求,但是与整体并不一定协调,这对口语表达的整体美不仅无益,反而有害。例如,漂亮的衣物和服饰单看是美的,但是在辩论会上穿着过于耀眼华丽的服饰,就不合适,就有可能形成"噪音"干扰,分散听众的注意力,由此破坏整体美。只有当各要素在相互作用中充分发挥出本身的美,并且配合和谐默契,才能形成口才的整体美。

三、口才美的特征

口才的发挥是一种带有艺术性的社会实践活动,口才美除了具有美的共同本质之外,还必然具有自己独特的个性特征。这种特征主要表现在以下几个方面。

1. 动态性。人们在社会交际活动中的口语表达富于动态特征,这在表达的各个环节中都可得到体现。首先,从表达者看,表达者始终以直觉的动态形象出现在听众面前，借生动的有声语言和体态语言传达着信息，这些都处在动态之中；其次，从听众看，听众在整个表达过程中虽然处于被动地位，但其思想、活动反馈到表达者，有的甚至直接参与其中（如演讲和辩论），对表达的内容、方式产生影响，也使口语表达具备了动态特征；再次，口语表达过程中的其他环节也都相互作用，彼此制约，一个环节发生变动，另一环节必然受到影响，因而，它们也常处于波动和转化之中，呈现出随机性和即兴性（如即兴讲话等）。正是这些原因，使口才的美也具有明显的动态特征，也就是说，口才的美是一种动态的美，正因为是动态的美，才更容易使人心动。

当然，口才的整体美是各要素在整个口语表达过程中的有机结合，在动态中展示一种和谐美，一旦在某一场景中的口语表达活动结束，各要素也就相应解体，作为整体结构的口才美也随之消逝，留给听众一种回味或记忆。

2. 实践性。完美的口语表达应该是一种带有艺术性的实践活动，口才美在实践活动中展现出来。表达者在进行口语表达时，给听众以具体的视觉和听觉刺激，使听众通过视觉和听觉，理解其传播的信息，并综合口语表达某一场景中的各种因素，逐步产生审美感受。这种感受只有当口语表达实践活动全过程完成后才最终完成。可见，没有口语表达的实践活动，就不会产生口才美；没有口语表达活动的整体结构，就无法最终完成口才美的创造。

3. 综合性。口语表达要创造出一种美，不是单靠一个或两个因素就能完成的，要把展现口才的诸多要素有机地综合在一起才能达到目的，这些因素有动态的、静态的，有内在的、外在的，有有声的、无声的等等，就像一支乐队，各种乐器都要发出声响，才有可能奏出一首优美的乐曲。同时，审美的主体和客体要共同合作，才能达到完美的效果。

第三节　口才美之内容美

口才美的功能的产生，是由构成口才美的各种要素及其相互联系所决定的。口语表达的内容如何，对口才美的构成有着极为重要的作用。从审美的角度来讲，口语表达的内容只有具备下面的特点，才能构成内容的美。

一、“真”——口语表达的生命

凡是美的东西，首先都应当是真的，是蕴涵着客观规律性的，这是美学原理告诉我们的。口语表达的生命就在于真实，口语表达的内容必须是真实的，绝不能弄虚作假，否则就有欺骗的嫌疑。口语表达中所谈的理，所述的事，所抒的情，都必须是真实的。只有真理、真事和真情，才最具有说服力和鼓动性，才能感染听众，打动人心。

人们在社会交际活动中的口语表达应该忠实地按客观事物发展的规律去反映现实。当然，人们的认识过程总是由浅入深、由表及里逐渐深化的，加之由于时代、环境和表达者个人的认识水平的局限，人们的认识也就很难绝对正确，表达的内容也可能片面。但只要表达者努力地按生活的本来面目反映生活，其基本思想符合客观规律性，就能得到信赖和支持。否则，就是欺骗听众，哗众取宠。

常言道："事实胜于雄辩。"口语表达内容中所涉及的事例，必须真实可信，不可任意杜撰。一般来说，叙事时应力求讲清来龙去脉，适当介绍重要细节，特别是引用古今中外事例时，要注意材料来源的可靠性；引用数据时，要讲求统计的规范性和合理性。同时，美的事例还必须是新的事物，只有新颖、独特的事件才能满足听众的好奇心理，才能产生强烈的吸引力和感染力。美的事例还必须是发生在人们身边的甚至发生在自身上，这样，才能使听众产生一种真实感，产生一种震撼力。

表达者在叙事论理时，必须倾注自己的真挚感情，以真情感染听众。表达真情是以口头语言和体态语言为媒介的，喜怒哀乐都必须发自内心，出于自然，与所表达的内容协调一致。如果刻意做作，故意煽情，不但不能使人产生美感，反而会产生厌恶。

"美"不能离开"真"，不能违背"真"，但美有其自身特有的质的规定性，美并不等于真。因此，口语表达的内容具备真理、真事、真情，并不一定都美，只有以具体感性形态呈现出来时，"真"才具有"美"的属性和价值。"真"是"美"的必要条件，如果缺乏"真"，那就无"美"可谈了。所以，要使口语表达的内容"美"，必须内容"真"。

二、"善"——口语表达的力量

"善"是口才美的又一本质特征。善和功利直接相联系，它以社会功利作为客观标准。人类改造世界的实践活动，其出发点和最终目的都是为了实现和满足一定社会集团或一定阶级的利益。显然，在阶级社会中，"善"带有鲜明的阶级倾向。凡是反映先进阶级的利益和要求，有利于社会发展和民族生存繁衍的事情和行为，都被认作是"善"的。优秀的口才展示，其内容总是反映人民的利益和需求，表现社会发展趋势，歌颂光明和先进，批判腐朽和落后。扬善抑恶，正是口才的力量之所在。

纵观历史，不同阶段，不同阶级，人们的审美价值和审美标准不同，对“善”就有着不同要求。今天，在我们的社会，坚定不移地宣传人类的伟大理想，弘扬为国为民坚持真理而勇于牺牲的民族精神，赞美不怕艰苦、不畏困难、勇往直前的创造激情，表彰大公无私、助人为乐的思想品德，颂扬纯洁、正直、善良、忠诚的情操，倡导实事求是的工作作风，鞭挞谬误，伸张正义……所有这些，都是口才展示中所要求表现的“善”。

“美”不能离开“善”，也不能违背“善”。“美”以“善”为前提，但“善”不等于“美”，口语表达的内容要求体现“善”，但口语表达的内容体现了“善”并不一定显示出其内容“美”。“善”同“真”一样，也是“美”的必要条件，如果缺乏“善”，也就无“美”可谈了。所以，要使口语表达内容“美”，必须内容“善”。

三、典型、生动的形象和感染力

美离不开真，也离不开善。真和善是美的前提，当口语表达的内容既具备了真，又具备了善时，怎样才能使它美呢？美学原理认为：“只有当人们掌握了客观世界的规律，也就是掌握了真的时候，并把它运用到实践中去，达到了改造客观世界的目的，实现了善，并且表现为生动的形象才可能有美存在。”❶也就是说，使“真”和“善”表现为“生动的形象”才有美的存在。对于口语表达的内容来讲，要使其具有审美感染力和吸引力，就要有典型生动的形象。

例如，有一位演讲者的两段演讲词是这样的：

在变幻多姿的大自然中，我们随时都可以看到美。比如：大海的壮阔之美，草原的苍茫之美；高山的雄峻之美，深谷的幽静之美；还有落霞的瑰丽之美，以及白云的飘逸之美。

在丰富多彩的现实生活中，我们同样可以随时看到美：一个小姑娘穿上了漂亮的花衣裳，一个小伙子穿上了挺括的西装，一个老工人奋不顾身地抢救落水儿童，一个大学生把纯真的爱情献给了终生残疾的姑娘。这一切，无不体现着美，体现着人们对美的追求！❷

听了这两段富有感染力的演讲，你会感到大自然是美的，人生是美的，

---

❶ 杨辛，甘霖：《美学原理》，北京大学出版社 1983 年版，第 72 页。

❷ 涂伟谦：《现代演讲艺术》，四川人民出版社 1990 年版，第 39 页。

会激起你对大自然、对人生的热爱，对美的追求。

以上说明只有典型、生动，具有鲜明独特的个性的形象才是美的。此外，一个口才好的人，在讲话时，能从多角度、多层次、多方位寻找和发掘符合听众兴趣，能使听众产生强烈情绪感染的内容，使听众产生共鸣的内容才是美的。

例如，美国著名篮球运动员迈克尔·乔丹在宣布退出篮球运动生涯时发表的即兴电视告别演讲时说：

朋友们，我经常强调说，一旦我失去动力或不需要再证明什么了，我就应该退役。现在是我离开的时候了，这并不是我不爱这项运动，我只是觉得我已经达到了自己事业的顶峰，我没有什么可再证明的了。

我不知是否会复出，退役的意思就是从今天开始我想干什么就可以干什么。如果这意味着今后要复出，我也许会的。我不把这扇门关死。如果公牛队还需要我，我也许会重回赛场。如果我日后复出，也不会效力于另一支球队，因为我的心已经属于它了。

我的奥林匹克生涯已经结束了。

我第一次获得 NBA 总冠军后，我的父亲就劝我退役。我们当时的看法很不同，因为我认为，作为球员我还有许多东西要去证明，第三次夺得总冠军后，我们又谈了一次，我被你们说服了。

我时刻在承受着新闻媒介所带来的压力，我不会因为他们而离开球场的，这是我自己的抉择。即使我父亲没有去世，我也会作出同样的决定。父亲的去世使我看到了自己的未来，但痛苦会一天天地淡漠下去的。是他的不幸提醒了我，人的一生是何等短暂，该如何珍惜。我不能太自私，要用更多的时间去陪我的亲人，包括我的妻子、孩子，我需要过一种正常的生活。

我退役以后，很多朋友对公牛队的实力表示怀疑，但我并不担心，这好像父亲送儿子上大学。当然，我不是他们的父亲，我告诉他们要相信自己。我认为我们有很多获胜的机会。我也坚信，肯定会有更多的球星诞生的。

我需要一份工作吗？我从来没有考虑过，现在也不想要，我现在要看一看小草是如何成长的，然后再把它们割掉。我当然要经常去看公牛队的比赛，可我不会告诉伙伴们我什么时候去看。我想，我不会完全过一种正常的生活，只不过公众的关注比以往少一些。我会怀念篮球比赛的，我会怀念夺取冠军的辉煌时刻，会怀念每年与队友们呆在一起的八个月的美好时光。

乔丹的演讲饱含深情，极具感染力，深深地打动了听众。这也充分体现了口才的内容美。

第四节 口才美之结构美

结构，是口语表达形式中不可缺少的要素。完美的结构，不仅有助于口语内容的表达，而且能展示出口才自身的形式美。所以，结构美是口才美的又一个重要的组成部分。

口才的结构美主要体现在条理清晰、跌宕起伏等方面。

一、条理清晰

写文章要讲究条理清晰，优秀的口语表达也不例外。条理清晰是指口语表达内容的结构井然有序、层次分明、脉络清楚。口语表达不同于书面语言，书面语言诉诸人们的视觉，可以反复阅读，直到读懂为止。口语表达的内容是诉诸听众的听觉，一次听不明白，很少有反复的情况。如果讲话的脉络不清楚，条理不清晰，混乱如麻，听众就不能完整地接收到信息，从而影响到信息传递的效果。

因此，口语表达要注意结构安排，做到有条不紊。先说什么，后说什么，要有逻辑性，要注意内容的内部联系，只有这样，才能吸引听众，抓住听众的注意力。具体来讲，要做到以下三点：

1. 中心突出。一段即兴讲话或一个命题演讲，甚至一段随意的交流，都要围绕一个中心，不枝不蔓。否则，多中心、多主题，材料难以组织，问题难以说透，听众也一头雾水，难以理解你讲话的主题是什么。比如，开会时领导讲话，本来是要讲奖金分配的问题，结果讲来讲去却大讲计划生育问题、经济适用房分配问题、职工的养老保险问题等等，弄得人们不知道他到底要讲什么，最终达不到好的效果。

2. 前后内容要有逻辑。讲话就像写文章，要注意内容的内在联系，要做到观点和材料统一，材料为内容服务，前后呼应，顺理成章，有主有次。或为几个问题分头叙述的并列式，或为一层深入一层的递进式。明确中心论点和分论点的关系，以此来保证所要表达的内容中心突出，条理分明。

3. 开头结尾呼应。良好的口才，必须在讲话的开头要镇住全场，把听众的注意力吸引过来，并且为下面的讲话做好铺垫。尽最大可能使人们对你的讲话感兴趣。结尾要简短有力，干净利落，照应开头，对全篇讲话作一个收尾，加深人们的记忆，给人们留下回味的余地。总体上，你的讲话要给人的感觉是完整的，而不是支离破碎的。

二、跌宕起伏

任何平淡的事物都难以让人产生美感，错落有致、富于变化的事物常常能引起人们的注意。口语表达的结构也应是富于变化的，只有张弛有致地组织口语表达的结构，才能充分体现出口才美，展现出口才的魅力。

如果一个人讲话自始至终紧张、激烈，像狂风暴雨，听众的大脑接受着太强的刺激，那么它不仅不会给人以美感，反而令人感到疲乏；而如果一个人讲话从头至尾都是和缓的、平静的，像绵绵细雨，没有高潮，没有低谷，那么，听众也不会产生激情和美感。就好比组织一台晚会，要各种形式的节目都有，才能不断地吸引观众的注意力，观众才会不断地在一种期待中获得审美的愉悦感。即使是一个人的音乐会，也要选择不同风格、不同类型的曲目来表演，这样，才真的是把观众（听众）带进了艺术的海洋，和你一起遨游、一起激动。完美的口语表达也是如此。在安排一段讲话时，结构上既要有高潮的设计，又要有低谷的安排，要使一段话千波百折，跌宕多姿：既有平心静气的叙述，又有严谨缜密的说理；既有轻松自如的谈笑，又有慷慨激昂的陈词。这样，才能调动听众的情感，使之与讲话的人产生强烈的共鸣，最终实现美的共享。

例如下面这篇讲话，充分体现了口语表达的结构美。

年轻的朋友们：

讲演对于我倒不是件难事，然而要不多不少恰好“五分钟”，却使我感到困难。而主席又只要我作“五分钟”的滩头讲演，让你们好早点跳下海去，作你们的青春之舞泳。

我想了，本来我可以这么开始我的演讲：“各位先生，各位女士，请大家静默五分钟！”于是当大家沉默到五分钟的时候，我便说：“沉默毕，我的演讲完了。”

本来我可以这样开始我的讲演的。但是当我听了刚才某先生两分钟的演讲，太漂亮了！他说：“人民的作家萧红女士一生为人民的解放事业奔走，到头来死在这南国的海边。伙伴们把她埋在这浅水湾上，今天围绕在她周围的都是年轻人，今后的日子里，不知有多少年轻人来围绕着她。朋友们！我们是年轻人，我们没有悲伤，我们没有感慨，请大家向萧红女士鼓掌。”太好了，我的五分钟讲演只好改计划了，让我把年轻人引申来说一下吧。

年轻人之所以为年轻人，并不是单靠着年纪轻。假如是单靠年纪轻，我们倒看见有好些年纪轻轻的人，却已经成了老腐败，老顽固，甚至活的木乃伊——虽然还活着，但早已死了，而且死了几千年。

反过来我们在历史上也看见有好些年纪老的人，精神并不老，甚至有的人死了几千年，而一直都还像活着的年轻人一样。所以一个人的年轻不年轻，并不是专靠生理上的年龄，而主要的还是精神上的年龄。便是"年轻精神"充分的，虽老而不死；"年轻精神"丧失的年虽轻而人已死了。

那么，什么是年轻精神的品质呢？

第一，是真理的追求者。……（具体阐述从略，下同——引者注）

第二，是博爱的实践者。……

第三，是勇敢的战士。……

这三种年轻精神的特征，每一个人都是有的，假如他把这些特征保持着，并扩大着，那他便永远年轻，就是死了还年轻；假如他把这些特征失掉，比如年纪轻轻便做了狗腿子的事，那他不仅不年轻，而且老早是一个死鬼了。

就在这样的认识之下，我们向"年轻精神"饱满的青年朋友们学习，使自己年轻，使中国年轻。❶

这是郭沫若于1948年夏在香港浅水湾萧红墓前对香港南方学院艺术系师生所作的一次演讲。郭沫若的这个演讲，开头很自然，由某先生所言的内容，引出自己的演讲内容，既赞扬了别人，又引出了自己的演讲，有了起伏跌宕的波澜，接着引出了"年轻精神"这一中心论题，围绕这个论题层次清晰、逻辑严密地展开了阐述。其中不乏富有哲理性的句子，尤其是最后"使自己年轻，使中国年轻"内涵丰厚，立意高远，全文显示出了一种结构美。

第五节　口才美之主体美

口语表达者是口语表达的主体，他对整个口语表达过程中的整体美的影响是最显著的。口语表达者运用有声语言和体态语言来完成表达任务，同时，表达者的内在品德也会在他的言谈中自然地流露出来。

主体美包括表达者美的人格、风度、仪表、服饰、语言以及讲话的技能技巧等，这些都将直接影响口语表达的整体美。

---

❶ 叶素青：《心灵沟通术》，中国广播电视出版社1994年版，第207—208页。

一、人格美

这里的人格美不同于表达者的性格或个性、气质等，它指的是表达者在讲话中所体现出来的思想美、道德美、情操美、品质美和才华美，指的是表达者的内在精神美。

比如有些伟大的演说家，他们的人格恰如他们的演讲一样伟大、留存青史；而有的演说家，尽管满口美妙的言词，实际上人格却是卑劣低下的。美的演说只属于那些具有先进思想、高尚道德、渊博知识的人们。只有具备了人格美，他的讲话才能达到最高境界的美，才能与他的人格相辉映，产生出一种言与形相一致的和谐美。复旦大学王沪宁教授在论述人格时谈到，一个优秀的辩手或演说家，固然需要有丰富的知识、灵敏的反应以及机智、幽默等，但仅仅有这些是远远不够的，因为知识、逻辑、材料、反应、幽默、机智等等可以通过书本很快学到，通过阅读、记忆和反复训练及时掌握，而这一切如果没有人格作统帅，只会是一些死东西，只会停留在技艺的层次上，甚至会使人成为油嘴滑舌或强词夺理的狡辩家。只有拥有高尚的人格，让你的知识、思维、逻辑、智慧建立在人格的基础之上，它们才会变成你的本能，才能使知识得到最恰当的运用，使才华得到最大限度的发挥，使机智和幽默获得高尚的品位，讲话者的形象、语言以及神采，才会使人感到美。例如，战斗英雄徐良和顽强不屈、与病魔和命运抗争的张海迪，他们的身体是残疾的，但从他们身上反射出的时代精神和斗志是给人以鼓舞的，他们的人格是美的，所以我们在听他们的演讲时，也同样感到是美的享受。

具有审美人格类型的表达者多以艺术的审美眼光看待世界、处理人与现实的各种关系。他们讲求主观的动机目的与客观规律的一致，淡泊物质功利，追求精神自由；他们重视形象的美与心灵的和谐，善于审视美好的情景，具有丰富的生活情趣；他们富于感情，在口语表述时总是以情动人，融情于理，用充沛的激情启迪自己的想象，讲话时往往激情澎湃，常有诗一般的优美语言传达出自己的真情实感。正是这种人格美，才会使他们的讲话给人留下深刻的印象，达到启发教育人们的目的。

二、风度美

风度美是社会生活美的一项十分重要的具体内容，是文明与开化的表现。风度是人们对于美的人体形态、言谈举止、衣饰打扮的肯定的审美尺度。风度美形式多种多样，它与人们的职业、性格、情趣、气质、民族、性别、年龄等密切相连。风度美是人们内在品格美的自然流露。内秀与外美的统一、共性与个性的统一、自然与修饰的统一，是评判风度美的基本标准。

培养风度美首先要加强修养，塑造美好的心灵。诸如努力学习，提高文化素养，树立崇高的理想，培养高尚的道德情操，开朗、乐观的性格，使自己具有正确的审美观，掌握正确的审美标准，让精神生活过得更加充实，让心灵变得更加美好，等等。这些，虽然都是内在的，可是当你一旦具备了，你的精神气质的外观自然就会是美的，就会给人以一种大方、洒脱的美感。修养，不可求成于旦夕之间，应该长期、坚持不懈地努力。

其次，重视自己的衣着打扮，更要重视自己的言谈举止。“三分人才七分打扮”，衣着打扮固然可以显示一个人的思想、气质，烘托其形象美，但是比较起来，言谈举止更能表现一个人的思想修养、精神气质，会映衬他的形象美。现实生活中，有的人衣着打扮十分入时，看起来也算美，可是站没站相，坐没坐相，举止行为缺乏公共道德，张口粗话连篇。如此哪有风度美可谈？所以，讲话者要造就自己的风度美，千万不要忽视自己的一言一行，特别是在讲话过程中运用态势语言的时候。如果举手投足显得粗俗，或者态势表情没有积极的意义而又夸张造作，是绝不会产生美感的。

再次，风度美给人的是一种视觉与感觉的综合印象，所以讲话者在培养风度美时，自然应当力求外观形象与内在修养的和谐统一，衣着服饰要得体、美观、大方，内在涵养丰厚，只有达到了两者的和谐统一，才能产生真正的风度美。

三、服饰美

仪容服饰是组成风度美的重要方面，这里我们单拿出来讲一讲。服饰与时代、地域、阶级、职业、文化修养等关系十分密切。它给听众的印象非常直接，往往给听众留下第一印象。陌生人见面，当时谈了什么可能记不清，但当时穿的什么衣服却容易给人留下深刻印象。这里所说的服饰美，不应当只是新潮，而应当是整洁大方，色彩协调，适合自己的体形、肤色、年龄、性格、气质、教养和所处的场合，而且还要自己感觉舒服与活动方便。整洁大方，显得庄重、严谨；色彩协调，显示了讲话者的热情，以及他的色感和审美能力；体形与衣着搭配得当，可以调整讲话者的形象，使人看了舒服；衣着与场合的情调、气氛一致，可以显示讲话者的教养……例如，朋友结婚时，我们要在不喧宾夺主的前提下穿着色彩艳丽一些的衣服，打扮得精神抖擞一些，喜气一些，显示出你对新人的尊重；参加悲痛的场合，就要穿着庄重些、颜色深一些的衣服，以表达你的心意和心情。总之，只要能够体现这里所说的种种要求，相信讲话者的思想、形象会给人以美好的印象。

四、神态美

我们这里说的神态，是指讲话者的精神状态。神态美，是同讲话者得体的衣着打扮、优雅的举止风度紧密关联的，因为这些既可以增加一个人的仪表美，也可以烘托一个人的精神面貌。当然，神态美，最主要还得以精神状态本身来体现。如果讲话时神采奕奕、精神饱满、充满活力，那就是美的；如果讲话时无精打采、有气无力、感情淡漠，就显得不美了。原因是前者令人精神振奋，具有吸引力和感染力，能够增强听众的信任感，可以使听众获得一种美的享受，而后者不仅产生不了这种作用，甚至还会起反作用。

创造神态美，要注意以下三点：

1. 打起精神讲话。打起精神，以一种良好的精神状态面对听众，可以表明讲话者的一种真诚，对听众的一种尊重，可以集中听众的注意力，即使在讲话者本人身体或情绪不好的时候，也要严格要求自己，尽力给听众一种神态美。这在某种程度上讲，也体现着讲话者的一种职业道德。

2. 注意调整自己的面部表情。最能体现出一个人的内心世界的是他的面部神情色彩。我们知道，面部表情是态势语言很重要的一部分，一个人的喜怒哀乐主要是通过面部表情传递出来的，“眼睛是心灵的窗口”，讲话时目光要流露出真诚，面部表情的变化要自然。自然本身就是一种美，大多数听众是愿意接受自然美的。

3. 要多带出一点微笑。微笑是与人沟通的最美好的表情，是人与人之间交际的润滑剂。微笑自然动人，使听众有一种亲切感，拉近了与听者的距离，容易与听众建立一种融洽的关系，所以微笑是创造神态美的必要条件。当然，笑得要真诚、自然，否则，虚假、过分的微笑会使人难以接受，反而不能产生美感；同时，微笑要与有声语言、其他态势语言配合协调，否则，也不能产生美感。

五、语言美

语言是口语传达信息的主要载体，作用巨大。离开了语言，口语表达也就不复存在了。所以，语言的美与否，直接影响到讲话的效果。古今中外，口才技巧掌握得好的人，无一不在语言上下功夫。

口语表达主要依赖于有声语言的表达，诉诸听众的听觉系统，但我们这里指的口语表达不是一般简单的说话，是要有一定逻辑性、比较完美的表达技巧的讲话，所以，要有口语的特点，明白晓畅，使人一听即懂；但又不能全是生活中的口语，反对啰嗦、重复、含糊、平淡，要尽可能做到准确、生动、高雅。

1. 通俗高雅。

(1) 通俗。既然听觉美主要来源于有声语言，也就是说，讲话者要把自己的思想、意图、情感传达给对方，从他发出声音开始，语言的音波作用于听众的听觉神经，往往是稍纵即逝的，所以，讲话者要使自己的思想、感情容易被听众接受，在语言上就要追求通俗易懂，明白晓畅，而不能晦涩难懂，使人不知所云。

如中国近代伟大的人民教育家陶行知先生，他阅历丰富，学识渊博，精通英、法等外语，熟悉各地方言土语和中国民间谚语，故能在各种场合的演讲中纵横捭阖，挥洒自如。他的演讲热情洋溢、内容丰富、论述精辟、立场坚定、深入浅出、通俗易懂，时人盛赞其演讲"以通俗口吻，探讨高深之学理，谈笑风生，极得听众敬佩"。这样的演讲才是美的。因此亚里士多德说："为了要做到清楚明白，在选用词汇(名词和动词都一样)的时候，应当选用那些通行的、日常的词汇。"[1]可见，使用通俗语言是产生口才美的一个重要条件。

(2) 高雅。我们提倡口语表达的语言要通俗易懂，不是说只要听众能听懂就行。语言是创造口才美的工具，一方面要吸取生活中口语的精华，还要剔除其糟粕，要避免大话、套话，杜绝假话、脏话和不伦不类的洋话，使自身变得既通俗又高雅。

高雅的语言不但能展示表达者自身的修养，同时也能使听众感受到语言的魅力，获得美的享受。

如果在讲话中把生活中的污言秽语带进来，这不是通俗，是恶俗、龌龊，它不能给听众带来美，只能带来丑，对言语者自身是一种贬低，对社会的影响也是恶劣的。

2. 准确简洁。口语表达的语言要准确，才能保证把传递的信息有效地传播出去，便于听众理解、掌握表达的内容，从而达到宣传、教育、沟通、影响听众的目的，收到真正的美感效应。

在讲话中要言简意赅，避免使用太长句子，能短则短，听众容易接受，讲话的人说起来也上口，尽可能用最少的语言表达最多的内容。贺拉斯说：

---

[1] 转引自邵守义等：《演讲全书》，吉林人民出版社 1991 年版，第 83 页。

"在你教育人的时候，话要说得简短，使听的人容易接受，容易牢固地记在心里。"❶

3. 形象生动。形象与生动虽然是两个不同的概念，但两者还是有密切联系的。形象是语言生动的手段，干瘪、枯燥、抽象的语言永远不会生动，更不会产生美感。

形象生动的语言是最富有表现力的，讲话者要想满足听众对有声语言的审美需求，就要在语气、语调、语速、音色等各方面下功夫，这样才能使自己的有声语言更生动、更形象。

4. 节奏鲜明，优美动听。汉语语音富有韵律，节奏鲜明，优美动听，若配合得当，容易形成抑扬顿挫、跌宕起伏的音乐美感。汉语词汇丰富，表意功能强，能表达各种细腻微妙的情感。完美的口语表达者应善于驾驭语言，使之说起来上口，听起来悦耳。

第六节　口才美之协调美

在口语表达的活动中，各要素的协调配合是构成口才美的关键。听众、口语表达者和两者共处的时空环境，都对口才美的构成有着明显的影响。

一、听众的积极配合

在口语表达的活动中，从信息传递的角度看，听众是受体；从审美角度来讲，听众是最重要的审美主体。由于听众思想修养、文化水平以及审美情趣的不同，对同一讲话的审美感受也千差万别。这种千差万别的审美感受通过不同的形式反馈到讲话者，从而对讲话产生影响。因此，听众既是口语表达的审美主体，又是构成口才美的参与者，是某种程度上的口语表达的审美客体。

听众参与表达活动，成为口才美的组成部分，主要体现在两个方面。

1. 合格的听众应该讲文明、懂礼貌、守纪律、举止行为文雅，显示出行为美。他们参与听讲，一般心理指向明确，情绪集中，举止行为与讲话的环境配合协调，使讲话的现场气氛活跃、和谐。而不是在听讲过程中东张西望、左顾右盼、交头接耳、说笑谈天，甚至出出进进、肆无忌惮、聚众起哄、无理取

❶ 转引自邵守义等：《演讲全书》，吉林人民出版社 1991 年版，第 85 页。

闹。即使听到与自己观点不同的意见,也要冷静辨别是非真伪,而不可稍听到不如意的话,就失去理智、暴跳如雷。

2. 合格的听众能以饱满的热情认真听讲,与讲话主体积极配合,及时反馈信息。合格的听众,在接受讲话者所发出的各种信息的同时,还要根据自己的生活经验和思想认识来理解,形成积极的感受,得到精神上的愉悦和满足,产生心理上的共鸣。他们的情绪始终和讲话的内容进展相吻合,使讲话主体受到鼓舞,充满自信,形成讲话主体和听众客体的心理默契,整个讲话气氛更显得和谐协调。当然,这要求听众要有较高的艺术审美能力,要能够通过视听接受讲话主体所传播出来的种种美的信息,并以自己的经验与联想,丰富和补充讲话主体的内涵美和形式美。这样,主体和客体都得到心理满足,产生美感。

二、时空场景的协调

场景美主要体现在现场空间与现场气氛的恰当配合上。讲话主体和听众客体处在同一时空条件下,各自受同一时空的支配和影响,又都对这同一时空条件施加影响。可以说,离开了现场人物活动,场景气氛便失去了活力。所以场景美应服务于讲话内容。

除人物影响外,要达到场景美,还必须考虑现场的布置。尤其是演讲现场和辩论赛现场,需要做到会场大小适宜,通风良好,采光和色彩和谐。要科学地安排灯光照明和音响效果,防止各种噪音的干扰。场内物品摆设要井然有序、主次分明、错落有致。所有这些与人物活动共同形成舒适、优美、协调的气氛。

如果是联欢会、茶话会、欢迎会、欢送会的场合,就要布置得与会议的中心内容相关联,气氛相吻合,使讲话者和听众容易被气氛所感染,达到一个理想的效果。

如果是两个人的交谈,可能要找相对温馨、浪漫、安静的环境,便于敞开心扉、互相沟通。总之,讲话的主体和客体处在一个时空和谐的场景中,现场布置与气氛能对口才美的形成产生重要影响。

第四章　教学口才

中国教育的传统方式是以教师在课堂上讲授知识为主，主讲者必有一张巧舌妙嘴，或知微妙论，或广征博引，学生的学习效果很大程度上就决定于主讲老师口才的高低。精妙的口才可以使教师“传道、受业、解惑”的过程充满魅力，使课堂教学成为一件愉快的事情。所以，自古以来，中西方的教育家都非常强调教师口才的重要性。我国古代的大教育家孔子就主张“言之无文，行而不远”，所以他身体力行，在教学中博人以文，约人以礼，循循善诱，让学生感觉到如坐春风，“欲罢不能”。[1] 古希腊思想家柏拉图在自己的学园里教授弟子时，也经常是旁征博引，论证缜密，词语优美。人们经常会看到一个光着脚在河边或草地上散步的老人，身边总是围绕着大群的青年人在高谈阔论，那就是柏拉图口才的魅力。综观古今中外，大凡在历史上留下自己声音的人，远及孔孟百家诸子，史经王阳明、朱熹、戴震、国学大师王国维，无一不是能言善辩、精于表达、善于宣讲，拥有滔滔不绝、振荡人心之本领的口才大师。

现代教育理念强调课堂学习要以学生为本，高效的课堂教学应该让学生积极参与到教学过程中，让学生主动思考问题和探索知识，这就对教师的口才提出了更高的要求，不但要将授课内容深入浅出、生动活泼地讲解清楚，使学生爱听，而且还要通过教师的一张嘴把学生的脑子调动得活跃起来，调动学生的主观能动性，培养他们求新、求异、独立思考的能力。所以教育的发展趋势，要求当代教师具备精湛的专业知识，还要有传达知识、启发学生的教学技能，教学口才不是一般的讲话能力，而是一项职业能力。

---

[1] 《论语·子罕》。

第一节　教学口才的基本要求

教学口才是完成教学内容、创造良好教学效果的最直接手段。好的教学口才可以使学生感到思绪奔涌，精神振奋，对教师授课的情景流连忘返，对学习的内容深入其心。但教学口才好并不等于能说正确的话和优美的话，教学口才是对学生传道解惑和开导点拨学生思维的决定性载体，它必须体现教育教学的基本规律，结合课堂教学实际有意识地对授课过程设计的结果。所以，教学口才一定要根据学生的身心特点和学习需要、课堂类型和不同需要、环境条件等多种因素，选择适合讲授内容的教学语言。一般来说，教学口才应达到以下几个方面的要求。

一、要语言准确，字正腔圆，表达流畅

要顺利完成教学内容，教师的讲话必须要使学生听明白、听得懂。

先说准确。讲话准确就要坚持使用普通话，每个字词都要发音准确，做到字正腔圆，抑扬顿挫，能正确地表现出汉字的声、韵、调和谐的音乐美感。讲话准确，当然不能出现错误的读音。例如有一个朋友，他总是把封禅的“禅”读成 chán。虽然每次说完了，他就要纠正自己一下，但是因为读书的时候老师一直就是这么念的，他就改不过来了，后来知道了应该读 shàn，但课堂上老师的印象还是深刻地影响着他。语言准确还包括语法规范，解说明白，不能出现歧义和模糊不清的解释，让学生感到云里雾里，不知所云。要注意克服方言、口误和口头禅。比如有的老师讲“大家基本都做对了”。“基本”和“都”是意义矛盾的，这就是语法错误。“嗯——啊——”、“我告诉你们”、“这很重要”、“随便好了”等口头禅，都会影响学生的听课情绪。所以说，教师作为“传道士”，就一定要正确引导学生，做他们的榜样。

再说流畅。课堂用语类型很多，有解说的，有论证的，有提问的，有总结的，有时要抒情，有时要议论，但不论是什么样的表述，都必须要流畅自然，不能断断续续，哼哼呀呀，甚至中间夹杂着不良的口头禅，这些都向学生预示了一个老师讲话能力的不成熟，不但会降低教师在学生心目中的威信，当然也会影响到教学效果。所以，作为教师，口才的第一要务就是必须把任何思想流畅自然地吐露出来，语速适中，抑扬顿挫，轻重缓急，有所变化。切忌一个腔调，把课堂气氛搞得严肃枯燥，学生学得索然无味。教师要像一位娴熟的演员，用自己的情绪、手势、语言等各种表达要素，让学生的思维跟着自己转，快得起来，缓得舒畅，让说话的节奏配合着声调的高低，在语言的丰富含义中自如地游走，随心所欲地制造需要的情绪和效果，那样讲课肯定是学生一生中能回味的美好享受。有的老师也许因为习惯或者备课不充分，上课不是故意拖长句子，就是卡壳结巴，说了上句，不知道下句说什么，或者总是找不到合适的词汇来表达，这些都会给学生造成不良的印象。我上大学时的一位老师至今都让人难忘。那个年轻的老师，没有我们期望的健谈和开朗。从开始上课就"今天——嗯啊——我们——讲讲——汉字的——演变——"，然后一笔一画的板书，极慢的语速和练字一样的节奏，加上说话总是断断续续，讲了上句再想下句，搞得大家非常失望，自此以后大家的上课情绪非常低落，一上他的课一半多人就睡觉和看报纸。老师很无奈，讲课的节奏就更慢下去、低下去，最后就经常让大家自学，自己走来走去。虽然这个老师的学问做得不错，但却是我们大学里最同情的老师了。

曾经有一位资深教授提出了教学语言的三境界："第一境界是你所想的东西能如实表达出来，使学生听了，也如你所想的那样，想得清楚，说得明白，能完整地表达思想。第二境界是声情并茂，使语言、表情、动作配合起来，表达得活灵活现，使之传神而动听。第三境界是充分调动学生的想象力，通过教师的讲述，带领学生到了历史现场，如临其境，如见其人，如闻其声。选词有力，文有限而意无穷；点拨着力，思路清晰而受益不尽。"❶三种境界，实际上是对课堂教学语言的三个层面的要求，从讲得明白到讲得生动形象，这都要建立在正确流畅表达语言的基础之上。

二、要关注教学对象的身心特点和学习需要

不同的授课对象有各自的学习需要和年龄特点、学习心理、知识基础等特点。对小学生上课和对中学生上课是不同的，对大学生上课又和对中学生上课不同。小学生一般好奇心强，直观的教具和生动有趣的故事最能激发他们的求知欲，教师如果能多讲点故事、寓言或者做一些知识性的游戏，学生一定兴趣盎然。中学生开始有自己的思想，逆向思维和求新求异的认知心理开始活跃。对中学生讲课，就要既顾及直观形象也要引导他们分析总结结论，联系实际理解结论。如果教师能在讲授知识的同时展开联想和运用合理的推理，多提一些启发性的问题，设置个性化的讲课风格，学习将

---

❶ 转引自翟雅丽：《教师口语技巧》，暨南大学出版社 1991 年版，第 126 页。

会充满快乐和兴奋。大学生具有独立思考的能力，而且对一些问题有自己的见解，切忌教师照本宣科，一定要有意识地把学习的知识放置在一个较为宽广的知识研究体系中，扩大背景知识的介绍和分析，深化学生对知识的学科印象，能站在更高的研究层次来俯瞰一个问题，这样的老师必定是学生十分佩服和尊敬的好老师。总之，讲课要注意分析学生的年龄特点和心理特点，因人而异，根据教学目的选择合适的教学口才，才能达到预期的教学效果，避免让学生因为讲解浅显而轻视课堂，也不因为讲解过于深奥而厌烦，当然也不能让学生因为你的讲话过于直白枯燥而昏昏欲睡。

一次示范课上，一位小学老师想给学生讲"天花板"一词，为了给学生直观印象，他设计了一个不太合适的提问：你们头顶上是什么？学生回答：头发！老师很着急，接着问道：头发上是什么？学生大声回答：帽子！老师一看学生的思维根本没有按照自己预计的方向发展，情急之下用手指着屋顶问：帽子上面是什么？一个小学生马上抢着回答：帽子上是老鼠咬的洞！学生们哄堂大笑。原因就是他没有直截了当地向学生说明天花板，而是绕了很大的弯子，小学生思维单纯直观，所以就会出现以上尴尬的一幕。这完全是教师不顾学生的心理特点和年龄特点，弄巧成拙设计出不合理的问题，造成了令人尴尬的课堂失误。

对大学生讲课或者是对具有某一专业领域知识基础的人讲课，就可以针对一个研究对象直接在不同的观点上交锋，语言可以简洁幽默，也可以复杂抽象，只要是智者之言，言之有理，观点独特，都能够引起听众的兴趣，激发学生的思考。北京大学祝总斌教授在讲《史记》时给学生留下了深刻的印象：

……下面我讲个问题：《史记》的指导思想是什么？司马迁为什么要写《史记》呢？他想通过《史记》宣扬一个什么思想？这是我们首先要明确的。我以为，司马迁的指导思想首先一个是为了歌颂汉王朝。有不少学者认为《史记》是揭露汉王朝，揭露汉武帝的，我认为这个看法不妥当。《史记》是歌颂汉王朝的，可以从以下方面得到证明：一方面是司马谈、司马迁父子的言论。从言论中看他们为何要写《史记》。司马谈临死时叮嘱司马迁必须写一部史记，歌颂汉朝"明主、贤君、忠臣、死义之士"，从中可看出司马谈对汉朝是肯定的。司马迁当时曾流泪表示：我虽然才干不高，但一定要把您收集整理的材料细致完备地写出来。后来他又向别人表达了同样的态度。他说，汉武帝是英明天子，对汉武帝的盛德和一些王侯将相的功绩，自己如不能写文书记载下来，作为史官是没有尽责，作为儿子来说是违反了父亲的遗愿，

"罪莫大焉"。无论从司马谈或司马迁关于为何写《史记》的言论,都可看出他们是歌颂汉王朝的。另一方面,更重要的是通过《史记》内容来看。举两个例子。首先,在自序中提到为什么要写汉武帝本纪的时候,他说"汉兴五世,隆在建元"。"建元"是汉武帝的年号,从刘邦到武帝是五世,这话是汉武帝功绩达到五世最高峰的意思。在此之前,司马迁给汉朝的皇帝都作了很好的评价,比如说刘邦,"汉行功德",所以打败项羽。另外又提到了文帝,也用了"天下归心"。现在说武帝,又超出前几任皇帝,歌颂的意思十分明显。再举个例子,"封禅书"。"封禅"指皇帝有大功德,到泰山上祭天地。"封禅书"是八书之一。司马迁……

……很多人说如果司马迁是肯定汉朝的,那么《史记》中有不少暴露汉朝君主、武帝的错误和罪行的,这如何解释?我以为:司马迁继承了先秦史官如实反映历史真实情况的传统,后来班固给他的评价是"不虚美,不隐恶",把抱这种态度写下来的史书叫做"实录"。所以尽管司马迁主观上要歌颂汉王朝,但对皇帝的错误和罪行(如汉武帝好大喜功、穷兵黩武、穷奢极欲、迷信鬼神,以至于汉高祖刘邦的一些流氓行为)都如实写下来。这里有一强证:凡是属于君主的一些错误和罪行都是在正文里,作为史料如实记载,凡表示司马迁自己的看法的,在"太史公曰"里面,都没有关于错误罪行的叙述,都是肯定汉朝的。通过这一对比,可以看出:主观上司马迁是要肯定汉朝的,但又有先秦史官传统的影响,所以要如实记载,这正是一个伟大史学家的伟大之处,并不因为他想肯定汉朝而隐瞒罪责和错误。❶

这样的讲述有理有据,自问自答,旁征博引,自始至终都吸引着学生的思想,听老师讲课既增长了见识又学得做学问的严谨,自然对老师钦佩不已。

三、要逻辑清楚,观点明确

课堂是一个完整的组织过程,怎么开头,如何展开,怎样收场,都要靠语言之间的起承转合把每个教学阶段连贯起来。如果说课堂就像下一盘棋的话,起步落子都要成竹在胸。这就要求教师的讲述必须有一条主线牵引,把所有的学习内容有机地连串起来,最后水到渠成,达到预定的教学目的。逻辑清楚,一是要求教师讲课有预期目的,讲课的过程和内容要事先设定,讲

---

❶ 杨承运,林建初:《智慧的感悟:北京大学〈名著名篇导读〉》,华夏出版社 1998 年版,第 174 页。

授的内容哪些是重点,哪些是难点,哪些需要重复,哪些需要思考和练习,讲课前都要有充分的设计和把握。二是指讲授的过程要符合认识的规律。无论是分析综合,还是类比演绎,什么样的思路都要遵循先易后难、先具体后抽象的认识规律来设计课堂。只有遵循了这两方面的规律,才能在讲授中间,将不同难度层次的内容按照认识的逻辑逐步深入下去,把相关的知识拓展开来,讲解起来分合自如,条理清楚,思路分明。切忌课堂上信口开河,讲到哪里是哪里,眉毛胡子一把抓,不是平均用力,就是主次不分,所讲的内容散乱不清,让学生感到一堂课下来脑子里一盆糨糊,分不清学习内容之间的逻辑联系。

例如,一位小学老师教学生认识圆的性质时,问学生:为什么车子的轮子都做成圆形的呢?做成方形的行不行?为什么呢?

生:不行,因为方形的轮子转不动。

师:那做成椭圆形的行不行?

生:不行,因为这样车子会一会儿高,一会儿低,走不稳。

师:做成三角形的行吗?

生:不行,三角形最稳定了,无法移动。

师:那做成圆形的,有什么好处呢?

生:转得很平稳啊。

师:为什么呢?大家想一想。

生:……因为车轴心到圆周的每一个地方距离相等。[1]

在比较了很多图形以后,老师在黑板上画出了几个图形的轴心到周边的距离示意图,学生经过老师的提醒和直观比较,很快发现了圆的性质,接下来老师又画出很多大小不同的圆,让学生计算圆周和半径的关系,最后引导学生掌握了周长和半径之间的定律。这样的讲课,从形象入手,经过比较和归纳的方法,遵循了学生认知的思维规律,逻辑清楚,条理分明。

观点明确也是教师口才的主要因素。老师一站在讲台上,就是一个标尺,学生眼中真理的化身。无论你讲解什么知识,都必须有自己的理解和观点,切忌人云亦云地将各方面的观点罗列一通,轮到自己分析具体问题,得出引导性结论的时候,却含混其词或者模棱两可,教学效果就会不尽如人意。一位小学二年级的数学老师,在讲万以内的加法时,总结出这样的法则:做万以内的加法,要先把数位对齐,再从个位开始加。接着开始练习,他

[1] 柏恕斌、丁振芳主编:《教师口才学》,中国书籍出版社 1994 年版,第 70 页。

出了一道题“302＋4507”让学生板书。结果，学生把“3”和“4”对齐，得出了“7527”的结果。由于老师的总结不明确，没有强调是要把相同的数位对齐，所以学生的理解上出现了偏差，掌握的知识就不够准确了。

四、要注意教学方法，时刻把握谈话的主题和方向

在教学过程中，教师的语言始终处于主导地位，要根据环境来营造舒适和谐的学习氛围，根据实际情况调控课堂的进程，协调师生之间的心理距离，使用灵活多样的教学手段，使学生之间互相启发、互相补充、集思广益，也要使师生的教与学过程完美配合。这都要依赖行之有效的方法。尤其在一些课堂上，学生可能会出现意想不到的认识上的偏差、矛盾，甚至是突发事件，这都要教师具有迅速解决问题的能力，机智灵活地把话题牢牢地拽在自己手中，这样才能引导学生的思维不至于到处飘散，把课堂话语引向不偏离教学目的的方向。苏格拉底在和学生讨论问题的时候，非常善于用欲擒故纵的方法，先把问题提出来，一步一步把学生的思路引到自相矛盾的地步，然后顺理成章地和学生一起得出他想要的结果，这样的方式常常使师生之间的谈论活跃而充满思考，最后当学生一步步被他牵着走到结论时，学生已经心悦诚服地接受他的观点了。且看苏格拉底和阿伽通谈论爱情的一段对话：

……

苏：所以总结起来，在这个情形和在一般情形之下，所想的对象对于想的人来说，是他所缺乏的、还没有到手的，总之，还不是他所占有的。就是这种东西才是他的欲望和爱情的对象。

阿：的确如此。

苏：现在我们且回看一下上文所说的话，看我们在哪几点上已经得到一致的意见。头一层，爱情是针对着某某对象的；其次，这种对象是现在还没有得到的。是不是？

阿：是。

苏：既然如此，就请你回想一下在你的颂词里，你把哪些东西看作爱情的对象。我可以提醒你，你所说的大致是这样：由于对于美的事物的爱，神们才在他们的世界里奠定了秩序，丑的事物不是爱情的对象。你是否是这样说的？

阿：不错，我说的确是这样。

苏：你说得很妥当，朋友。既然如此，爱情的对象就该是美而不是丑了？

阿：对。

苏：我们不是也承认过，一个人所爱的是他所缺乏的、现在还没有的吗？

阿：不错。

苏：那么，美就是爱情所缺乏的、还没有得到的？

阿：这是必然的。

苏：缺乏美的、还没有美的东西你能叫它美吗？

阿：当然不能。

苏：既然如此，你还能说爱神是美的吗？

阿：苏格拉底，恐怕当初我只是信口开河，道理根本没有懂得。

苏：你的辞藻却是实在美丽，阿伽通。但是我还要请问一点：你是否以为善的东西同时也是美的？

阿：对，我是这样想的。

苏：爱神既然缺乏美的东西，而善的东西既然同时也是美的，他也就该缺乏善的东西了。

阿：我看不出有什么方法可以反驳你，苏格拉底，就承认它是像你所说的吧。

苏：亲爱的阿伽通，你所不能反驳的是真理不是苏格拉底，反驳苏格拉底倒是很容易的事。……❶

在此之前，阿伽通侃侃而谈，博得了包括亚里士多德在内的在座众人的热烈掌声，但是当苏格拉底开口时，情况就不同了。他一开始总结了阿伽通的结论，然后从阿伽通的结论开始，不断引导阿伽通放弃自己的论断，心悦诚服地接受自己的观点，随后阿伽通的思路就一直被苏格拉底牵引着，直至最后苏格拉底把自己的观点全部完美地展示出来，作为不可辩驳的真理留在了大家的心中。

第二节　教学口才的基本特点和分类

一、教学口才的基本特点

1. 阶段性。教学是一个完整的过程，这个过程由几个相关的环节构成，

---

❶　柏拉图：《文艺对话集·会饮篇》，人民文学出版社 1997 年版，第 257 页。

它们之间的联系是有相对固定的顺序的。一般说来,一堂课按照教学计划围绕几个重点、难点,由复习旧课、导入新课、展开新课、巩固练习等阶段组成,讲课语言也可以分导语——讲授语——复习提问语——结束语(评价语)等逐步进行。每一个阶段的教学任务和内容都有各自的特点,教师也会根据不同教学阶段的目的要求选择相应的讲课技巧,这就构成了教师口才的阶段性特点。例如,在讲苏东坡的《赤壁赋》时,为了唤起同学们对人生宇宙的思考,洛阳一位高中老师韩军红设计了极有感染力和思想张力的导语,把学生的注意力一下子就集中在讲课的重点上:

人生天地间,短短几十年,而天地宇宙却是无穷无尽的。这即所谓的人生与宇宙的矛盾!

古往今来,有多少人感慨万千:曹操:对酒当歌,人生几何;譬如朝露,去日苦多;慨当以慷,忧思难忘……怎么办呢?……何以解忧?唯有杜康!陈子昂:前不见古人,后不见来者,念天地之悠悠,独怆然而涕下。难道在人生与宇宙的矛盾前,我们只能"独怆然而涕下"吗!?

今天我们来学习《赤壁赋》,看苏东坡是如何看待人生的这种矛盾的……

我先来朗诵课文……(伴奏,陶醉地)……

(掌声四起)

要想在学生坐下来开始上课的几分钟内,一下子激起他们的学习兴趣,把精力全部投入到课堂是很不容易的,有时候课堂开始时还会出现一些意外的事故如搞恶作剧的学生、环境的突然改变等等,要迅速把学生的情绪稳定下来进入学习状态,这就是教学的第一阶段即导语阶段,要求教师具有很好的导语设计技巧和随机应变的能力。在讲授新课和复习巩固新课的阶段,教师的语言表达就完全围绕学习内容展开,要么生动的分析,要么严密的说理,要么自由的联想,要么科学的描述……总之,无论在哪一个教学阶段,教师的语言都是经过精心准备设计的,目的都是为了让学生准确地掌握和理解科学知识。

2. 启发性。与其他的演讲不同,教师的讲解不只是要把知识点讲清楚,而且在讲授知识的同时还负有开启学生思维、发展学生创造力的责任。教师要在自己的表述中,让学生学习到认识事物、研究现象的思维方法,培养学生辨析是非的能力。所以,教师的口才不是说清楚问题就可以了,它更像是一道光,要引导学生进入知识的殿堂,还要让他们学会寻找和记得走向知识殿堂的路。

钱梦龙老师在教《论雷峰塔的倒掉》时，为了启发学生理解文章的“借题发挥”写作手法，他引导学生阅读、讨论了这篇文章的内容之后，提出了这样一个问题：“听说杭州人民正在建议重修雷峰塔，如果鲁迅还健在，你认为他会反对还是赞成？理由是什么？”学生对这个问题很感兴趣，发言很踊跃。有的认为鲁迅会反对，因为雷峰塔是封建势力的象征；有的说鲁迅会赞成，因为现在重建的雷峰塔是社会主义的象征。在大家七嘴八舌说不到主要问题的时候，钱老师问：“难道雷峰塔非要有什么象征意义不可吗？”这一句问话，一下子开启了大家的思路，学生争着回答说：“鲁迅在文章里把雷峰塔作为封建势力的象征，不过是借题发挥；现在重建，那是跟鲁迅的文章毫不相干的。”❶

经过这样的启发，不仅使学生理解了文章“借题发挥”的写作特点，找到了读懂鲁迅杂文的“钥匙”，而且激发了学生求知的欲望和积极的思考，下次遇到同样类型的文章，学生们就知道去思考写作目的和写作对象的关系了，在现实生活中也可以运用这种方法，借物借事，引申其意，达到自己表情达意的目的。这样的教学不仅学习了知识，也学会了独立思考的方法，令人回味无穷。

3. 教育性。《学记》中说：“善歌者，使人继其声。善教者，使人继其志。”教学过程不仅是学知识的过程，更是一个育人的过程，要在教学中贯彻真善美的正确理想，引导学生在学习知识的同时培养良好的认识方法、审美能力和美好人格，使学生树立追求真理的志向。这里可以从两方面看：一是教师在分析和讲述知识的同时，不自觉地用自己的人生观教育学生，什么是正确的、积极的、向善的，什么是错误的、消极的、向恶的。另一方面，也表现在教师讲解的事例本身，有些事例本身就是很好的思想道德教育的典型，教师充满感情的讲述一定可以使学生产生强烈的感情共鸣，由此受到熏陶。

有一位老师在讲《雷雨》时，讲到鲁侍萍撕掉了周朴园给她的五千元支票，老师问为什么？有一学生悄悄在下面说是嫌太少了，班里的同学很多都听到了，有些学生笑。老师听到后，很平静地说：“说是嫌钞票少的人，也是有的，作品中是哪一位呢？”学生马上回答是鲁贵。老师紧接着就说：“为什么呢？因为鲁贵这个人为了金钱，为了满足自己的私欲，可以不要人格，不要廉耻，而侍萍不是这样的人！”同学们听了，很受教育，而讲嫌钱少的那个同学也感到很惭愧。这样的教育不露痕迹，但是却能把人格气节这些中华

❶ 柏恕斌，丁振芳主编：《教师口才学》，中国书籍出版社 1994 年版，第 70 页。

民族传统的精神植入学生的心里。

有一位退役军人到一所小学当老师，孩子们看到一个腿部有残疾的老师一瘸一拐地来上课，有的人偷偷笑了，似乎瞧不起他。这位老师看到了，但他微笑着说："孩子们，你们爱听战斗故事吗？"学生们立刻来了精神。这位老师接着就讲了一个勇敢的战士，在一次战斗中为了保护炸敌人暗堡的炸药不滚落，他在即将爆破的最后时刻才撤离，结果一条腿被炸飞了。他立了三等功，成了残废军人。在战斗结束后，这位战士积极要求当一名人民教师，希望用自己辛勤的汗水和努力为孩子们的健康成长贡献一份力量。讲到这里，这位老师问："同学们，你们猜，这位解放军在哪里工作呢？如果他站在你们面前，你们怎样对待他呢？"同学们都知道了这位勇敢而精神高尚的老师是谁了，大家都对刚才的笑感到羞耻，对老师投去敬佩的目光。这样的讲述既介绍了自己，也教育了学生，为师生之间融洽和谐的交流奠定了坚实的情感基础。[1]

4. 延续性。课堂只是教学口才发挥的一个集中的场所，很多教师还要通过家访、批改作业、辅导学生的课外活动、谈心等形式，和学生探讨知识和生活道理。在课下的学生辅导和课外活动中，教师的口才表现在师生之间的问答、交谈，还表现在教师对学生的行为和作业进行适当的评价。人们经常把教师比作精神的灯塔，学生行为的楷模，所以，教师对学生的任何评价都会对学生产生深刻的影响。有时教师的真诚鼓励和表扬能够激励学生的志向，并为之奋斗一生；有时教师不恰当的评价也会使一个有天赋的学生心灰意冷，断送学业和前途。所以，不论是课堂上老师抒发的感慨，还是对学生作出的评价，都会长久地存在学生的脑海里，影响他的一生，表现出教育的延续性。这一点就对教师的口才提出了高要求，虽不能说是一言兴邦，但却可能一言成人，一言败人。

有一位老师非常强调课堂纪律，但有一个同学总是迟到，而且多次课下劝说他都无动于衷。有一次，他又迟到了，这位老师刚好在布置一道讨论题，看到他大摇大摆地进来了，老师知道他平时喜欢下围棋，而且喜欢讨论和围棋有关的话题，于是平静地说："我们都知道高手总是最后出场，一鸣惊人的。刚才这位同学没有听清楚我们的讨论，所以没法发表他的看法，我再给他讲一遍好吗？"于是老师又讲了一遍问题和大家讨论的结果，这位同学听得非常认真。听完以后，果然对同学们刚才的一些论点提出了不同的见

[1] 转引自欧阳友权，朱秀丽：《实用口才训练》，中南大学出版社2002年版，第457页。

解，大家禁不住报以热烈的掌声。这位老师变批评为鼓励的方式，不但使这个平时从来不回答问题的学生充满了自信，而且也帮助他扬长避短，赢得了同学们的钦佩，从此以后，大家都叫他“一鸣惊人”，当然他再也没有迟到了。毕业的时候他专门给这个老师来鞠了一躬，谢谢老师的鼓励，为他找回了自信和尊重，他一生都会记得。

老师的鼓励、赞赏甚至是期望往往会对学生的一生都产生重大的影响。大家非常熟悉，陈景润读书的时候，他的一位数学老师说：“自然科学的皇后是数学，数学的皇冠是数论，哥德巴赫猜想则是这皇冠上的明珠。”这饱含智慧、富有理趣的讲述语言，竟成了陈景润摘取这颗数学皇冠上明珠的起点。

5. 情景性。每一堂课都有全新的内容，每个授课地点和学生的改变都隐藏着巨大的挑战。同一个老师讲相同的内容，在这个地方面对这一群学生可以讲得好，换一个环境换一些学生，就不见得会收到一样良好的效果了。因为每一次上课都会是一个新的场景，教师要根据情景运用学生熟悉的话题迅速地拉近和学生的心理距离，要能及时判断学生的心理需求和情绪变化，同时根据情景选择教学语言，及时调整。教师口语中的每一个细节都可能影响学生的听课情绪。

一位语文老师在讲《孔乙己》时，一个学生突然打了一个喷嚏，怪声怪气的，全班同学忍不住大笑起来，老师一看这情景，知道大声制止是没法让大家停下来的，于是也大声笑了几下，说：“这就是所谓的慈颜长笑笑世间可笑之人也”，大家立刻不笑了，看老师怎么接下面的话。老师很聪明地话题一转，“刚才大家都现身说法地体验了一下笑，我们的笑中有嘲笑、哄笑、傻笑等等，实际上，今天的课文中，人们对孔乙己的笑也和刚才一样，多种多样，大家好好看看课文，思考一下每一种人对孔乙己分别是怎么笑的?”这个情景被老师变被动为主动地利用到教学中，既放松了大家，也加深了学生对学习内容的理解。

二、教学口才的分类

根据教学的阶段性，可以把教学口才分为导语、讲授语、提问语、总结语、评价语五类。

1. 导语。导语是引导学生进入新的教学内容之前的介绍性语言。导语的目的是激发学生强烈的学习兴趣和求知欲望，引导学生的注意力集中在学习的目标上，形成和谐融洽的课堂氛围。导语的精彩与否直接关系到学生的学习情绪和兴趣，所以，有经验的教师都非常愿意花时间设计精彩的导语，甚至有人把导语称为一节课的题眼。我觉得导语更像眼前的睫毛，浓密而齐长卷翘的睫毛，肯定吸引学生寻找迷人的眼睛。所以，导语时间虽然很短，但是却能紧紧抓住学生的求知欲和学习兴趣，为精彩的课堂教学拉开漂亮的序幕。

一位老师在讲授数列极限之前，给学生设计了这样一个问题作为课堂导语：有一只兔子和乌龟赛跑，条件是起跑时乌龟在兔子前 100 米，兔子的速度是乌龟的 100 倍，兔子能撵上乌龟吗？学生们都说肯定能追上啊。教师开始分析：当兔子跑完 100 米时，乌龟向前跑了 1 米，因此兔子没追上；当兔子跑完 1 米时，乌龟又向前跑了 1% 米，所以又没追上。当兔子跑了 1% 米时，乌龟又向前跑了 1/1000 米，还是没追上……这样算下去，兔子好像永远追不上乌龟了。这样分析下来，学生们都很奇怪，好像老师说的又有道理啊，但是现实中兔子肯定很快追过乌龟了。正当学生都在琢磨的时候，老师笑着说，要弄清楚这是怎么回事，就要在这堂课上认真学习“数列极限”的内容了。❶

导语就是要完成从现实到学习内容之间的连接，要很快把学生的心思吸引到课堂教学的关键问题上。漫无边际的东拉西扯就是浪费时间，也会分散学生的注意力，让授课的内容变得孤立和突兀。

2. 讲授语。讲授语就是讲解专业知识、说明教学内容等所用的语言。讲授语是课堂的核心内容，学生能不能从课堂上学有所得，感到获得知识的快乐，关键是看讲授语是否充实而有吸引力。因为讲授语是以相对确定的学科知识为内容，并且在教学活动中和学生一起熟悉知识中所用的语言，所以，它在使用的时候就必然要体现学科知识本身的特点和教学活动的一般规律。一般来说，讲述每一个知识点，教师都要展现这个知识点的相关背景材料、概念原理的含义、观点的论证和解释以及知识点的运用和发展等等。这个过程是展示教师对知识点的理解和把握，从而把自己的理解变为使学生能够理解和把握的知识，一定要科学规范、正确陈述、条理清楚、主次分明。讲过之后学生能对重要的知识点记忆深刻，对难点内容能够轻松理解。如果讲授语含混不清，或者逻辑线索不明朗，学生听过后就会没有重点记忆，教学效果将会事倍功半。我们看看于漪老师是怎么讲《春》这篇散文的。

今天我们学习朱自清的这篇散文，其中写春的内容可多了！我们星期六发了讲义，请同学们看。这里头写了草、花、风、雨、山、水、树、蜜蜂、蝴蝶

❶ 欧阳友权，朱秀丽：《实用口才训练》，中南大学出版社 2002 年版，第 444 页。

等等。我们读的时候要想一想,朱自清在这篇散文中,他是怎样写这些春天的景物的?他写的春天景物的——姿态啊、气息啊、声音啊……我们想到没有?看到没有?春天就在我们身边!

我们现在正欢乐地生活在阳春三月里。你们说对吧?这正是阳春三月!对文章中的这些景物,你是怎么观察的?看一看朱自清先生是怎么写的?

现在请同学们读一读,读完后有什么问题,可以提出来。读了之后,请同学们思考:这篇文章是怎样写春天的呢?

首先,朱自清先生,他是以怎样的心情去迎接春天的?(板书:迎春)接着呢?朱自清先生用他的彩笔给我们描绘了春天的美丽景色。(板书:绘春)最后,他又满怀喜悦,歌颂了春天。(板书:颂春)

同学们读了以后,分分看,哪几节是写迎春的?哪几节是写绘春的?哪里是颂春的?我们请一个同学读读看,谁来读啊?

(生:举手,朗读《春》全文。)"盼望着盼望着,东风来了,春天的脚步近了……"

师:从读的情况来看是读过的,有什么地方读得不妥当吗?

生:反映读音的情况。

师:纠正。

……

于漪老师先引导大家把课文的内容分成三部分,然后再细分每一部分都写了什么,这些景物都是怎么写的,层层深入,化整为零,符合学生由表及里的认识规律。从大处着眼分析整体意义的区别,从小处着手分析观察事物要仔细,这些教学语言,连贯流畅,学生学习起来就思路清楚,轻松愉快。

3. 提问语。虽然不是要求每一节课堂都必须要有提问语出现,但没有提问的课堂不会是什么好课堂。好的提问——不论是正问、反问、曲问、设问、疑问,可以调节课堂气氛,推动课堂教学和学生创造性思维的发展。有时候提问可以在讲述完学习内容后,围绕学习内容作回顾性提问,帮助学生巩固课堂学习的重点难点;有时可以通过提问引导学生的思维朝向某一个结论;有时还可以突然提出相反的问题,鼓励学生逆向思维;有时候可以针对学习内容作延伸性提问,引导学生课外自学的兴趣和方向……总之,提问使课堂中师生的交流变得积极和充满活力,好的问题就像鼠标一样,可以引导学生的大脑朝知识预定的深度逐步点开,制造曲折动感的教学情节,从而把教学内容有机地连贯起来而不会觉得气氛平淡。例如,有一位语文老师在讲《冬眠》一课时，通过很多提问一步步引导学生理解冬眠的意思。

师：眠是什么意思？

生：睡觉的意思。

师：冬眠呢？什么意思？

生：冬眠就是冬天睡觉的意思。

师：人冬天也睡觉，这叫冬眠吗？

生：不是。冬眠是动物在冬天不吃不喝，只睡觉。

师：（风趣地）噢，骑兵部队的战马冬天不吃不喝，睡觉了，敌人来了怎么办？

生：（笑，知道又说错了）冬眠是指有的动物在冬天不吃不喝，只睡觉。

师：这样解释就对了！冬眠是指有些动物，如青蛙、蛇在冬天不吃不喝一直睡一个冬天。看来把词理解准确还要动一番脑筋啊。[1]

老师对这个新词，不是直接解释，而是运用一系列简单的问题，引导大家分析和总结，启发学生的思维积极活动，最后得出结论，取得了良好的效果。

4. 总结语。课堂教学要放得开，把知识讲透讲活，还要收得拢，把重要的知识凝聚成一团，可以使学生提纲挈领，举一反三。总结语有时也叫结束语或收课语，作用就是对所学的内容作完整的归纳和强调，强化记忆，巩固学习效果。总结语被很多人所忽视，认为有没有都不会影响讲课的质量，甚至有的人还会觉得重复讲述会让学生反感。其实，好的总结语就像是泥沙淘过后的颗粒金，关键性的一点可以使学生眼前一亮，学生会因为老师的精彩总结语而对整个授课的内容心中有数，在欣赏老师总结的同时会感到学有所获的快乐和满足。例如一位老师在讲《谈骨气》一课时，这样结束：

这是一篇说理文章，作者引用孟子的话来解释骨气，然后再用三个例子进行论证。用文天祥拒绝元朝高官厚禄的劝诱，英勇不屈，论证“富贵不能淫”；用齐国闹饥荒，一个穷人宁可饿死，也不吃黔敖施舍的食物的事例，论证“贫贱不能移”；用闻一多面对凶顽，拍案而起，痛斥敌人，坚信革命必胜的事例，论证“威武不能屈”。这三个例子从不同的角度有力地论证了“我们中国人是有骨气的”这个论点。这三个事例的位置绝对不能换，因为是按照说理的性质来选的。我们写议论文，也要选择事例来证明观点，事例和观点之间必须保持一致性。

---

[1] 易匠翘：《教学口才》，湖南人民出版社 2001 年版，第 100 页。

这个结束语就画龙点睛，不仅总结了文章的内容，而且使学生意识到行为有序和选择事例要为观点服务的道理。

5. 评述语。评述语就是指教师在讲课过程中，对一定的人物、事件或立场、观点发表自己的见解，强调自己的态度与立场。教师的评述语可以体现在对课文内容的评价和对学生的评价上。对授课内容恰到好处的评价，可以画龙点睛，突出重点，开阔视野，激发兴趣，展开联想；对学生行为和学习能力的恰当评价，能激发学生的自信和智力，培养他们的学习兴趣，增强师生之间的信任和感情联系。从教学过程的环节上说，评述语不是单独罗列的一个教学环节，在教学中，教师还经常和学生交流思想，反馈信息，甚至还要对学生的作业进行评价。此外，教师还要对学生的回答进行评价，对学生的言论进行适时的评价，对学生的思想态度进行评价，对学生的行为进行评价，等等。评价一个学生也是教师素质修养和智慧的综合体现。一个懂得教育的好老师，会懂得面对不同的学生进行因材施教的评价和引导。荀子早在两千多年前就提出了对学生要根据实际情况给予合理的评价和教育："血气刚强，则柔之以调和；知虑渐深，则一之以易良；勇毅猛戾，则辅之以道顺；卑湿重迟贪利，则抗之以高志；庸众驽散，则刦之以师友；怠慢僄弃，则焙之以祸灾；愚款端悫，则合之以礼乐，通之以思考。"[1]好的评价语能够成为学生的学习推动器；反之，不恰当的评价语会给学生的心灵造成伤害和阴影。

第三节　教学口才的训练方法

教学口才作为教师的职业技能，训练的面很宽，其他任何交际口才技巧都可以为教师授课时所用，只要能收到良好的学习效果，让知识的传授过程充满愉悦就称得上是好的教学口才技巧。但是，教学口才因为受固定的知识范围和授课对象的特点制约，主要的训练技巧应该放在对知识的讲授方法上，放在顺利组织课堂的每一个阶段的语言训练上。下面主要对专业知识的表达方法和课堂组织过程中各个阶段的教学口才训练作一简单介绍。

一、专业知识的表达训练

面对固定的教学内容，如何选择合适的方法和途径，把知识经过个性化

[1] 《荀子・修身》。

的处理，通俗易懂、深入浅出的传达出来，把知识由书本真正传递到学生心里，这就是对专业知识进行表达的技巧。

1. 形象直观，生动鲜明。讲教学原理和结论，用直观教具或者多媒体等方式呈现在学生面前，使抽象的知识点变得真切客观，形象生动，易于掌握。

一个小学老师教字母“ɑ”时，就让一个扎辫子的小女孩走上讲台，侧面给大家看。再指着那位女同学问：“这个字母像不像她的脑袋啊？”大家齐声说：“像”。然后老师又问：“你过去感冒发烧，医生用一个压舌板压住你的舌头，叫你喊什么？”那同学不由自主地说：“啊——”老师兴奋地说：“对了，这个字母就念‘啊’！”学生一下子就记住了这个字母的发音，表现得饶有兴趣。

很多中小学的课堂上，教具和试验都是必不可少的教学工具，为学生生动直观地理解和掌握知识提供便利。

如果教师在讲课前对讲授的知识烂熟于心，洞悉知识的内涵，就能在讲解时游刃有余，生动表述。相关的例子随手就能找到，这样的老师，才能避免照本宣科和局限于教材的框架和语言。如果教师不能够对知识进行生动的解释，每一句话都像是呆板的书面术语，那么学生听得自然是味同嚼蜡，心不在焉。

2. 丰富联想，扩展知识链条。教师要善于以点带面地把新的知识点融入到学生熟悉的背景知识中去，加强知识的融合和联系，运用相关背景知识来增加学习的趣味。

国学大师辜鸿鸣在北大讲课，讲到男人为什么三妻四妾就合理，他振振有词：“男人娶三妻四妾天经地义，就像一个茶壶配四只茶杯一样，你们谁见过一只茶杯配四个茶壶吗？”话音一落，引得学生开怀大笑。

当然我们反对辜老夫子的观点，但是却很佩服他阐述观点时幽默的联想。

3. 联想推理，拓展思维空间。课堂授课重要的不是让学生机械地记住一些观点和原理，重要的是要让学生领会原理和观点的推理过程、来龙去脉，知识的确切含义和社会意义，这样以加深学生的记忆和理解。学生学会了思考和分析，所学习的知识就会变得灵活，而不再孤立和死板了。所以，教师往往要花更多的时间和精力搜索相关的例证和材料，证据充分地论证结论的获得过程，这样学生才会对结论的科学性心服口服。

一位数学老师通过丰富的联想，把黄金分割的使用价值这个枯燥的理论法则讲得充满趣味：“在数学教学中有个重要的定律——黄金分割定律。它表示1∶0.618的比例关系。乍看起来，它与生活无关，可是试验美学家通过大量的事实证明这一点：一个长方形，当它的长宽比例满足黄金分割的比例时，看起来是最和谐的！奇怪吗？毫不奇怪。数学来自自然，它不过是用数字、符号、图形来表示自然规律罢了。数学定律所揭示的和谐与自然界的美是高度统一的。这就是说，数学是追求美的最有力的工具。一旦认识到了问题，数学定律就被广泛应用于创作生活了：利用黄金分割，在摄影时，避免了把主要景物放在画面正中造成呆板的对称；利用黄金分割，让你们完美地设计出了书籍的开本、电视屏幕、门窗、电扇、国旗的长度尺寸。利用黄金分割，我们发现并应用了重大经济效益的快速优选法，甚至利用黄金分割律，姑娘们的发式也偏到了脑袋的一侧，仔细观察不难看出，如果恰好偏在脑袋的黄金分割点上，那就会使身体和谐感增强，美感增加。”❶

4. **归纳论证，水到渠成。**教师可以根据认识事物的思维过程来详细讲述结论的形成过程，也可以运用试验、展示范例、陈列观点等方式，让学生在大量材料的基础上随着老师的思路经历科学研究的过程，只要学生的思维不中途抛锚，最后就可以自然而然地接受所学的结论。或者老师一步步通过分析比较，引导学生自己辨析正误，得出老师预计的答案，也是一种妙趣横生的方法。

战国时期有个叫陈相的人，本来是楚国儒生。他来到陈国，见到农家许行。许行向他宣传农家的观点，即取消社会分工，“君臣并耕”之类。陈相被说服了，就完全放弃了自己的儒家观点，转而向许行学习。孟子想诱导陈相弃“农”归“儒”。有一天，陈相在孟子面前盛赞许行的观点，说：“陈国的国君，确实是一位贤明君主，就像许行说得那样，与民并耕而食，早晚两餐自己动手，同时兼顾民事。如果自设仓库，而不靠自己供养自己怎么能算得上贤君呢？”“许行是自己种粮吃饭吗？”孟子接着话茬马上追问。“是的。”陈相回答。孟子又问：“许行一定自己织布做衣服吗？”

陈相：“不用。”

孟子：“许行戴的帽子是他自己织的吗？”

陈相：“不是。是用粮食换的。”

孟子：“许行为什么自己不织布呢？”

陈相：“因为耽误种田。”

孟子：“许行做饭用锅、耕地用农具吗？”

陈相：“当然。”

---

❶ 易匠翘：《教学口才》，湖南人民出版社 2001 年版，第 91 页。

孟子:“那他的锅和农具是自己做的吗?”

陈相;“也不是。也是用粮食换来的。”

孟子接着说:“用粮食交换炊具和农具。许行是这么办的,这当然不算是农夫妨害制陶工和冶铁工,那么反过来,制陶工和冶铁工用其产品去换取粮食难道说就是妨害了农夫吗?许行既然反对社会分工,他为什么不自己动手做陶器、做农具呢?为什么还用粮食与百工交易?怎么许行就不怕麻烦呢?”❶

面对这一连串的反问,陈相不由自主地说:“百工之事本来就不能一边种田,又一边做工呀。”社会分工本来是客观事实,陈相自己道出了这个事实。

二、课堂中各阶段的口才训练

(一)导语的原则和方法

1. 导语的原则。导语的设计要围绕调动学生学习积极性为最终目的,坚持求新、求趣、求真、入情的原则,开讲伊始就紧紧地吸引学生的兴趣。

求新,就是导语要追求内容和形式的新颖,或者介绍新鲜的事物,或者引介新知识的背景,总之要让学生感到讲课的开头就很新鲜特别,给人耳目一新的感觉。求趣,就是要语言风趣幽默,所开讲的事物使学生感到很有趣味,有意思,非常愿意随着老师的思路听下去,这就引起了学生探究本次学习内容的兴趣。求真,就是要激发学生追求真理的心志,一开始就让学生充满学习科学真知的强烈愿望。入情,就是要真切实在,营造合适的情绪氛围,在感情上接近和抓住学生的感情经验。

2. 导语设计的方法。导语设计的方法有很多,也有很多分类和陈述,以下介绍几种常用的导语设计方法。

(1) 温故引新。任何教科书中的知识点都是按照一定的联系编排的,知识的连续性决定了课堂的连续性,所以复习旧课导入新课是最常见的一种导语方式。继往开来,讲述知识的内在联系,明确学习目的,自然而朴实。

一位教师在讲述许地山的《笑》时这样导语:人们常说:文如其人。此话一点都不假。上次课我们学习了冰心的抒情散文《笑》,文中那诗一般的意境,那清新凝练的语言,不正是女作家那清新俊逸、感情细腻澄清的风格

❶ 王东:《能言善辩　妙语如珠　中外口才故事集萃》,军事谊文出版社 1993 年版,第 130 页。

体现吗？著名散文家许地山也写了一篇“笑”，同一题材，同属于抒情散文，同样运用了文艺语体，体现了许地山那平易近人、朴素含情的风格。两者比较真是各尽其妙、耐人寻味啊。今天我们学习许地山的《笑》，请同学们将这两篇散文比较，分清彼此之间的异同，细细体会各自的奥妙。❶

(2) 设疑置奇。设置一系列有趣的问题，或者讲述奇异的趣闻，或者描述奇妙的见闻，等等，都会把学生的好奇心指数激发到五颗星。

有一位物理老师在讲运动与静止时，先讲了一个有趣的故事：你们听说过飞机上抓子弹的故事吗？学生们很奇怪，问“飞机飞得那么快，能抓住子弹吗?”老师说，我就给你们讲一讲这个故事吧。第一次世界大战期间，一名法国飞行员在 2000 米的高空飞行时，发现有一个小虫子一样的东西在身边蠕动，他伸手一抓，大吃一惊！原来抓住的是一颗德国制造的子弹！学生听了十分惊讶，老师因势利导说，今天我们就学习运动和静止，探讨这个问题……❷

(3) 渲染情绪。通过幽默的言词、浓烈的抒情、感人的故事等，调节和引导学生的情绪进入课堂学习内容的预定氛围中，拉近师生之间的心理距离，更容易和学生在感情上产生共鸣。一位老师讲《祝福》是这样开讲的：

大雪漫天，狂风怒吼，爆竹声声。在现代文学人物画廊里，艰难地走出一位衣衫褴褛、面容憔悴、神色悲哀、白发蓬松、目光呆滞的四十上下的女人。那又瘦又长的左手提着一个装着一只破碗的竹篮，干枯的右手总攥住一支下端开裂的长竹竿。她，就是祥林嫂——鲁迅著名小说《祝福》中的主人公，一个惨遭封建宗法思想和封建礼教迫害的旧中国农村劳动妇女的典型形象。今天，我们就来学习鲁迅先生 1924 年 3 月 25 日发表在《东方杂志》上的小说——《祝福》。❸

这样的导语直接将教学内容浓缩为情境，创设情境，渲染知识背景，显现作品结尾的凄惨氛围，让学生怀着对作品主人公极大的同情心学习作品，为学生正确把握教学内容奠定了情绪和情感基础。

(4) 资料分析。通过提供相关的学科知识资料，或者名人轶事，或者相关的社会现象，等等，给学生提供一个丰富多彩的背景知识空间，让学生觉得学习是一件很快乐而且有成就感的事情。

这是一位数学老师在讲对数这一知识点时的导入语：

---

❶ 易匠翘：《教学口才》，湖南人民出版社 2001 年版，第 49 页。

❷ 易匠翘：《教学口才》，湖南人民出版社 2001 年版，第 47 页。

❸ 赖华强：《教师口才艺术》，暨南大学出版社 2003 年版，第 154 页。

对数的发明人耐普尔说："我要尽我的力量来免除计算的困难和繁重，许多人讨厌计算，吓得不敢学数学了。"法国的拉普斯说得好："对数可以把几个月的计算减少到几天完成，使天文学家的寿命延长一倍。"同学们，对数有这么大的好处，我们今天就学习它。❶

学习对数确实枯燥而繁难，针对这点，教师引用对数的发明者和著名学者的话，从强调对数和实际用途出发，消除学生的畏难心理。

(5) 开宗明义。开门见山地告诉学生学习的内容和目标，重点和难点，直奔学习的主题，让学生听讲时有的放矢，抓住主要内容。一位物理老师在讲授"改变内能的两种方法"一课时就是这样做的。他说：

什么是物体的内能？它的决定因素有哪些？怎样比较物体的内能的大小，物体内能可否改变？怎样改变？这节课我们就来探讨这些问题。

这样的开头简洁明了，提出问题，课堂教学也就围绕着解决这些问题来展开。这些问题讲好了，课堂教学的目的就达到了。这样开门见山的方式，也给学生留下了鲜明的印象。

(6) 因势利导。有时候教师准备的导语在具体的课前环境中，不能很好地发挥引导学生快速进入学习状态的有效作用，有经验的老师往往因势利导，根据当时的情景，随机应变稳定学生的情绪，顺利进入学习的状态。

例如，有位老师上课时看到学生们懒懒散散的状态，表现得非常怠慢。他灵机一动说：前天有个同学对我说："我不喜欢您上课。"我问："为什么，是不生动吗？"他说："不是。""是啰嗦了吗？""不是。""是不深刻吗？""也不是。""那是为什么呢？"他笑了笑说："你盯得太紧，使我看不成小说。"❷

显然这是个幽默。"我不喜欢您上课"这是制造悬念，学生的心悬起来，利用学生的好奇心，集中注意力接着慢慢引导学生进入到学习状态上，也给此次课堂营造了一个和谐宽松的气氛。

(二) 讲授语的原则和方法

1. 讲授语的原则。讲授语的任务就是要引导学生在已有知识的基础上，由具体到抽象，由个别到一般，从而理解掌握新的知识。由于学科性质决定了讲授语的组织方法多种多样，教师个人的授课习惯和方式也是千姿百态，但是无论授课方法如何千变万化，教师都要围绕教学目的来展开知识点，讲授内容时还必须遵循人类思维的认知规律，即：由形象到抽象、由个别

❶ 唐树芝：《开启智慧的金钥匙——教学与口才》，中南大学出版社 2000 年版，第 90 页。

❷ 唐树芝：《实用教学口才》，中南大学出版社 2003 年版，第 148 页。

到一般、分析现象——归纳异同——综合结论等。在这个过程中,讲授语要坚持逻辑连贯、主次分明;声情并茂、形象生动;语言准确、科学规范等原则。

逻辑连贯、主次分明的原则,就是指教师在对知识的讲解和分析时,要按照一定的逻辑关系和学习顺序有条不紊地进行,先讲什么,后讲什么,哪里要展开讲解,哪里可以承上启下,哪里可以节奏舒缓,让学生深入思考,哪里需要不断重复巩固记忆,这些都要求教师心中有数,思路清楚。只要这样将讲授的知识烂熟于心,将课堂的讲解过程事先做好计划,课堂的组织才可能做到连贯流畅,主次分明。从另一方面看,任何知识本身也都有相对固定的结构、概念、判断和结论,三者之间都可以找到千丝万缕的联系,所以,讲授过程也要遵从学科知识本身的内在规律来进行,不能颠三倒四,把后面要学的知识提前来讲,也不要随意把联系不明显的几个问题安排在一起讲解,这样会给学生造成主次不分、上课思路紊乱的印象,相对来说,学习的效果就会差一些。

声情并茂、形象生动的原则,就是讲解知识时要做到绘声绘色,既能够用实物道具和生动的事例来阐释知识,也能够用描述性的语言在学生头脑中再现事物的形象画面,让学生的学习始终都伴随着鲜活的感受。很多优秀的教师都深谙此道,在教学中充分运用各种修辞来美化教学语言,或者诙谐幽默,或者哲理深刻,或者诡辩聪慧,总之都力求使讲授语给学生强烈的冲击,营造和谐轻松的课堂情绪。

表达准确、科学规范的原则,就是指讲授语在生动的基础上还要注意用词准确,科学贴切,用语规范。不能一味追求生动新奇,在任何讲解的时候都打比方,该明确描述结论的时候就要一丝不苟,科学严谨,用词表达规范合理。这些语言表达的内容往往是课堂上的重点或者难点,一板一眼的表达可以把知识的严肃性突现出来。

2. 讲授语设计的方法。

(1) 分析现象,归纳结论。这种方法通常都是先借助于实验、道具、故事、事例等,启发学生发现问题,教师通过对相关问题或者事例做出连贯性分析,通过类比推理、演绎推理或者归纳总结等方法,把事例中共同的规律抽象出来,使学生对新知识的理解建立在具象的基础上,可以加深记忆。

一位特级教师在讲"体积"这个概念的时候,就采用了对比观察、分析总结的方法。一上课,教师就把两个形状大小完全一样的玻璃杯放在讲台上,然后往两只杯子里倒相同高的水,问学生:"谁能告诉我,哪个杯子里的水多? 哪个水少呢?"同学们通过仔细观察,也看不出有什么差别,只好凭直觉回答“一样多”。老师肯定地说：“两个一样的杯子，水平面一样，当然水一样多了。”说完，老师就把一个东西放进了其中的一个杯子，“你们看到了什么？水平面还一样高吗？水还一样多吗？”学生说水还一样多，但是水平面不一样了。“为什么呢？”老师及时启发大家思考，学生经过思考后，争先恐后地回答：“老师，你往杯子里放东西，它占了地方，把水挤上来了。”老师为了让学生进行仔细比较，又拿了一个东西放到另外一个杯子里，问：“这次你们又看到什么？”学生们说：“这个杯子的水平面也升高了，比第一个杯子的水平面高了。”教师接着问：“为什么呢？”学生们肯定地回答说：“你第二次放的东西大了。”老师在学生刚才仔细观察的基础上，总结了体积的概念，就是指物体占有的空间大小。❶

这位老师通过让学生观察体积的变化，直观地让学生感受到了体积的概念，最后的总结就顺理成章，学生也加深了对概念的理解。

（2）引发联想，触类旁通。这种引发联系、总结归类的讲解，不仅有利于集中突破重点、难点，还能使所学的知识系统化，达到触类旁通的效果。

例如，一位中学特级语文老师讲授《死海不死》，当讲到“各种盐类加在一起，占死海全部海水的23%至25%”时，突然灵机一动向学生发问：“类似这种数字用法的句子还有吗？谁能从最近学的几篇课文中找出来？”

学生：“海水最深的地方大约有4百米。”

“赵州桥建于605年左右。”

“石拱桥能几十年几百年甚至上千年雄跨在江河之上。”

教师：“是的，这些数字的用法有不同吗？”

学生：“课文中的这一句用的是确数，后面几句用的是约数。”

教师：“好的。的确有个确数与约数的用法问题。那么，什么情况下用确数？什么情况下用约数呢？”当学生陷入回忆和沉思状态的时候，教师作了如下的讲解：“对客观事物的认识和了解达到了全面、精确的程度，应该用确数说明；对客观事物的认识和了解还没有达到，或者无法达到全面、精确的程度，就应该用约数说明。约数是力求近似全面、精确的一种估计和推测，也是建立在科学计算和调查的基础上的，绝不是想当然。‘大约四百米’，是说目前还不能测到更深处的精确数，但靠近四百米。‘建于605年左右’，是说不能肯定到底建于哪一年，但接近605年，或在前或在后的几年里。‘几十年几百年甚至上千年’，是对石拱桥雄跨江河上的时间的泛指，历时究竟

❶　易匠翘：《教学口才》，湖南人民出版社2001年版，第168页。

多长，很难料定。实事求是，能够用确数的就用确数，一时不能用确数的就用约数，用约数也是尊重客观事实，同样是科学的。”❶

这样把前后的知识连贯起来，放在一起分析比较，有力地证明了确数和约数在使用中的科学性，激发学生触类旁通，也培养了学生联系看问题的能力，训练了思维。

（3）辨析正误，深化认识。这种讲述方法，往往先从很多种观点出发，一一介绍，然后分析各自的得失和偏颇，最后得出自己的结论。这样的旁征博引比较适合大学生的课堂，尤其是要拓展学生知识视野的学科。如果能够根据需要，列举相关的背景知识和有关论点，然后再一一剖析，就能引起学生的积极思考。

（4）以点带面，发散思维。这个方法是由一个知识讲开去，逐步引出很多知识点来，然后让学生跟随提问，一个个牵扯出相关的知识来，从而加深对知识的连续性和内在逻辑关系的认识，加深记忆。

一位老师在教授《大堰河——我的保姆》中的几句：大堰河做了一个不能对人说的梦。在梦里，她吃着乳儿的婚酒，/坐在辉煌的结彩的堂上，/而她的娇美的媳妇亲切地叫她“婆婆”/……/大堰河，深爱着她的乳儿！老师在教这几句时，围绕大堰河“为什么不能对人说”这一点，展开提问，引导学生发散思维，领略大堰河心里的隐秘情感。

师：同学们，大堰河这样一个美好的梦，为什么不能对人说啊？

生：因为当时受阶级压迫，如果大堰河把对地主儿子的梦讲出来，就会受到迫害。

师：他说得对，还有别的看法吗？

生：（思考……）

师：同学们，能否想得更宽广一些。比如说，从生活体验来说，大堰河是一个保姆，身份卑微、低贱。她把这个梦说出去会有什么后果呢？

生：大堰河只是个保姆，是个奴仆，她如果把梦说出去，别人会笑话她，讥讽她，说她痴心妄想。这不能说的，正说明了她的辛酸。

生：人情冷暖，世情冷漠。

师：我们学过《祝福》，大堰河生活的时代同祥林嫂差不多，她们的生活环境也很相似，能不能联系她们的命运来谈谈呢？

生：大堰河同祥林嫂的命运是相似的。她们都相信神灵，祥林嫂临死前

---

❶ 中国小学名师网。

还对人死后有魂灵表示不怀疑。由此看来，大堰河也相信神灵。她的美好的梦，只能靠神来呵护，怎么能说出来呢？天机不可泄漏。

师：大家再往深处想，既然大堰河没有对人说出她的梦，乳儿又是怎么知道的呢？而且大堰河在她的梦还没有做醒的时候就已经死了。

生：这说明母子之间心灵是相通的。

师：说得好！这正是乳儿和她的保姆之间心灵相通的证明。乳儿理解她，知道她有那样一种期盼，那样一个美好的憧憬。这个梦没有变为现实，大堰河就在深深的失望中撒手人寰，她的悲剧的深刻性也就在这里。但是，她的心思却永远浸着乳儿的灵魂，没齿难忘。

（三）提问语的原则和方法

1．提问语的原则。提问语量不在多，精妙就行，关键是问题一定要问到点上，问得明确，问得有价值，要能够通过提问，唤起联想和思考，揭示事物之间的内在联系。提问语要坚持启发性、明确性、目的性原则。

启发性原则，就是问题本身要能激发学生思考，而且通过教师的点拨、学生积极主动的努力，能够寻找到教师所期望的答案，而且所提出的问题一定要抓住时机，让学生在你的提问之下真正能发挥他们的智慧，学生就会积极配合，反之即使问题提得再多，学生也未必会沿着教师的思路去思考，肤浅平庸的问题不仅会使学生厌倦，还会让学生厌烦。明确性原则，就是所提的问题必须所指明确，不能过于宽泛，让人无所适从，也不能模棱两可，让人产生歧义。目的性原则，指所提出的问题必须指向教学的最终目标，哪些该问哪些不该问，答案可以达到什么效果等等，都要心中有数，绝不能随心所欲地提问，而且东一榔头西一棒子地提问，只能使教学思路飘忽不定，不能聚拢到一条主线上，师生都会感到思绪紊乱而使教学失去控制。

2．提问语设计的方法。

（1）发散思维，激发学生个性化答案。“不愤不启，不悱不发”，这类提问，要求学生依据一定的标准，对已有的材料、观点、问题进行判断、选择，进行积极思考，摆脱书本，提出自己的见解。

一语文老师在教《鸿门宴》一篇时，同时找出了司马光的《资治通鉴·汉纪一》中的相关文字，让学生对照阅读。阅读中学生发现，司马光几乎全都是司马迁的文字记载，唯独只删掉了用于描写座次的三十来字，而这些文字又都是最能表现沛公与项羽当时各自的处境与性格的，是司马迁的良苦用心所在。正当学生疑惑不解时，教师发问了：

“同样是伟大的史学家，同样是伟大的历史巨著，为什么一个要写，一个要删呢？而删掉的还是最精彩、最富有表现力的呢？"问题提出，教室里立即平静下来，学生们都在沉思默想。教师又及时启发"是不是把解决问题的思路拓宽一些？不要只局限在这两段文字本身上？"在教师的启发下，学生终于有了自己的看法了：

生："是不是与文本体裁有关？学《廉颇蔺相如列传》时，老师介绍过，《史记》是以人物为中心的纪传体，当然要调动一切因素来刻画人物性格，所以司马迁写了。而《资治通鉴》是编年体……"

另一个学生接着说："老师，司马光删去这一节，我看是与他的写作目的有关。《赤壁之战》这篇课文的预习提示上说，司马光编写这部史书的目的是'鉴前世之兴衰，考当今之得失'。既然如此，也就没有必要再去写细小的座次了。"

最后师生获得共识：一个写得精彩，一个删得有理。❶

这样的提问，教师有眼力，学生苦思维。在调动已知的过程中，学生有理有据地作出中肯的评价，活化了所学的知识。

(2) 据果溯因，引导学生总结知识结论。根据结论或者一个现有的结果，用提问的方式，引导学生去寻找背后的原因，引导学生自己理解和掌握知识。

有位教师在教鲁迅的《祝福》时，就是以几个重要的结论牵头，用几个关键的问题引导课堂的学习逐步走向深入。

第一组问题：课文中的"我"，指谁？这个"我"该不是指作者本人吧？祥林嫂是否真有其人？为什么她会去嫁一个比她小十岁的男人呢？为什么那时的人都不同情祥林嫂？为什么他们那么麻木？

第二组问题："旧历的年底毕竟最像年底"是什么意思？为什么小说开头两段从年底写到过年，写了那么多和祥林嫂无关的事？文中不少地方描写放鞭炮、下雪、天上的云这类的情景，这些与课文的中心思想有什么关系？❷

这些问题的题根都是现成的，文中可以看到的，就是要让大家找出原因，据果溯因，才能对文章的阅读深入下去，获得深刻的理解。

(3) 设置条件，展开矛盾性答案的分析、论辩而明理。给出一定的条件，让学生得出不同的答案，在谈论理由的过程中，锻炼学生的思维。经常用"如果……你该怎么样啊？你认为会有什么结果呢？"这样的假设来开启学

---

❶ 唐树芝：《实用教学口才》，中南大学出版社 2003 年版，第 122 页。

❷ 赖华强，杨国强：《教师口才艺术》，暨南大学出版社 2003 年版，第 145 页。

生的思路，不要拘泥于课本的讲述，这样更能够调动学生的积极性。

一位老师在讲《警察和赞美诗》时，谈到苏比六次犯罪而不入狱时，马上问道："如果你是作者，你写到这里，将会作何处理啊？但是欧·亨利却不让那个苏比回到麦广场，而是安排一个出人意料的情节。是什么呢？有什么作用呢？请大家看下文，准备回答！"

(4) 围绕中心，突出重点知识要素，强调学习的要点。有些问题可以提得大一些、深一些，这些问题解决了或者理解了，讲课的目的就达到了，重点和难点都在这些问题中了，这样围绕这些问题来组织教学就可以形散而神不散了。

于漪老师在讲《孔乙己》时，一开头就提出几个艰深的问题，引人深思。

"有人说，古希腊的悲剧是命运悲剧，莎士比亚的悲剧是性格悲剧，易卜生的悲剧是社会问题悲剧。看了悲剧，催人泪下。但《孔乙己》这篇小说写了孔乙己悲剧的一生，我们看了却不会流泪，而是感到内心的阵痛。为什么呢？这是因为孔乙己的悲剧是在笑声中进行的。那么，孔乙己的悲剧到底是命运悲剧、性格悲剧，还是社会的悲剧呢？"

这些问题对于中学生来说实在是很深，但学生却在积极思考，不断比较几种悲剧的异同，回忆孔乙己的遭遇，在心里不断地组合和取证，思维十分活跃。

(四) 总结语的原则与方法

1. 总结语的原则。课堂教学是有规定时限的，在一节课结束之前，教师用简洁的语言总结概括学习内容，强调和巩固学习重点和难点，使课堂学习形成一个完整的过程。一般说来，总结语时间都不是太长，语言简短却意义重大，在课堂总结时要注意做到利于掌握新课、能于开拓新知、善于启发兴趣等，确保总结语话语虽少却意味深远的效果。

利于掌握新课，就是指总结语要能够帮助学生快速梳理出课堂中学习的主要知识点，起到提纲挈领、巩固所学、强化记忆的良好效果。能于开拓新知，就是要让总结语在完满结束本节课程的同时，还要给学生指出继续学习的方向，激发他们积极思考和解决相关问题的能力，使学生的学习生活与实践联系起来，提高思维和解决问题的能力。善于启发兴趣，就是指总结语不只是一个小课时的结束，还要成为开启学生浓厚学习兴趣的金钥匙，让学生培养起由被动地在老师指导下学习到主动想去深入学习研究的习惯，这将是教育的最高目标，即变"要我学"为"我要学"！

2. 总结语设计的方法。

(1) 归纳要点，重复强调。在分析和解说完教学内容后，教师用概括的语言对所学的知识进行梳理和重复解说，强化学生记忆，让学生把所学内容当堂消化，也可以间接地影响学生的概括能力，提高学习的综合效果。

一个老师在教“求一个数是另一个数的几分之几的应用题”时的结尾这样结束：今天我们学习了“求一个数是另一个数的几分之几的应用题”，知道它是“求一个数是另一个数的几倍”的发展变化。解这种应用题所依据的基本数量关系是：甲数÷乙数＝甲数是乙数的几分之几。解题的思路有三步：先找准是哪两个量相比较，然后确定把哪个数看作单位1，做除数，另外那个数做被除数，最后列式计算，得数要写成分数。

这个总结语准确地表达了教学内容的要点，加深记忆。

(2) 提出问题，启发思考。在学生掌握知识的基础上，由教师进一步提出思考方向或者问题，启发学生举一反三地理解知识点，拓展知识的延伸面。这样的总结语对学生是一定程度上的考验，会让学生把本节课学习的知识久久地在脑子里思索回味，挑战他们的辨析能力和知识储备，也会收到非常好的教学效果。

有一个老师在讲到“文学性质”时，讲到：“文学必须面向大众的社会行为，但是有些少年作家公开说：写作时不用考虑别人和社会责任，怎么解释？大家找找看都有哪些持对立观点的人？那么你们自己是怎么看这个问题的呢？同意还是不同意都请详细收集资料，说出理由来。”学生的兴趣立即表现得非常浓厚，争相发表看法。

(3) 拓展思路，激发想象。学生往往在课堂上对老师所讲的内容领略得很单纯，面对同一个问题容易形成老师所讲解的思路和观点，很少能够变化思路来重新审视老师得出的结论。这时候，老师可以启发大家从另一个角度来思考问题，激发他们的想象力，培养学生的发散性思维能力。例如，老师可以在讲述完结果之后，向学生发问：“如果要你们来续写，你会给他们什么结局呢？”或者“你对这个结论还有没有别的解释呢？”“还有没有不同的情况呢？大家下课去找找看。”

(4) 透露新课，承上启下。知识本身的连续性就是启发学生求知欲的很好开关，教师自然地把相关新课程的内容透露给学生，提出预习问题，承上启下地结束课堂也不失为一种娴熟有效的总结方法。

一位老师在《中国石拱桥》一课结束时这样设计：本节课我们主要以赵州桥和卢沟桥为例来说明中国石拱桥的特点和成就。但有的说明文就不用举例法，而采用概括说明的方法，总括被说明对象的特点。这样也能收到印象完整而具体鲜明的效果。下一节课我们将学习叶圣陶先生的《苏州园

林》，如果把这两篇文章作比较，就会明白各自的写作特点。大家可以预习……❶

这样的结束语，不仅总结了新课，而且开启了下一节课的内容，指出了学习方法，利于前后课程的联系。

（五）评述语的原则与方法

1. 评述语的原则。评述语是指教师课堂相关内容的评说和对学生学习情况的评价。前者可以划分到讲授语中，但是因为评述语在很多时候不是只用作对问题的论证，还要表达教师的态度和认识，这对组织课堂有更多的意义。好的评述语话不在多，但是因为其简洁凝练，意义丰富，很快被学生记住，也能成为他们学习的主线。同时，课堂教学是师生两方面共同参与的一个过程，学生的任何反应都可以影响到课堂教学的最后效果，所以，教师不得不面对教学中的突发事件、学生问答、学生的作业等等，这些都需要教师来给以恰当的评价。评述语的得当与否，也直接会影响和左右学生学习的兴趣和效果。所以，评述语也是教学语言中应当着重训练的一个环节。

教师的观点虽然是一己之见，但却时常左右和潜移默化地影响着学生的人生观和价值观。所以，无论在评价具体事物和现象，还是在评价学生的表现时，都要坚持客观公正、立场鲜明、积极肯定的原则，让教师的教学人格对学生的成长起到正面的积极影响。

客观公正原则，就是要坚持实事求是的态度，对事物的认识和评判要有理有据，客观真实，避免携带过多的个性色彩，还原客观真实的本来面目。对学生的表现也要坚持这个原则，不能因为老师不喜欢某个学生，或者某个学生在哪方面表现较差而作有失偏颇的评价，这样都会给学生造成不良的心理影响。立场鲜明的原则，就是教师的评价要有明确的倾向性，什么是提倡的、积极向上的；什么是应该反对的、不科学的态度，教师都应该在评点中表明自己的思想方法和立场。积极肯定的原则，主要是在对学生的评价中要注意这个原则。尽可能不对学生采取正面的严厉批评，以免挫伤师生之间的感情和学生的自尊心。要善于发现学生的优点，包容或者委婉地批评他们的缺点和不足，积极鼓励和肯定学生的正向行为，这是教学中一个很重要的原则。

2. 评述语设计的方法。

（1）联系生活，富有哲思。有时候，老师要给学生讲述一个道理，也需要

---

❶　易匠翘：《教学口才》，湖南人民出版社 2001 年版，第 222 页。

作一番充满思辨的议论和评价。如果能够联系生活感受，把道理寓于一定的事例中，通过多面的评析，让学生明白，则是令人回味无穷的。

一次作文评点课上，老师发现一部分同学对美的认识不太全面，大家都从一点上来给美寻找标准。老师作了以下的评述：

虹看到弧形的石桥，向它说道：我的大地上的姐妹，你的生命比我长久啊。石桥回答道：你那样美，你在人们的记忆中必然是永恒的。在引导学生思考到底如何认识美的讨论之后，老师总结道：我认为虹和桥都是美的。美的内涵是丰富的，它的外延又十分广大。它丰富多彩，无所不在。我们不能因为有虹，便鄙夷脚下的桥；也不能因为踏上了桥，便不愿意看天上的彩虹。美，绝不是一个简单的判断。我们要积极地发现身边的美，包括美的事物、美的人格、美的生活、美的理想。既不能因为喜欢蓝色的辽阔，便排斥绿色的生机；也不能因为轰轰烈烈而忽视了默默无闻。应该在自己的生活中，时时刻刻自觉地追求美的语言、美的行为、美的心灵，用美的标准来要求自己……

老师的这一段评述，充满思辨，意义深远！启发学生如何认识美，认识美的多面性，要辩证地看待事物，不能追求单方面的标准，要善于用美的心灵去寻找生活中多彩的美，要有感染力。

（2）以点带面，正反评说。说服和批评学生，要以情动人，这也是谈话时说服人的一种有效的手段。周恩来说评说别人要使人心中点头，理念上认同，情感上接受，情与理结合，理借情动人。

有一个女中学生入学时成绩虽不太好，但多才多艺，经过一段时间的努力，居然成了尖子学生之一。可是不久就开始经常旷课，一向积极参加的文体活动也不感兴趣了。原来，她交了男朋友。班主任多次对她进行批评教育，可无济于事。班主任把这个学生交给了教导主任。经过了解，这个学生身世很不幸，母亲早逝，没有兄弟姐妹，后母及父亲对她很不好，将她寄养在姨妈家，姨妈又过世，生活没有着落，又无亲可投。了解到这些情况后，这位教导主任决定找她谈一次话。

教："同学，我希望咱们能开诚相见，都说心里话好吗？"

生："说真的，我不想上学了！"话一出，她的眼泪直流。

教："坦率地说，我对你的印象很好，你发展很全面。演讲在县里获二等奖，3000 米长跑全县第一……这些成绩来之不易呀！你是一个很有前途的学生。说实话，学校不愿失去你这样的学生，我更是打心眼里喜欢你，难道你自己就甘心抛下这光荣的历史与美好的前程吗？"

这位女生抬起头看看老师，又把目光移到别处思而不语。

教："同学，你的情况我都知道了。我想，你过早地谈恋爱，大概也出于无奈。我也是从小没妈，知道失去母爱的痛苦。但我还有父爱，你还不如我。你寄养在姨妈家，姨妈又病逝，是生活逼得无亲可投，无温暖可寻……"

这些话勾起了她痛苦的回忆，眼泪又流下来了。

教："恋爱并不算丑事，人人都要谈的。我和你一样大时，也谈过好几个，都是别人介绍的。现在回想起来，觉得好幼稚啊。幸亏未成，否则不知会带来多少痛苦。著名女作家程乃珊说过，过早地把自己的未来缠在一个异性的身上，是一个沉重的羁绊。它处处妨碍你投入更广阔的人生。这话可是经验之谈啊！你认为你与那位男孩生活在一起会幸福美满吗？"

学生抬起了头，用信任的目光看看老师，说："老师，其实我也谈不上多么爱他，只是他经常来找我，他妈又对我特别好，我到他家感到很温暖。最近他妈病了，我能不管吗？"

教："我完全理解你。不过，我想再提醒你，你未来的路还很长，前途也很光明，希望你能够珍惜自己的未来，认真处理好目前这一问题，你能答应我吗？"

生："能！"

教："以后到了星期天，你到我家来玩。我有一个女儿，和你年龄差不多，她是高二学生，她会热情接待你的。"

生："谢谢您，老师！"❶

后来，这位学生与教导主任的女儿真的成了好朋友，与那个男孩也断绝了往来，重新活跃在校园中。

整个谈话过程中，通过教导主任正反两方面的评说，先肯定地评价了学生的成绩，又肯定了学生的恋爱行为，体现的是教师对学生的理解与关爱，十分入理。再通过激励和反面的后果给予开导，这个学生心里感到十分受尊重，所以，评价的中肯才能引导学生转到积极的方向。

(3) 有感而发，多方联系，倾向鲜明。很多时候，老师都要对一些讲课的内容作个人的评价和分析，这个分析和评价中体现了教师的智慧和学识，有感而发的评价就更生动鲜明，给学生留下深刻的印象。

林语堂先生曾在北京大学讲《论东西文化的幽默》，其中论及儒家的幽默时，他依据史实，说孔子面对失败和挫折其实都是泰然自若"很风趣"的，

❶　唐树芝：《实用教学口才》，中南大学出版社 2003 年版，第 182 页。

但为什么却被人描绘成一个“道貌岸然，规行矩步的学究”呢？对此，林先生不禁感慨地说：

每当人的精神颓废而退化，伪善而夸大的陈腔滥调，甚至残酷，便会再度抬起头来。孔子的容忍、幽默和富于人情味的热情便被忘却了，于是一些新儒家便把他的教训纳入一套严厉的道德经典中，诸如女人缠足、寡妇守节，一个女子在其未婚夫于婚前夭折，即不得改嫁他人等等，竟成为一种崇尚的妇德，非常受到新儒家的鼓励和钦佩。在这些学者论道德的文章中，就找不到一点人情味和幽默感。而在一些匿名作家或者将其姓名签署于文学作者所写的小说中，我们才再度找到幽默和一种比较能真实反映人生，符合一般人思想、知觉和情绪的东西。❶

由古而今，由幽默而社会，有理有据，评点了一种现象，揭示了一种规律。这种评点，冷静而客观，蕴意深远。

❶ 引自《北大演讲百年精华》，中国档案出版社 2005 年版，第 138—139 页。

第五章 领导口才

“领导”一词，一般有两种理解。一种是从静态角度认为“领导”是某种权力、身份、地位或权势的象征；一种是从动态过程理解，认为“领导”是一种影响被领导者的行为。但领导的作用最终还是要在具体的行为中对别人发生作用，所以，我们所谈论的领导口才是基于把领导看作一种有目的地支配别人的行为这一理解的基础上，领导口才也就是领导者在有目的地支配被领导者的行为过程中使用的语言技巧。

领和导在古汉语里都有统一思想和行动的意思，即通过一种方式把众多的思想统一在一点上，共同去完成某一项事情。要想理顺复杂多样的想法，必须要树立某一个观念的权威性和中心性。这就要通过精湛的语言表述来实现。良好的口才是领导者团结群众，完成领导事业的一大法宝。

第一节　领导口才的基本要求

工欲善其事，必先利其器。好的口才是领导者实施自己管理目的的有力武器，口才曾一度成为美国人生存和竞争的战略武器之一。随着社会交往的频繁和密切，口才对于一个优秀的领导者来说更是至关重要的一个利器。虽然各行各业的领导者从事的具体工作不同，但是，只要在一群人中扮演了或者准备扮演一个领导的角色，无论在日常的上下级交往，还是公众的演讲和会议发言，只要是以一个集体的代言人身份发出的声音，它们都具有相同或者相近的目的。为了达到这个目的，要求领导者在实施领导的具体行为过程中注意一些基本要求。

一、要言语得体，树立个人威信

领导的工作语言，虽然内容枯燥，原则性强，但是一个拥有高超言语表达技巧的人，无论在什么场合都能够侃侃而谈，循循善诱，给人强烈的感染。俗语常说：话是开心的钥匙。能言善辩的人，可以靠语言的四两之劲拨动群体智慧的千钧之力，打开所有被领导者的心扉，让大家愿意跟你干。这都需要在言语表达上加强锻炼。

言语得体首先表现在讲话要声音洪亮，抑扬顿挫，富有节奏。领导在某场合中总是核心和主角，讲话时一定要有气度、自信、舒展，讲话时干脆果断，不拖泥带水，底气十足。如果能在讲话时合理运用轻重强弱的口气，快慢相间的节奏，就更容易调动和引导场上的听众情绪，牵动大家的思维跟随自己一起跳跃，久而久之，这个领导就会在大家心中确定其威信。其次，言语得体还包括说话时要充满热情但不情绪失态。说话热情可以给人尊重、信赖、亲切等感觉，但是，不管多么兴奋，领导者都要学会控制自己的语言，不要表现出过度紧张或者激动，尤其不能出现高度的尖叫或者大声的压制，要表现出自然的生机勃勃的兴趣和情绪，这样的领导者在大家心目中总是一个风度翩翩的人。

二、要声情并茂，深入人心

振臂一呼应者云集，是每一个领导者都希望看到的场面。关键是这振臂的一呼该如何有效的呼，这就要求领导者在表达自己观点和号召群众集体完成某项事件时，善于控制自己的讲话情况。要把所讲的内容和希望群众持有的情绪一起传输给大家，对高尚的实例尽情称赞和欣赏，对可耻的行为恰如其分的责备，对集体的奋斗目标和可能实现的未来报以强烈的向往和荣誉感，让自己的情绪有效地感染听众，这样声情并茂的讲话，才能得到大家的积极拥护和赞同，才能产生强烈的号召力和感染力，领导者所阐述的观念和计划才会深入听众心中，才能得到大家的共鸣，从而在实际行动中化作积极工作的动力，配合领导者的意图去多做有益的事情。

同时，领导者讲话贵在讲自己的话，言从心出。言为心声，最容易打动人心的莫过于真情真性。领导者讲话最忌讳让秘书写千篇一律的套话、大话，尤其是在重要的问题上，如果领导者能够通过深入思考，有自己的见解，而且能够用自己独特的个性语言表达出来，情真意切，声情并茂，那就更容易使群众信服和尊敬，从而赢得人心和坚定的支持。

三、要有的放矢，目的明确

任何人的说话都有目的趋向，很多领导人的讲话甚至都经过非常严密的字斟句酌的考虑。讲话者只有目的明确了，才能围绕这个具体的意图有机地选择和组织材料，保证讲话的条理性和集中性。如果讲话之前对目的意图把握不准，就会在讲话的时候信口开河，有时候还会杂乱无章，让人越听越糊涂，使人厌烦。而且，领导讲话所表达的观点，常常需要引用很多相关的材料和事例，哪些事例能够证明什么问题，哪些材料可以有力地表达某种思想，都是要靠讲话目的这个指挥棒来调度的。所以，讲话内容一定要做到目的明确，心中有数，才可以选取那些准确、翔实、有吸引力的材料来反映讲话内容。

四、要严肃活泼，随机应变

领导讲话和普通群众说话有着不同的任务，在什么时候讲，讲什么，怎么讲，都要注意和领导者所拥有的身份、地位相匹配。领导者会在非常多的场合中讲话：有上下级之间工作的汇报和交流；有各种庆典或联欢、礼仪、外交活动；有公开的集体演说；还有各种会议座谈、发言等等，所以，在什么场合讲什么话、怎么讲话都是一件要经过严肃思考的事情，要特别注意区分场合、情景和对象。黑格尔说："既然要产生一种活的实践效果，演说家首先要充分考虑到演讲的场合以及听众的理解力，否则他的语言就会因为时间、地点和听众都不适合而达不到他所向往的实践效果。"❶

但是，不同场合的讲话不能只讲究严肃而使活泼不足。在各种场合中都有可能发生意外的情况，领导者可能随时会听到意外的问题，碰到尴尬的谈话内容，这时，领导者要具有灵活机动、随机应变的口才，才能变被动为主动，化腐朽为神奇，在风波中显示自己的卓越本色。

第二节　领导口才的基本特点和类型

一、领导口才的基本特点

1. 态度明确，讲话真实。领导干部说话要旗帜鲜明、爱憎分明、光明磊落。是就是是，非就是非，行就是行，不行就是不行。不讲与实际不沾边的"官样话"，不讲蒙混群众拖拉时间的敷衍话。明确的态度也不排斥说原则

---

❶　大力：《成功领导口才实务》，海潮出版社2002年版，第11页。

性的话和使用模糊语言。如高层领导在宏观控制上明确表态即可，在微观上鲜明具体地表态反而是不妥当的。领导的语言还必须是真实的。但有时限于不得已的环境，领导得讲“假话”。不过，这种“假话”应是具有积极作用的。例如，某指战员在己方被围，情况十分危急的情况下，为鼓舞士气便对一士兵讲：“我们的援军就要到了，只要一鼓作气，杀出重围，胜利就一定属于我们。”结果战士们士气大振，果然成功突围。事实上根本没有援军，但这种话无疑是具有积极意义的，而且也是在不得已的情况下说的。因此，我们不能死板教条，机械地说这不符合领导语言的真实性原则。不过，对任何领导者来说，“假话”不能成讲话主流，讲“假话”的动机是为了整体，讲“假话”只限于不得已的情况。

2. 情感真诚，以理服人。领导者要向人民坦诚地表达自己的信仰、主张、情结、性格及心灵深处的东西，自觉接受群众的监督、帮助和选择。但这并不是说领导者认识到什么就要讲什么，想到什么就得说什么。领导者权力在握，有时一言九鼎，这就决定了他不能不较多地考虑自己说话的分量和可能引起的后果，也就是说在讲真话的前提下，在什么场合，针对什么对象，该说什么话，说到什么程度，并不能随心所欲。特别是在某些想法尚未成熟或趋于成熟时，尤其要注意这一点。成熟多少就讲多少，有把握到什么程度就讲到什么程度。一位合格的领导者既应善于把自己的想法充分表达出来，同时又要区分对象和场合，需要时保持适度的沉默。根据讲话的目的，选择合适的语言真诚地向群众表达，才能让大家心悦诚服。

3. 用语严肃，杜绝随意。因为领导干部是党政机关、企事业等单位的负责人，是大政方针、计划指示的决策音和主要执行者，他们的言论往往指导着所领导地区、部门、单位的全局工作，关系国计民生，牵动着千家万户。高层领导的言论还会引起国际反响，影响国家和人民的利益。所以各级领导都要“慎言敏行”，所说的话要符合政策法律，符合国家和人民的利益，实事求是，有利于团结。说话要负责，表态要按理，许诺要兑现。“一言既出，驷马难追”，绝不能“戏言”或“食言”。在工作场合讲话，更要注意庄重、冷静，切忌轻浮和狂躁。不过，严肃不等于呆板，不等于摆架子、要官腔、拉下面孔训人。严肃性并不排斥幽默感、亲切感，要“敏于事而慎于言”，不能一时冲动，随意发表看法和想法，否则“领导动动嘴，下属就会跑断腿”了。

4. 富有哲理，灵活幽默。领导讲话往往要解释一些现象，阐述一定的道理，所以不能流于肤浅。缺乏思想性和哲理性的语言一定苍白无力，人听了也是味如嚼蜡，提不起精神。善于使用富有哲理性的语言能使你讲的道理简洁、生动、明了、易懂，使人乐于接受。

常见的理性语言有这样几种：① 警策型：如“有人可能一百岁时走向坟墓，但他生下来就已经死了”。② 若愚型：如“站在山的旁边看不到山”、“一木不成林，一花不成圈”。③ 忠告型：如“当一个人不知道要驶向哪个码头时，那么任何风都不会是顺风”。④ 总结型：如“长久迟疑不决的人，常常找不到最好的答案”。领导不但要讲大实话，还要讲得让人爱听，富有哲理，幽默横生。幽默的语言可以调节紧张气氛，避免出现不愉快的尴尬场面；闪避难题，巧妙周旋；显示才智，博得大众好感。

二、领导口才的分类

1. 日常交往和沟通的口才。领导的日常工作，主要是组织、协调、指挥、激励下属共同完成任务。日常的谈话、布置工作任务、接受汇报、决策、疏通人际关系、作好分析总结等等，这些都是日常工作中天天使用的语言场合，所以可以统称为日常交往的口才。

在日常交往中，领导的语言有工作语言和生活语言的模糊区分。

工作语言主要集中在这几个场合：一是组织会议。开会是领导者重要的工作方式之一。要正确使用会议场合，让它在有限的时间内发挥最大的效率，那些重复、冗长的会议是低效甚至是无效的劳动。要利用开场白和总结，让会议发挥谈论问题、激发智慧、促进工作的积极作用。二是总结报告。通常在专门会议上领导者都要对某些问题作讲话。三是参加一些会议的即席发言。

生活语言，主要表现在领导与上下级之间的工作方法探讨、布置工作任务、谈心和教育、批评和鼓励下属、监督指导工作时随意的讲话。

2. 鼓励和赞赏的口才。激励，就是领导不吝对其下属的某种思想行为的肯定，使下属得到激发和鼓励，从而使下属发挥最大的积极性、主动性和创造性，做出优异成绩。激励的原则，是满足人们物质和精神方面的种种需求，从而使下属的个人目标同单位的集体目标有机地、密切地结合起来，以取得最大的效益。

赞赏，就是领导对下属的工作成绩或者突出地方给予的肯定和赞美。人们说，赞赏是最好的酬劳，谁都愿意在一个被人称赞的工作环境中工作，赞赏不但可以消除芥蒂，平息怨愤，还可以激发下属的自豪感和潜力。赞赏可以在任何场合中找到用武之地，如一种改变、一个奇想、一个成绩、一种习惯……但无论什么时候赞赏，都要基于可赞扬的事实，空对空的赞赏，只能给人带来厌恶和虚假的感觉，不但不会激励下属，反而会让下属对你产生不信任感。所以，激励和赞赏都要坚持实事求是的原则，赞赏是比利诱和批评压制更有效的领导艺术。

3. 批评和说服的口才。批评和说服，都是对人们在工作中发生的偏差和失误作有效的评论和纠正。批评和表扬一样，也是激励的一种方法，其目的是为了限制、制止或纠正某些不正确的言行。领导者要想顺利地凝聚群体完成任务，不但要懂得赞赏还要学会有技巧地批评。巧妙的批评能够启发被批评者自我反省，改正错误，激发被批评者的潜在能力，从而达到批评的最佳效果。批评教育要讲究技巧，说得重了，伤害下属的自尊心和自信心；说得轻了，又不痛不痒，起不到批评的效果。所以，批评要注意把握分寸，对症下药，才能有效说服下属，真正做到改正错误，促进工作。

说服别人也是领导口才中见智慧的一环。领导者都想轻松地说服别人赞同和支持自己的看法、做法，但是好的说服口才并不是狡辩和饶舌，也不是滔滔不绝和强硬要求。要想说服人，首先要掌握听众的心理，所谓知己知彼，百战不殆。要能够迅速找准听众的心理认同点和主要分歧，说到别人心里去。同时还要运用周密的论证、坚实的例证和生动入耳的表述，引导人们改变不愿被别人说服的天性，愉快地接受你的观念。

4. 公开演讲的口才。当代的领导者如果不懂得演讲、不善于演讲，肯定不能成为一个合格的领导。大到国家的形势政策宣讲，小到一个班集体选学生干部的竞选，在这些大大小小的演讲中，才能全面展示一位领导者的综合素质和能力。“演讲决定竞选的成败”在西方社会中可以说历史悠久，深入人心。中国也有演讲的传统，只不过我们用类似的“讲话”、“指示”、“报告”、“发言”等代替了。

演讲因为经常面对较多的听众，公开表态，亮出观点，所以就离不开之前的精心准备，要准备演讲稿。在具体的演讲中要做到了解对象，清楚他们所关心的话题和信息，特别是他们迫切需要解决的问题，才能确定讲什么，怎么讲。演讲还因为其面向群众，就必须避繁就简，通俗易懂，具有强烈的感染力。所以，演讲的口才也就必须围绕着这样的目的开始训练：做好演讲前的准备，设计好观点鲜明、条理清楚的演讲稿，声情并茂、富有感染力的传达，最后达到鼓动和凝聚人心的目的。

5. 外交和应酬的口才。外交和应酬口才，指领导者在各种对外交流的场合所使用的语言。各类领导都会碰到类似谈判、答记者问、出席合作方的接待宴会等等，这是展示领导个人魅力的又一平台。由于高层领导在外交场合的应答内容常常涉及重大的政治、军事或经济等方面的权益，因而，应答过程中的每一得失，都有可能表现在经济或政治等方面给国家带来收益或造成损失，并会产生相应的国际影响。这就要求有涉外活动时，领导者必须十分谨慎地去斟酌自己的只言片语，除使自己的言语符合自己集体的意图外，还得设法击败对手，达到预期的目的。任何无所顾忌的信口开河，都可能导致外交斗争的失败而给集体带来不应有的损失。

外交活动中，领导者可能会碰到难以解答的提问、出乎意料的申述、不怀好意的讥讽、咄咄逼人的论辩或气势汹汹的责难等等，使人防不胜防，答不胜答。但不论这些问题多复杂，从应答者的角度来看，不外乎三种类型：一是可以或必须正面坦率回答的；二是需要暗示或隐晦回答的；三是不置可否或需要委婉回避的。选用哪种作答类型不能一概而论，而要根据具体情况以及领导者的意图而定。

第三节　领导口才的训练方法

一、日常交往和沟通中的口才技巧训练

1. 布置任务明确具体，提出要求态度适当。每个人都有自尊心，作为领导经常要向下属交代工作任务，检查和督促其完成情况，这是工作时间经常使用的语言环境。这类交往中，要注意自己的要求必须具体，指令必须明确无误。要让他人明白你要求的工作内容、完成的时间、工作计划等。在说话的时候，也要注意语气和蔼平等，提出的要求合理适当，不能因为自己的领导身份，对下属发号施令时严厉武断、冰冷僵硬，也不能常对下属提出过分的要求，否则会让下属心里反感的同时失去对你的尊敬和信赖。

例如，一位公司的老总准备周五开会，说说公司最近的销售问题。他对秘书说："你通知大家周五开个会，讨论一下销售问题。"秘书小李非常为难，因为周五什么时候开会？在哪里开会？都有谁参加？几点开始？要准备什么资料？谁作发言？……这些具体的工作都没有交代清楚，怎么去安排啊！作为领导者，为了让下属的工作效率高，自己在布置任务时尽量明确具体、可操作可检查。同时，你的态度也影响着工作效率。布置工作时要尽量平

易近人,用类似于“你把某某工作赶快做好,不然就要扣奖金”、“你必须在什么时候之前把工作做完,否则就……”这样的语气会让员工感到极不受尊重。

2. 同事间闲谈要避重就轻,保持一定距离。有距离才有美。领导和下属的关系有时非常微妙,要尊重下属,谦逊谨慎,保持民主和平易近人的姿态,但是不能为了和下属建立良好的关系而成为他们的好哥们儿。适度的距离,亦远亦近,即使在私下的场合闲谈聊天时也不能把你的秘密和很多想法真实地公之于众,隐私对一个领导者来说有时非常重要和关键。如果你的下属觉得了解你太多,和你关系太近就会对你的命令视如儿戏,其他的人也会效仿,那你的权威就会大大削减了。

3. 对下属的不满和对立情绪,要对症下药、虚怀若谷。任何一个领导都可能面临部分下属的反对和不满情绪,成熟的领导者应该敏感地觉察到这些否定的因素,积极主动查明原因,对症下药。而且对一些强烈的不满还要个别谈话,坦诚相向,认真听取他人的意见。对自己工作失误引起的不满,要敢于自我批评,客观反省,虚怀若谷地接受大家的监督和批评,这样才能够真正消除隐患,凝聚人心。

徐达是某工商所的所长,有一个下属叫雷鸣。火气很大,但发火之后不会往心里去。一次,徐达让雷鸣去收某街道的管理费,雷鸣为了收钱的事情和一个商户大吵一架,被举报到局里。局里要徐达找雷鸣作思想工作。徐达的话还没讲完,雷鸣就忍不住发火了:“好好,我不干了,我不会工作,辞职行不行?”“我就这个脾气,那群人是欠揍,下次要这样,我非摘了他们的牌子不可!”雷鸣怒火冲天地叫嚷道。徐达静静地听他发完火,什么话也没说走了。从此,徐达每当遇到雷鸣工作上发生争执时都三缄其口,遇见雷鸣也是笑而不答。这样的包容时间久了,雷鸣反而不那么容易发火了,反而积极配合徐达把工作做好,成为一个出色的工商管理人员。[1]

宽容和沉默有时候能起到比语言更有力的效果。

二、激励和赞赏的口才技巧训练

1. 以利诱导,发挥潜力。事业前途、奖励政策、荣誉等都是可以激励下属努力工作的指挥棒。无论是精神奖励还是物质奖励都会给员工带来实实在在的动力,毕竟为事业成功和荣誉奋斗是大多数人追求的人生价值。

2. 给以竞争,激发好胜心。日本心理学家多湖辉说:“对于太自信的人,

[1] 大力:《成功领导口才实务》,海潮出版社 2002 年版,第 230 页。

可以通过与他人比较的方式，刺激他自己的存在理由。”对于有一定实力的人，领导者可以夸奖与他实力相当的人，激发他的好胜心。所谓强中自有强中手，每个人都可以找到自己的学习榜样，奋斗是无止境的。

3. 肯定成绩，忽略过失，以情制胜。一个叫“螳螂”的青年工人，赌博、粗野，对人恐吓威胁，工作马虎，很多人对他的转变失去信心。厂党委书记刘吉主动找他谈了一次话，却使这位青年的生活出现了转机。请看他是如何谈的：

刘吉一见他就说：“你好啊。”青年冷冷地回答：“不敢说好，众所周知我不好。”“为什么抽水烟?”“有劲，过瘾，没钞票。”刘吉又问：“你每月收入多少?”青年答：“进厂十年每月386角。”“为什么?”刘吉又问。“因为我是全厂有名的坏蛋。”“你一不偷，二不抢，三不搞腐化，为什么是坏蛋呀?”青年答：“有人说我是不可救药嘛!”刘吉坚定地说：“这种说法是错误的，你不是坏人。说你不可救药，不仅是否定了你，同时也否定了教育者自己。”听到这里，这位青年笑道：“哈哈，我与你见解略同。”刘吉有意紧接一句：“我听说你曾救过人。”青年：“那是过去，好汉不提当年勇。”刘吉接过话茬说：“有志气！过去你曾经是一个好汉。可如今呢？你骂人、打架、恐吓人、逞英雄，干的是傻事。我今天来这里是第三次拜访你，想和你交个朋友。我还要拜访你的父母、你的妻子、你的师长、你的朋友，共同探讨一下青年人如何生活。孔夫子说‘三十而立’，你今年整三十岁了，好花迟开也该开了。”❶

刘吉以平实朴实的语言从肯定成绩入手，激发出其自信，然后渐趋深入，提出批评、指出方向的鼓励方法，自然使这位青年的心灵受到震动。在他心中产生了强烈的“自己人效应”，唤醒了他改正错误的决心。这位青年当场激动地站起来，向刘吉肩膀捅了一下说：“刘吉，你够朋友!”后来，这位青年果然发生了很大的转变。

4. 基于事实的真诚赞赏，增加下属的成就感。真诚的赞美是人与人之间瞬间沟通的金钥匙，无论老少，无论尊卑，世间没有人不喜欢听赞美的话。有人说“这种渴求别人肯定和成功的愿望，乃是领导的无价之宝”，关键就是看领导是否会运用这个无价之宝来创造出更多的价值来。赞美和肯定下属，一个是要实事求是，一个是要态度真诚。否则就会让别人感觉你在做作，在故作姿态，结果会适得其反。

---

❶　王东：《能言善辩　妙语连珠　中外口才故事集萃》，军事谊文出版社1993年版，第32页。

5. 和下属共享成功，在公众场合赞美员工，加深其荣誉感。记得在每一个成功时刻，走到下属中间，真诚地感谢和赞赏大家的努力，这样会提高大家的干劲，也会增强领导者的个人魅力。

6. 用心倾听，集思广益，激发其责任感。不要在重要问题上拒绝大家的意见，一个好的领导者一定是一个善于倾听的人，他会让每一个员工都积极思考重大的问题，吸取他们的智慧，在听取下属意见的同时，使员工感到自己也在积极作贡献，自己在集体中有着独特的价值。

三、批评和说服的口才技巧训练

1. 用类似的故事，巧言暗示，含蓄批评。含蓄暗示是一种特殊的批评方式，如果你温和友好地让对方发现自己的错误并改正的话，谁也不愿意用粗暴的方式批评别人。例如，某单位开会，张主任要讲话了，会场很乱。为把气氛调整下来，张主任就讲了一句话："有个善于演讲的人总结了一条经验：要调度会场情绪，只要注意两个人。一是看长得最漂亮的人，看着这个人，可以使你讲话更有色彩；第二个是要注视场上最不安定的那个听众，镇住他，使你讲话更有信心。我想学习这个方法，可咱们这儿长得漂亮英俊的有一百个，不安定的听众却不知道找哪一个，这可叫我难办了……"这样的暗示，大家很快在笑声中意识到大声喧哗不对，情绪渐渐地安定下来。

2. 从批评自己开始，坦诚相见，拉近距离。一件事情出现失误，领导者首先要敢于承担责任，勇于自我反省和批评，这样才可以在批评下属的时候让大家心理上好接受。

3. 抬高对方，说服别人会更容易。北京市 103 路电车模范售票员王桂英同志，不但具有全心全意为乘客服务的热情，而且具有高超的说话艺术。有一天，车上乘客很多，而这时又上来一位抱小孩的妇女。于是王桂英照例对乘客们说："哪位同志愿意给这位抱小孩的女同志让个座儿。"但没想到她的话讲了两次，无人响应。王桂英没有着急，缓缓地站了起来，用期待的目光看了看坐在窗口的几位青年乘客，提高了嗓音："抱小孩的那位女同志，请您往后走，窗口处的几位小伙子都想给您让座儿，可就是没有看见您。"话音刚落，"忽啦"几位小伙子都不约而同地站了起来让座。❶ 要想让别人听你话，首先要把对方推举到一个高度，让他下不了台，不得不听从你的意见，这

---

❶ 王东：《能言善辩　妙语连珠　中外口才故事集萃》，军事谊文出版社 1993 年版，第 10 页。

也是一种高超的技巧。

4. 对症下药,以退为进,引导别人想得开。先找到别人心理的症结,然后有理有据地分析,没有人会胡搅蛮缠,不肯罢休的。一次,某厂职工对厂长说:“现在物价上涨,国家还要向职工发放补贴,依我看,最好是别发补贴,也别涨价。”厂长回答:“你的心情,可以理解,但做不到,也不现实,不符合经济规律。大家回顾一下,70 年代价格不变,凭票供应,三两油,半斤肉,很多家都怕来客人。现在价格改革后不同了,促进了生产发展,丰富了市场供应,现在就不怕来客人了。你们说,是过去价格长期不动,市场凭票供应的日子好过呢? 还是现在的日子好呢? 我看还是观在的日子好。你们说是不是?”这段答话,举例得当,诱导有方,听者心悦诚服。

5. 抓住要害,亮出观点,快人快语巧说服。1936 年,西安事变爆发,张学良、杨虎城手下的军官情绪冲动,要把蒋介石杀掉。周恩来接受党中央的委托,到西安力求和平解决问题。面对那些愤怒的军官,周恩来劈头一句:“杀蒋介石还不容易吗? 一句话就行了。可是,杀了他之后呢? 局势会怎么样呢? 日本人会怎样? 国家和民族的前途会怎样呢? 各位想过么? 这次抓了蒋介石,不同于十月革命逮住了克伦斯基,也不同于滑铁卢抓住了拿破仑。现在抓了蒋介石,可是并没有消灭他的实力,在全国人民抗日高潮的推动下,加上英美也主张和平解决西安事变,所以逼迫蒋介石抗日是有可能的。我们要爱国,就要从国家的民族利益出发,不能计较个人的私仇。”周恩来单刀直入地亮出自己的观点,观点明确,使人无不折服。

四、公开演讲的口才技巧训练

1. 投其所好,必能打动人心。说听众想听的话,可以瞬间拉近彼此间的心理距离。知己知彼,攻心为上。要仔细揣摩听众的心理需求,掌握它们的心思和疑虑,就能很快赢得共鸣。陌生人之间若能投其所好,说到对方心里,就能使其放松戒备,很快达成共识。

有一位营业员很会做生意。别人问她是不是特别能说会道,她说:“我的秘密是把顾客当自己人。”有一次,一位男顾客来柜台前看东西,就是不肯说出买什么东西。凭经验她判断这个顾客想买一块布。于是,就很热情地说:“您想买一块布吧。您看这一块吧,染色不够均匀,您要是特别讲究就别选了。我看您像机关干部,应当挑档次高一点的。这一隐形纹路大方又美观,价格做一身也贵不了几块钱,值得;另外还有几块……我给您参谋一下……”这位顾客看到热情的营业员站在自己立场来给他打算,很爽快就买

了布。❶

2. 语言生动，通俗质朴，以简单的方式把思想输入听众的脑子里。

3. 安排好高潮迭起的感情线索，恰当安排语速和音调。

4. 制造悬疑，吊人胃口，以奇制胜。

这几条不妨在美国著名的黑人运动领袖马丁·路德·金的《我有一个梦想》的演讲中体会一下：

我很高兴，今天能和大家一起参加这次示威游行。它必将作为美国有史以来为争取自由所举行的最伟大的示威游行而名垂青史！

100年前，一位伟大的美国人——我们现在正站立在他的灵魂的安息处——签署了《解放宣言》。这条重要法令的颁发，在一直忍受着不义与暴虐的火焰烧灼的千百万黑人奴隶的心中，竖起一座光明与希望的灯塔。《解放宣言》似令人欢愉的黎明，即将结束种族奴役的漫漫长夜。但从那时至今，已经有100年历史了，可黑人仍无自由可言。100年后的今天，黑人的生活仍旧悲惨地为隔离的桎梏和歧视的锁链所捆缚；100年后的今天，在浩瀚的物质财富海洋之中，黑人仍旧在贫困的孤岛上生活；100年后的今天，黑人仍旧在美国社会的一隅受苦受难，并且发现自己竟然是自己所在国土上的流放者。因此，我们今天来到这里，把这种不体面的身份戏剧性地表演一下。

就某种意义而言，我们是来首都兑现期票的。当我们共和国的"建筑师"们撰写《宪法》和《独立宣言》中的富丽堂皇的篇章时，他们是在签写一张"期票"，每个美国人都是这张期票的合法继承人。这张期票是一项允诺，即所有的美国人——非但白人，还有黑人都保证拥有不容剥夺的生活权利、享受自由的权利和追求幸福的权利。

但是现在，很显然，就有色公民而论，美国却一直拒付这张期票。美国没有承担如期兑现这张期票的神圣义务。黑人满怀期望，得到的竟是一张空头期票，这张期票被签上"资金不足"的字样。然而我绝不相信，正义的银行会破产。我们绝不相信，在美国，储存机遇的巨大金库竟会"资金不足"！

所以，我们来兑现这张期票来了，来兑现一张将给予我们堪称最高财富——自由和正义的保障的期票。

我们来到这个尊为神圣的地点，其又一目的是提醒美国政府，现在是最

❶ 大力：《成功领导口才实务》，海潮出版社2002年版，第165页。

为紧迫的时刻。现在既不是享用缓和激动情绪的奢侈品的时刻,也不是服用渐进主义麻醉剂的时刻。是在从黑暗荒凉的深渊中崛起,向阳光普照的种族平等的道路奋进的时刻。现在是把以种族歧视的流沙为基础的美国重建在兄弟情谊般的坚石之上的时刻。现在是为上帝的子孙实现平等的时刻!

如果再继续无视时机的紧迫,就将导致我们国家的不幸。不实现自由与平等,黑人的完全合法的不满情绪就不会平息,令人心旷神怡的金秋就不会降临,炎炎酷暑就不会消逝。1963 年不是尾声,仅是序曲。

如果美国政府继续一意孤行,就会使那些幻想只要发泄一下不满情绪就会满足的人猛醒。在未授予黑人以公民权之前,美国既不会安宁,也不会平静。反叛的飓风将会不断地撼动这个国家的根基,直到迎来光辉灿烂的正义的黎明。

可是我必须对站在通往正义之宫的温暖入口处的人们说一言:我们在争取合法地位的进程中,绝不能轻举妄动。我们必须永远在自尊和教规的最高水平上继续我们的抗争,教友们必须不断地升华到用精神的力量来迎接暴力的高尚顶峰。

已经吞没了黑人共同体内新的敌对状态令人不解,但那绝不应该导致我们对所有白人的不信任——因为有许多白人兄弟参加了今天这个集会。这就告诉我们,他们已经逐渐认识到他们自己的命运与我们的自由是休戚相关的。

我们不能独自前进。而当我们前进的时候,我们必须宣誓永远向前,义无反顾。有些人向我们这些热衷于获得公民权的人发问:你们何时才会满足?答案很明确:只要黑人还是警察的骇人听闻的恐怖手段和野蛮行为的牺牲品,我们是不会满足的;只要我们因旅途劳顿而疲惫不堪,想在路旁的游客旅馆里歇息,或在市里的旅馆投宿却不被允许,我们就不会满足的;只要黑人的基本活动范围还是局限于从一个较小的黑人区到一个稍大的黑人区,我们就不会满足的;只要我们的孩子还是被写着"只限白人"的牌子剥夺人格和自尊,我们就不会满足的;只要密西西比的黑人不能参加选举,而纽约黑人选票还无实际意义,我们就不会满足的。不会的,不会的!除非平等泻如飞瀑,除非正义涌如湍流,我们是不会满足的。

我并没有留意到,你们之中有些人是从巨大的痛苦与磨难中来到这里的。有些人来自狭小的牢房,还有些人来自那对自由的要求竟会招致迫害和接二连三的打击、竟会招致警察兽行般地反复摧残的地区。而你们却一直富于创造性地、坚韧地忍耐着。那么，就怀着一定能获得拯救的信念坚持下去。

回到密西西比去吧！回到阿拉巴马去吧！回到甫卡罗来纳去吧！回到路易丝安娜去吧！既然知道这种境况能够而又必定改变，那么就回到我们北方城市的陋巷和贫民窟去吧！

我们绝不可以在绝望的深渊中纵乐。

今天，我对大家说，我的朋友们，纵使我们面临着今天与明天的种种艰难困苦，我仍然有个梦想，这是一个深深植根于美国之梦的梦想。我梦想着，有那么一天，我们这个民族将会奋起反抗，并且一直坚持实现它的信条的真情——

"我们认为所有的人生来平等是不言自明的真理。"

我梦想着，有那么一天，甚至现在仍为不平等的灼热和压迫的高温所炙烤着的密西西比，也能变为自由与平等的绿洲。

我梦想着，有那么一天，我的四个孩子，能够生活在一个不是以他们的肤色，而是以他们的品性来判断他们的价值的国度里。

我梦想着，有那么一天，就在邪恶的种族主义者仍然对黑人活动横加干涉的阿拉巴马州，就在其统治者拒不取消种族歧视政策的阿拉巴马州，黑人儿童将能够与白人儿童如兄弟姊妹一般携起手来。

我梦想着，有那么一天，沟壑填满，山岭削平，崎岖小路削为平川，坎坷地段夷为平地，上帝的灵光大放光彩，众生共睹光华！

这就是我们的希望！这是我返回南方时所怀的信念！怀着这个信念，我们就能从绝望的群山中辟出一颗希望的宝石；怀着这个信念，我们就能变我们祖国的嘈杂喧嚣为一曲优美和谐的兄弟交响乐；怀着这个信念，我们就能共同工作，共同祈祷，共同斗争，甚至哪怕共同入狱。虽然知道有朝一日我们终将获得自由，我们就能为争取自由共同坚持下去！

会有这样一天……会有这样一天，所有上帝的儿女们将能带着新的意义来歌唱：我的国家哟！可爱的自由之邦，我为您而歌唱。我的祖先在此终老，清教徒以最早移居此土而自豪，从每个山角，传来自由之声，响彻云霄。必须实现这个理想，那么美国就不愧为一个伟大的国家了。❶

这篇演讲，开头气势和情绪都很宏大，引人振奋；中间纵古论今，列举事实，贴近听众，更使人产生强烈共鸣；结尾响亮有力，发人深省，不愧为公众

❶ 林力源、徐朝晖：《惊人口才 show》，广州出版社 2001 年版，第 242 页。

演讲实例中的经典之例。

五、外交和应酬的口才技巧训练

1. 记住主要特征，借题发挥。在人们的交谈中，如果能记住对方的主要特征，借题发挥，在名字、相貌、服饰、趣闻等方面上作点文章，往往使人倍感亲切，使谈话气氛更加热烈。在这方面毛泽东主席可谓行家。有一次毛主席见到郑三生，就风趣地说："看到你，真是三生有幸呀。"看到久别的周小舟，便高兴地说："哟！好久不见了，小舟变成大舟了。"1952年，彭德怀从朝鲜战场上回来向毛主席述职。两人谈兴正酣，毛泽东却突然问道："老彭，听说你的小名叫石穿?"彭总点头称是，不知何意。毛主席接着说道："你叫石穿，我小名叫石三伢子。我们全是两块石头呀！"彭总谦逊地说："我怎么能和主席比呢？你是宝石，我只是一块冥顽不灵的顽石。"毛主席说："不，我们都是石头，一块扔给杜鲁门，一块扔给麦克阿瑟（指在朝鲜战场上打败美国）。"❶毛主席巧用名字作谈资，既风趣幽默，又富于哲理。

2. 词义双关，寓意丰富。1984年，中英双方关于香港问题的第22轮会谈在钓鱼台国宾馆举行。周南和英方代表伊文思相遇并寒暄起来。周南说："现在已经是秋天了，我记得大使先生是春天前来到的，那么经历了三个季节了：春天、夏天、秋天——秋天是收获的季节啊！"周南用双关的手法，把我们诚恳的态度和坚定的决心含蓄地表达出来了，寓意丰富。

3. 偷换所指，巧释词义，破解难题。尼克松评价周恩来谈话的特点是："精力充沛，准备充分，谈判中显示高超的技巧，在驳理方面表现得泰然自若。"有一次，周恩来在北京举行记者招待会，介绍中国经济建设的成就及对外方针，一个西方记者讥笑中国贫穷，突然问道："请问，中国人民银行有多少资金?"周恩来妙语以对："中国人民银行的资金嘛，有18元8角8分。"记者们愕然。周恩来不慌不忙地解释道："中国人民银行发行面额为10元、5元、2元、1元、5角、2角、1角、5分、2分、1分的10种主辅币，合计为18元8角8分。中国人民银行是由全中国人民当家作主的金融机构，由全国人民做后盾，信用卓著，实力雄厚，它发行的货币是世界上最有信誉的一种货币，在国际上享有声誉。"语惊四座，掌声雷动。❷

---

❶ 王东：《能言善辩　妙语连珠　中外口才故事集萃》，军事谊文出版社1993年版，第1页、第307页。

❷ 王东：《能言善辩　妙语连珠　中外口才故事集萃》，军事谊文出版社1993年版，第1页、第307页。

有时候不好回答的问题,可以通过曲解的方式,避开问题的核心,偷换所指,将严肃的问题化解到轻松幽默的解释中,既回答了问题,也保护了自己的利益。

4. 把"热土豆"递给对方。讨论问题时,就本质的东西争执不下容易造成僵局。问题弄僵了,会损害到彼此的利益,也关系到面子和尊严。当双方都很固执的时候,不妨故意把这个棘手的问题扔给对方,以退求进,绵里藏针。陈毅当外交部长的时候,有一次出访印度尼西亚,就已经陷入僵局的第二次亚非会议的会址问题再次与苏加诺磋商。苏加诺认为真正的力量在亚洲,所有会议不但要在亚洲开,而且要在印度尼西亚开。眼看说不拢了,陈毅和颜悦色地说:"阁下是总统,总统就是统帅嘛,而我只不过是个元帅。元帅当然要听总统的话啦!您统帅下命令,我元帅当然要执行。但是呢,元帅也有义务给统帅提意见、提建议的。如果统帅老是不接受元帅的建议呢,元帅我就只好辞职不干了。"这段话不紧不慢,绵里藏针,显示了陈毅的高超外交才能。后来,苏加诺经过思考,半开玩笑半认真地说:"元帅阁下,您真厉害!我接受你的意见,就在非洲开吧!"❶

5. 运用幽默,答非所问。有一次,一个小提琴家应一位公爵夫人的邀请去她家里喝茶。公爵夫人看到小提琴家没有准备为她献上精彩的演奏,很不高兴,神情之间非常不悦。等到送走客人的时候,公爵夫人特地交代:"尊敬的演奏家,请您下次来的时候,别忘了带上您的小提琴!"小提琴家机智地回答:"尊敬的公爵夫人,你还不知道吧,我的小提琴是不喜欢喝茶的。"答非所问,错开问题,幽默的同时也有力地回击了别人的轻蔑。

---

❶ 王东:《能言善辩　妙语连珠　中外口才故事集萃》,军事谊文出版社 1993 年版,第 305 页。

第六章 推销口才

在当今竞争激烈的商品社会中，如何在生意场上立于不败之地，如何击败对手，使自己获得一个心仪的职位，这都需要成功地推销商品、推销自己，所以，具备较完美的推销口才是当今摆在每一个人面前的必须完成的“任务”。那么，什么是推销口才呢？

推销有广义与狭义之分。广义的推销是指作为推销主体的人在一定的推销环境里，运用各种推销艺术，说服推销对象接受他所进行的各种与推销相关联的活动。它不仅包括诸如各种商品如生活用品、文化用品、劳动用品等有形商品的推销，也包括各种无形商品如思想、行为、理念、形象、声誉等的推销。美国著名人生教育专家戴尔·卡耐基还提出“推销自己”。他认为我们要不断地想办法使别人认可我们，希望别人赏识我们的知识和能力，希望别人任用我们并接受我们，把理想的工作交给我们……总之，是想方设法把自己推销出去。这也就是我们现在常说的求职中的自荐。

狭义的推销专指推销员（或营业员）销售产品（或商品）的行为与活动，即商品推销，又称营销。它包括五个要素：推销主体、推销客体、推销对象（有形商品和无形商品）、推销环境、推销手段。我们这里讲的推销主要是指商品推销。

在推销过程中，推销人员要达到推销成功的目的，主要是运用各种技巧说服消费者购买其商品或劳务，这其中“说服”就十分关键，所以推销人员要具备应有的推销口才是至关重要的。所谓推销口才就是在推销过程中，推销人员为达到目的，在与顾客的沟通与交流中表现出来的完美的口语表达能力。

作为一名商品推销人员，应是一个“万事通”，要有丰富的社会经验与专业知识，要掌握各种文化知识、企业知识、商品知识、用户知识与市场知识等。在推销过程中，要有应付各种情况的实际能力，如观察力、注意力、记忆力、想象力、判断能力、思维能力、应变能力、预见能力与说明能力等。但更重要的是要具备高超的口语表达技巧，即完美的口才。此外还要有良好的服务意识与服务手段，要热忱、诚实，有勇气，讲信用，有耐心。

总之，推销是一种双方相互关联、互惠互利的动态过程。一方面要实现推销主体的目的，另一方面要满足推销客体的需要，只有两者的目的都达到，“推销”才能实现。在这其中，推销主体与推销客体的相互沟通与交流主要靠口语表达这个纽带来联系，那么口才在其中的重要性就可想而知，所以学好推销口才对每个人都具有相当重要的意义。

第一节　推销成功的基本要素

在当今社会中，由于各种原因，人们对推销不是很认同，甚至有人很反感，这主要是由于某些推销人员不注意推销过程中的相关要素，从而导致人们对推销产生一种抵触甚至厌恶的情绪。我们可能都有过这种经历，一名推销员对你前堵后截，死缠烂打，弄得你狼狈不堪，焦头烂额。所以，人们一听说推销员上门了，马上在心理上就竖起了一道防线，态度恶劣甚至赶其出门。推销过程实际上是一个人各种素质和能力综合展现的过程，一个优秀的推销员只有全方位地思考推销必备的基本素质，掌握推销的要领，抓住顾客的心理，才能保证推销的成功。这就要求掌握如下几个要素。

一、增进人际交往技能

很多人都有这样的切身感受，当有人向你推销产品时，你会很下意识地设置一些人为障碍，以此影响推销的进程，无论他推销的商品是否是你所需的。因此，推销事实上是一种特殊的人际交往过程，是人与人之间一场心理的“较量”。在这个过程中，推销员如果能有效地运用好交往技能，将使你为被推销者所理解、接受，甚至使他被你吸引，从而达到推销的目的。如在公共场所推销商品，有的推销人员没有经验，不管行人赶路急不急，当街就拦住行人喋喋不休，耽误了对方的时间，很是令人生厌。如果你能和你看好的目标亲切交流，不是强行挡住他的去路，而是陪他走一段路，边走边聊，效果就会好许多。即使当时没有接受你的产品，但也会给他留下好印象，这时如再不失时机地留下你的联系方式，很有可能你就发展了一个潜在顾客，为今后工作打下了基础。其实，这都是人际交往的经验运用到推销中。所以推销员本身必须是一个好的社会交际者，要具备较高的人际交往技能。

二、丰富商务知识储备

推销的过程中，必然要向顾客介绍有关商品的方方面面的知识，包括性能、原理、构造、价格、使用和保养方法、公司情况、售后服务等。如果由于缺乏商务知识的储备，而对这些顾客关心的问题无法回答，则很可能失去顾客的信任，最终导致推销失败。例如，顾客去饭店吃饭，请服务员介绍几个本饭店的特色菜，服务员轻松地介绍了几个菜名。当顾客询问这几个菜的烹制方法时，服务员却哑口无言，导致顾客对是否选择这几个菜犹豫不决甚至放弃。又如，现在各种高科技产品，技术含量很高，普通的消费者必须要凭借产品使用说明书等相关资料才能有所了解，但推销员直接介绍是最有效的，也是最容易使消费者信任和满意的。如果推销员只是介绍一些表面的知识，恐怕不能让消费者满意，必须要把相关原理讲透，消费者才能下决心购买，这时推销员就起很大的促销作用了。所以，推销人员必须了解产品是怎样生产出来的、产品具有哪些特征、怎样使用产品、怎样与相关产品配套使用、产品能为顾客带来哪些利益、企业能为顾客提供哪些服务、我们的竞争对手如何等方方面面的问题。也就是说，要有相关的业务知识。只有这样，才能在推销的过程中游刃有余，胸有成竹，达到目的。

三、提高语言表达能力

美国著名推销专家齐格·齐格勒曾说过："如果你想把推销成绩提高到最大限度，那么你首先应该做95%的推销员都没做的事情——语言训练。"语言表达能力是推销员的基本能力，很难想象一个语言含糊、表达意思不准确、不明确、不善于说服顾客的人能承担推销的重任。例如，一名推销员向顾客推销清洁剂，先是客套一番"不好意思，打扰您了。请问您是做什么工作的?"顾客回答："教师。"推销员马上说："教师工作比较忙，很少做家务，据我了解，教师普遍不喜欢做家务，也比较懒，我就曾经认识一位教师……"推销员一直在喋喋不休，还没涉及正题，已经让人很不耐烦了，而且说话啰里啰嗦，不知不觉中已经使对方反感(说教师比较懒)，这都是语言表达得不妥造成的。推销员的语言要求必须要简明易懂，亲切自然，使人感到诚实可信，在选词组句、构造全部讲话内容时，都要精心地组织一番。

四、不断增强自信心和自我控制能力

自信心是成功的重要保证。在推销的过程中，一定要不断提醒自己：我

是最棒的,我一定能成功。在推销中,我们也经常会遇到具有反对甚至抵触情绪的顾客,如被生硬的语言拒绝、吃闭门羹、甚至遭受不屑与白眼。在这样的情况下具有很强的自我控制能力显得尤为重要。学会控制自己的情绪,始终以平和、热情的态度面对各种顾客,不丧失自信心,要知道,被拒绝、被抵触在推销活动中是寻常又寻常的事情,能经受得住这样的"打击",具有百折不挠的韧性,是推销员必备的素质。当然,自信心更是来自于你丰厚的知识储备和对信息的掌握程度,所以,不断的学习提高是培养自信心的重要举措。

五、不断增强观察能力和应变能力

有人将推销活动中顾客对推销的态度分成五个阶段,即"感觉阶段、知觉阶段、认识阶段、记忆阶段、形成态度及采取行动阶段"。的确是这样,在推销中,推销员遇到的顾客是形形色色的,职业不同、年龄不同、性别不同、情趣爱好不同的顾客对推销、推销员的态度会不同,对产品的兴趣点也不一样。作为推销员,要具有敏锐的观察力,能够通过顾客的穿着、言谈举止等快速估计其兴趣点、心理、动机、目的,并且及时改变自己对产品的介绍方式,这是推销成功的重要保证。如一个时尚的女孩要买一台手提电脑,她在挑选的过程中,除了注意电脑的功能外,更注重电脑的外观是否新颖漂亮。这和大多数人买电脑都更看重功能、配置等不一样,所以,这时推销员就应察言观色,多介绍美观的外形,以博得女孩的青睐。

六、掌握得当的推销方法

得当的推销方法是推销过程中比较重要的一个方面,它可决定推销的成功与否。我们遇到许多这样的情况,同样是一个产品,有人费尽周折推销不成功,有人却轻而易举达到目的,这和推销的手段与采用的方式方法不同有直接关系,在后面的推销技巧中我们再详细论述。

以上几方面,都和较高的口语表达能力紧密相关,所以,口才在推销中起着至关重要的作用。

第二节　推销口才的特点

推销员除了需要有事业心和责任感,有不屈不挠的意志,有从商的经验外,更应该具有专业的语言交际能力。只有充分发挥口才的表达技巧,广泛地接近顾客，赢得顾客信任，才能使推销活动得以展开，才能把产品推向市场。所以，推销语言所具有的特点应是推销员必须掌握的。

一、礼节性

从某种程度上说，推销是一种社交活动，是推销人员与陌生人的交往，这就要求推销人员要懂得和掌握社交场合的一些礼仪和礼节。首先，态度要热情诚恳，有礼有节。在推销过程中，和顾客最先接触的就是言语，言语要“和气、文雅、谦逊”，不讲粗话、脏话、大话，不强词夺理，不恶语伤人。要多用敬语、敬词，语气要亲切柔和，语句要委婉含蓄。这样才能缩短与顾客的心理距离，使顾客感到温暖与鼓舞，从而加强信任度，有的顾客甚至因为推销人员的和蔼的态度，才决定购买此商品，从而促成交易成功。

其次，介绍商品时要真诚，切忌敷衍塞责、信口开河。要用真诚中肯的语言赢得顾客。如“我觉得你穿条纹图案的裙子更好，像您这样年龄、身材的中年女性大多喜欢这种款式”，“这种款式虽然不是很时髦，但在一段时间内不会过时，穿起来大方得体，非常适合像您这样年纪的人穿着”等。

当然，推销产品中礼貌的语言不可少，但不要低三下四地乞求顾客，甚至“要挟”顾客如果不“成全”他就要丢掉饭碗等等，这样既丢人格，又会引起人们的反感，收不到好的效果。

二、专业性

一名合格的推销员，首先是一名合格的专业人员，所以推销人员在口才方面很重要的一点就是专业性，即各行各业的推销员一定要熟练掌握本行业产品的专业知识，能用最准确、最明白、最简洁的语言向顾客讲清楚产品的功能及使用方法，使顾客听了心中有数，看了一目了然。同时还应对本专业的商品的相关情况，如生产情况和市场运营情况等有所了解。推销员要不断地了解同类商品的新信息，接受新知识，跟上飞速发展的科技形势。只有专业化程度高，才能在顾客面前不说外行话，像个真正的业内人士，才能如行家般引领顾客跟上新潮流，接受新产品。当顾客对推销员的业务水准表示信任和钦佩时，成功率就自然会提高了。

三、灵活性

推销产品时，表达的方式要因人而异，因物而异，灵活变通。切忌千篇一律，言语死板。对不同年龄、职业、性别、爱好的顾客要使用不同的称呼语。要运用不同的言语句式。要认真观察顾客，分析顾客，讲究发问，善于引导。对于年龄大一些的人，讲话速度要慢，讲解的内容要细；对于年纪轻的人，讲话可以稍快，要注意抓住他的兴趣点来介绍，也就是说，词句的选用要有变化。例如，同样是一套裙装，对年轻一点的顾客，可着重说明这套裙装的庄重性，适合在一些正式的场合穿着，显得成熟稳重；对年老一点的顾客，可说明这套裙装穿在身上显得更加年轻精干等。

四、诱惑性

这是推销人员口才的基本功。推销员针对顾客迫切寻觅物美价廉商品的心理，要极力说服顾客其推销的商品正是顾客所需要的，诱惑顾客非买不可。推销商品时要不惜口舌，运用重复、排比、借代等修辞手段极力宣传商品的功用、性能与特点，以及同类商品不具备的优势等，以增强产品的诱惑力。如集市上小贩的言语很典型，"自家产新摘的杨梅，买两斤，送一斤"、"刚出炉的烤鸡，外酥里嫩，吃一次想下次"，又如"店面装修，各种商品跳楼大甩卖，不好不要钱"，"产品换季，清仓处理"等等。

五、风趣性

在社交场合中，幽默风趣的语言可以调节气氛，使社交场面轻松和谐，同时幽默的人也是受欢迎的人。推销中幽默风趣的言语可以创造出生动活泼的氛围，还可以拉近和顾客的距离，沟通感情，在笑声中解除顾客的警惕心理，从侧面达到推销商品的目的。如"新鲜水果，姑娘吃了水灵，大妈吃了年轻，不信尝一尝啊"，又如"蚊子药，耗子药，先尝后买，价格不高，两包送一包。"这些推销言语，合辙押韵，说起来顺口，听起来顺耳，呈现出一种风趣美，既吸引了顾客，又激发了顾客的购买欲望。

六、科学性

当今社会，科技发展日新月异，高科技产品层出不穷。推销员要推销科技新产品就必须注重推销语言的科学性。如推销一种新设备，推销员就应当有机械方面的知识，能够说明该设备的构造、性能、使用方法、维护保养等，同时为了说明问题，还要有准确的数字作依据，不能马虎行事，不然难以吸引那些专业知识很强的顾客，可信度也不高。同时推销的言语必须要以真实性为前提，不可夸大或缩小，切忌以花言巧语来欺骗消费者，那不仅违反了起码的商业道德，影响了企业形象，失去顾客的信任度，而且还是违法犯罪行为。

第三节　推销口才常用技巧

在市场经济中，推销商品是企业走向市场的重要途径。尤其是现在，商家在进行大量的广告攻势的同时，利用推销员上门推销，直接接触顾客也是重要的手段。那么和顾客见面后就不可避免地要涉及语言的交流，俗话说"十分生意七分谈"，谈生意主要是一个"谈"字，"谈"就是口才交际过程。如何发挥口才，达到最佳的说服效果，这里面大有学问。下面介绍推销口才的基本技巧。

一、事前预约

预约在推销产品中是重要的一环，尤其是在快节奏的生活中，贸然打扰显得唐突不礼貌，事先约定既能提高工作效率，节省时间，又能让对方有一个思想准备，预先考虑一下对所推销产品的态度，等推销员上门时，不至于手忙脚乱。所以，预约一能显得有礼貌，尊敬对方；二能给对方心理一定的准备时间；三能提高工作效率。

约见的方法有面约、电约、函约与托约等几种。

1. 面约是指推销人员利用与顾客会面的各种机会当面约见，这种方式一般用于新老客户。如"王总，有些问题想向您了解咨询一下，看到您现在很忙，我明天上午九点钟来，好吗？""今天我们来不及细谈，下周日晚6时我去办公室见您可以吗？"面约时，语言要礼貌客气，采用商量的口吻，同时约定的时间、地点要说定。

2. 电约是利用电话约见。电话是我们现实生活中重要的通讯工具，电话约见虽看不见人，却闻其声，所以声音必须柔和、悦耳，因为声音可以反映出一个人的精神状态，应该让对方感到你的热情、情绪饱满。电约清楚周密，比面约方便。电约时言语要清晰、礼貌、简洁，如"王主任，您好。我是推销员小李，我想今天下午去拜见您，可以吗？"电约一般是对老客户使用。

3. 函约是通过信函与对方预约，有的是通过纸质信函的方式，有的是通过电子邮件的方式。

4. 托约是托人与对方预约，是托某个熟人来做中间人，预约客户的方法。对一些老顾客、合同单位可用电约、函约、托约的方式推销商品。如"李老板，新华木业新到了一批环保板材，请您什么时候去看看？"

二、直接诱导，抓住顾客的心

一般说来，推销员推销商品，是在短时间内完成的。在短短几分钟里，要施展自己的语言功力，留住顾客并打动他的心，生意就成交了；留不住，一笔买卖就吹了。此外，在市场竞争中，如何能突出自己，把顾客吸引到自己身边，需要有与众不同的魅力，这种魅力中最主要的就是语言的魅力。所以，这就要求推销人员的话具有强烈的诱惑性和渲染色彩。

推销中进行诱导的方式很多，最常见的有层层深入式诱导和确定目标式诱导两种。

1. 层层深入式。指推销员根据顾客的购买心理层层引入推销导向的一种口才艺术。多数人逛商店、看商品，有时往往是兴趣的驱使，并不一定要购买什么物品。对这类潜在的消费者，如果推销员及时送上一句："看看吧，新到的款式，不买没关系。"或"试穿一下，一定很适合你。"之类的话，就会使消费者产生兴趣。当顾客观看或试穿时，再说几句得体的夸奖语言："您穿上这衣服，显得很有气质，年轻多了"，"现在这几天正在打折，喜欢的话，现在买下来很划算的。"顾客很可能在推销员的诱导下买下商品。层层诱导的语言艺术是在不让对方感受到购买压力的原则上，一层深入一层地推进，把顾客诱入推销的导向，促使其完成购买行动。

2. 确定目标式。指推销员有目的地诱导顾客做定向回答的说话艺术。如卖拉面的小商贩，常常有这样两种问法，却带来了两种消费结果：

(1) 要不要加牛肉？

(2) 请问，您是加一份牛肉还是加两份牛肉？

不同发问的结果，牛肉的销售量是不同的，第二种要比第一种多得多。第二种发问就属于确定目标式诱导，"要不要加牛肉"这一问话的定向是不确定的，而"加一份还是加两份牛肉"的问法定向是确定的，而且把顾客诱入了扩大牛肉销售的导向。

三、抓住时机，激发购买欲望

在推销员的介绍下，顾客产生了购买商品的欲望，但还有些犹豫不决的时候，适当发问，激发对方的好胜心理，可促使其迅速作出决断。

激发顾客购买欲望的语言技巧要求推销员对顾客有细致入微的观察，及时准确地抓住顾客的心理变化过程，然后确定从哪里打开缺口。一般来说，推销员先要问一句使顾客不会产生戒心和反感的话，如“您好像对产品哪个地方还不放心，是吗?”这句话实则为激发顾客的购买欲望埋下伏笔。接着，将顾客的注意力再引向商品，促使顾客接触商品，说出对商品不清楚或不放心的地方。这时要及时地耐心地介绍商品的相关性能，讲出此商品如何能够满足顾客的需求和爱好，顾客拥有它会有什么样的好处和什么样的特殊意义等。在讲解过程中使商品和顾客之间的关系越直接越密切越好，直到激发出顾客的购买欲望，最终购买商品为止。

“激发语言”技巧的要领是掌握“激”的火候，不可操之过急，不可强买强卖。先以询问的方式探明买方的底细，同时用弦外之音表明自己商品的优质，再启发顾客发现自己与商品之间的密切关系，然后循循善诱地感染买方，激化买方，做得恰到好处，使买卖成功。例如，某一顾客要买一台电视机，你可先问要买什么价位的？通过询问知道顾客想买一台临时过渡使用的，价格不要太高，因为以后更新换代时要换更好的，现在买了价格高的，等到淘汰时有些浪费。根据顾客的这种购买心理，你就可以推荐现在的显像管电视机，物美价廉，而且今后降价的空间也不大，因为现在厂家都在开发平板电视，利润空间比较大，价格比较高。显像管电视正好适合过渡时期使用，今后更换平板电视时，换掉它也不可惜。这样就能激化顾客，买适合他现在情况下使用的电视机。顾客也会觉得你讲得有道理，处处为自己着想，会欣然接受你的建议。

四、同类产品的恰当比较

俗话说:“不怕不识货，就怕货比货。”推销员在推销商品的时候，常和其他同类产品进行对比，让顾客在对比中发现两种产品的差别，使其判断优劣、选择商品，这样会增加推销的说服力。任何一种商品都有其优点，也有其弱点，在采用对比手段推销自己的商品时，首先要注意以事实为依据，不能言过其实，实事求是地介绍自己的产品，通过与其他同类产品比较后，强化自己产品的突出特点，使顾客看清购买本产品的直接利益，可增加顾客对推销员的信任感。同时，在比较时，不要贬低同行的同类产品，只要在介绍时，强调自己的优势，让顾客自己去比较，否则，过分去述说其他同类产品的弱点，会让顾客产生戒备甚至反感情绪，由此增加对你的不信任度，反而会使推销失败。

其次，对同类商品的弱点也可以采用从另一角度进行解说的办法，用对比的方法讲自己商品对缺陷地方的改进，讲清改进的原因和改进后的效果，使顾客相信该商品的优良性能而决定是否购买，这样，既符合事实又掌握了分寸，还保证了基本的职业道德，达到了推销的目的。

五、巧妙提问

推销是推销主体（主动向别人推销的人员）与推销客体（接受推销主体的人员）双向交流的过程。在推销过程中，我们经常发现有的顾客会不假思索地拒绝推销，因此，“推销是从拒绝开始的”这话一点不假。遇到这种情况，推销员不应“退避三舍”，而应“迎难而上”，这期间，巧妙设问是关键。

提问，可以消除双方的强迫感，缓和气氛；可以摸清顾客的心理，也可让顾客了解推销员的想法；可以确定推销进程；可以了解顾客的心理障碍所在，寻找应对措施；可以留有情面地反驳不同意见……总之，提问是推销应对口才中最有力的手段，一定要熟练掌握、运用。

比如，当推销过程中遇到“不要”、“今天不买”、“再说吧”、“我再考虑考虑”等托词时，推销员要能够分析出顾客说这些话时的不同心理状态：可能对价格不满意，可能不喜欢这种商品，可能对商品的某些特点还不太了解，可能时机不理想，可能根本无意购买。针对各种情况，推销员可以有目的地发问。只要顾客有一次回答，就要抓住机会继续发问，在交流中进一步了解对方，并给予一一的解释，以促成交易成功。

在数码相机专柜，一位顾客看好了一款相机，爱不释手，但又迟迟决定不下来到底买不买。售货员这时试探着询问：“您还有什么地方不放心吗？”顾客表情有些不自然，说：“我很满意，可是……”这时售货员凭着经验感觉顾客好像有难言之隐，“是价格的问题吗？”“价格也还好，只是今天带的钱……”这时售货员马上就明白了顾客可能钱没带够，“没关系，这种款式现在货很足，您过几天来买都可以。”或者说：“我可以先把货给您留到明天，您回去取钱，明天您不来的话，我们就可能卖掉，好吗？”顾客欣然接受。这样，通过询问和观察，了解了顾客的信息，就可以对症下药，收到满意的效果。

六、现场演示

在实际生活中，有的问题如果仅凭三寸之舌还是难以让顾客明白，那就要采用实物、图片、模型等来加以说明和演示。这也是现在推销商品的重要手段，因为小的商品可以随身携带，以便在顾客面前充分展示。如一种清洗剂是否有效，只要随身携带一瓶现场演示即可。而大的商品，如电器、楼房、汽车、机器设备等，或抽象的商品，如证券、劳务、服务等，因无法随身携带，就需要将其好处具体化、形象化。必要时请顾客亲临现场，将商品的功能、特点、使用方法逐一演示，并配合生动有趣的说明，展示商品的实物，充分展现商品的魅力，这种形象直观的演示比单靠言词说明更有吸引力和说服力。

一位推销员经过允许走进客户的家中，向主人打过招呼以后，指着抽油烟机有礼貌地说："请允许我用带来的清洁剂擦一下好吗？"结果，由于毫不费力就把油烟机擦得干干净净，从而引起了客户的兴趣，于是生意便很快做成了。

又如，某楼盘开盘，开发商就带领客户去现场观看，并现场解说楼盘的优势，这样，消费者和这种大宗商品近距离接触，就有一种真实感，心里就踏实，也很容易产生购买的行为。

七、拉近和顾客的距离

俗话说："一句贴心话，招来万户客。"这话十分有道理，在推销商品中，一句贴心话，会使顾客"忘记"你是推销员，而是他们的知心朋友；一句贴心话，可以缩短你与顾客之间的距离，对你充满信任。这样，既为产品打开了销路，又交了朋友，帮助了顾客，最终也帮助了自己。

贴近顾客要注意以下语言的表达技巧。

1. 捕捉顾客购买欲望，为顾客当好参谋。在商场的交易场内，人山人海，川流不息，看热闹的人多，购买商品的人少，这是大家共同的感受。此时此地的推销员不能等顾客上门，而应主动贴近顾客，与顾客亲切攀谈，当然要在不打搅顾客的情况下进行。此时不能单刀直入地询问顾客买什么，而应主动从感情上贴近顾客，如"请您随便看看"，"请问，我能帮你做什么吗"。与顾客亲切交谈，力求言语相同，爱好相投，这要求推销员有敏锐的观察力，要找到与顾客的共同点，使顾客对自己产生好感，从而对其推销的产品产生兴趣。推销员这时可趁机为顾客当好参谋，绕道进入正题，使顾客高兴地接受其推销的商品。

一位推销员推销化妆品，见到一位皮肤白皙的顾客走过来，可以礼貌询问："请问您需要点什么（化妆品）？"顾客答道："随便看看。"推销员看到她注意面部护肤品，趁机说："您的皮肤很白，我看不需买美白类的护肤品，买一些补水和除皱的就好。因为皮肤白的人，多属于中干性皮肤，这种皮肤容易出现皱纹，我就是这种皮肤，您看呢？"由此，引起顾客对你的注意和信任，也会接受你的建议。

2. 语气和缓，多采用请求式。要想贴近顾客，必须用热忱去打动顾客的心,唤起顾客对你的信任和好感,让顾客感到你在帮助他,而不是仅仅想赚他的钱。要做到这一切,应当注意语言表达技巧,多用"请您等一会儿,好吗?"的请求式语气,不说"你等一会儿"的命令式语气。又如,说"请您试穿一下,可以吗",不说"你穿一下吧"等等。

有个人在郊区用贷款买了一幢住宅,而此前有好几位推销员向他介绍时都被拒绝了。相同的房子,何以先前拒绝而后来却同意买下?原因很简单,前后推销者的语气是不同的,后者主要是从消费者的角度出发,采用请求和商量的语气,由此获得成功。听听他是如何推销的:"的确这房子像您说的那样,离市中心稍微远了些,可是您骑自行车不过十二三分钟就到了。如果您每天骑车到市中心上班,下班后再骑回来,对您的健康是不是有意想不到的好处?的确,此套住宅不在闹市区,但您看看,它依山傍水,环境优美,这是在喧闹的今天很难找到的一块安静又有情致的地方,星期日全家大小结伴到附近散步不是很开心惬意吗?况且,从长远看,这个位置升值空间很大,即使以后又想换理想的住宅,这里也很容易出售,并且价格会只赚不赔。您觉得我说得对不对?"

这些语言设计亲切,措辞谦恭,顾客几乎找不到说"不"的理由。

又如在展销会上,顾客听了你的商品介绍之后,仍然举棋不定,沉默不语,在商品前徘徊,遇到这种情况,你应主动说一句"请您先试用一下吧","我们自己也都使用这种商品的",这样会打破沉默气氛,顾客会有一种认同感,交易就有可能成功。

3. "见什么人,说什么话",措辞准确、得当。从某种意义上讲,营销活动是一种心理战,要想贴近顾客,首先要掌握顾客的心理,主动迎合顾客心理变化,选择恰当的对话方式,也就是像在社交场合中的"见什么人,说什么话"。

面对随和型顾客,要热情、有耐心,满足他们的自尊心;而对严肃型顾客,要真诚、主动、以柔克刚,设法使他们开口,以便了解其所需;面对慎重型顾客要不厌其烦,耐心解答,不要言语唐突冒失,刺激对方;面对情绪型顾客要摸准其心理,通过言行取得对方信任,消除其心理压力,使他有一种安全感。"见什么人,说什么话"实际上是对推销员全面交际能力的一种考验,社会上的人形形色色,不能一个标准,一概而论,只有有针对性地对待每一位顾客,才能取得相应的成功。

八、善于培养潜在顾客

在推销过程中,一次就能使顾客认同,买下产品,固然是最理想的,但多数时候顾客要回去考虑的情况多一些。这时，推销员除了要认真、耐心、细致地介绍自己的产品外，还要使顾客有一个愉快的心境，感到虽然没有购买这种产品，但却给他留下了深刻的印象，很可能他就成了你的潜在消费者，这也是推销员的成功。如“这次不买没关系，您记住了我们商品的特征，再和同类商品比较一下，以后来买也不迟”，“希望您今后多关注我们的产品，好吗？”

第四节　推销口才中的注意事项

一、避免热情过度，喋喋不休

有些推销员认为，只要能说会道就能赢得顾客，所以，在推销过程中，无论什么情况，都是“一言堂”，很怕顾客不接受，只管自顾自地一古脑地把要介绍的内容全塞给顾客，一点不注意顾客的反应，不让顾客说话，最终效果并不佳。因为顾客说话实际上是给你透露信息，更便于你有针对性地说服，这一点是不可忽略的。

某日，一位顾客到商店买衣服，商店老板没有滔滔不绝地介绍商品，反而在听顾客发牢骚，顾客不是说“这件衣服太花哨了”、“我不喜欢这种式样”，就是说“我的上身长，腿短，很难找到适合的”等等。这位老板一句话都不说，一直耐心地听到顾客说完，他才缓缓地开口：“请你稍等。”便到里面去拿出一件衣服摆在顾客面前，说：“我想这件一定可以让你满意，请你试试。”这位顾客半信半疑地将衣服穿上，结果，不但十分合身，而且式样也很好。这位顾客马上说：“这件衣服好像是事先给我定做的一样。”便高高兴兴将衣服买了回去。这里的奥妙在于这位老板先让对方尽量表达意见，了解其所需，直到他全讲完了，他所需要的信息也就完全暴露在老板的面前，老板这才抓住关键点轻轻一击，对方便很容易地“败下阵”来。正因为对方的滔滔不绝，暴露了自己的购买需求，使老板掌握了对方的情况，所以稍用技巧，买卖自然成功。

推销员在向顾客推销商品时，恰当的、简明扼要的介绍是必需的，尤其是价格高的大宗货品，顾客一定会有一个思考的过程，他要考虑买回去是否实用、这个价格是否在他能接受的范围内等等。如果推销员过度热情，老在顾客背后喋喋不休地说，顾客会感到厌烦，购物的兴致就会消失。美国杜邦公司的销售原则是："能用一句话说清楚的，不用十句话说清楚。"也就是说，推销员的任务在于介绍产品而不在于替顾客思考。一个好的推销员决不会忘记，选择权掌握在顾客手上，而不掌握在他的嘴上。每个人的口才各有特点，在商场中能打动顾客的心，让顾客买下东西并且事后不后悔的口才才是真正的好口才，乐于倾听顾客意见，把说话的机会尽量留给顾客，才能增加自己成功的机会。

二、避免同顾客争论

在销售人员的成功经验中，还有一条是"不跟顾客争论"。只有尽量让顾客说话，才能了解顾客的需求，才能给顾客以满意的服务。但在听顾客说话的过程中，要有耐心，跟顾客争论是一件很愚蠢的事。做生意的目的是为了营利，不是为了证明自己的知识比顾客丰富，口才比顾客好。有人说过，在舌战中你越胜利你就越失职，因为你会得罪顾客，结果你什么也卖不出去。销售人员要想证明自己在本行业的见识比顾客高明是很容易的，但是顾客却有证明自己正确的最好方法：不买！所以，要尊重顾客的意见，认真地分析和处理顾客的意见和建议，尽量满足顾客的要求，使顾客在与自己达成协议时保持愉快的心情，获得满足和快乐。

一位顾客到眼镜店配眼镜，由于他原来佩戴的眼镜架式样比较老，推销员就劝他买一副款式较新颖的试试。推销员说："你的眼镜架款式太老了，戴上后太落伍了，换一副试试吧。""我戴习惯了，还是老样子吧。""这个样式真的不适合你，戴上后，和你的脸型也不配。""我觉得很符合我的脸型，就这样吧。""其实我认为和你的脸型不配，你看，你是长脸型……"没等他说完，顾客早已不耐烦了，"你这里不给我配，我换地方好了"。这时，推销员感觉到很委屈。

其实，顾客的需要是最重要的，作为推销员，提建议可以，但不能去和顾客争论，否则，会有"费力不讨好"的结果。更有甚者，为了显示自己的经验和内行，和顾客争论得面红耳赤，最后不欢而散。这是优秀推销员所要忌讳的。

三、避免伤害顾客的自尊心

对于一些高科技产品，顾客可能会不大清楚，这就需要推销员谦虚地解释，不要一副傲慢的姿态，居高临下。不应冒冒失失地一张嘴就伤了顾客的自尊心。不要对顾客欠缺产品知识明嘲暗讽，这样很容易和顾客争吵起来，这个顾客可能永远都不会再踏进这家店了。另外，也不要嘲弄顾客，卖弄专业词汇,这都是不考虑顾客心理的行为,也是推销中的大忌。有的推销员常挂在嘴上的话是:"这你就不懂了,这是我们的新产品……","你不了解我们行业的规矩……","你也不了解产品的研发过程,怎么会知道技术可能不过关?"应该用通俗易懂的语言来解释科技含量比较高的产品,这也是推销员的基本功。

四、避免不客观地介绍商品

没有人不希望自己的商品能满足客户需要,但也不能因此丧失了客观性,不顾实际,一味地将自己的商品吹得天花乱坠,无所不能。这样做会使顾客觉得你不可信,不愿意与你打交道。如果站在顾客的立场上说话,多提一些建议,第一次买卖也许做不成,但是信誉建立起来了,顾客觉得你可信,他会考虑再来的。所谓"信誉是第一通行证",不只对生产厂家如此,对推销者同样是这样。

有一位售货员长期以来一直靠强装笑脸、编造假话、吹嘘商品来招徕顾客,他对自己的做法十分厌恶,决定要改变态度,面对顾客"讲真话"。一天,一个顾客来买一种可折叠、可调节高度的躺椅,他随即搬来了样品,如实地向顾客介绍起产品的结构状况。

"说实话,这种躺椅不怎么好,我们常常接到退货。"

顾客惊讶:"可是到处都看得到这种躺椅,我认为挺实用的。"

"它的款式的确很新颖,但结构上有些问题,我实在不能向您隐瞒它的缺点。"

顾客仔细看了看,说:"我一直比较喜欢这种样式,结构上的问题在我这里不是问题。"随即,马上就买下了这种躺椅。

这是因为售货员如实地介绍了商品的弱点,反而使顾客觉得很诚实。语言上的"诚",在促进人际关系上,确实有着奇异的功效,把它用在推销上,能起到意想不到的作用。

五、避免急于求成

俗话说"饭要一口口地吃,事要一件件地做",要想做成一笔较大的生意,应该有足够的耐心,不要急于求成。

有个公司办公用品消耗比较多,因此有一些办公用品商店的业务员找上门来,想说服该公司办公室主任今后的办公用品由自己包销。但主任比较忙,不是开会就是出差,很不容易碰上。所以,每个办公用品商店业务员,都觉得找到他机会难得，拉住他便唠叨个不停，什么包销好处呀、原则呀等等，恨不得把所有信息一股脑儿塞进主任脑子里，然后签下协议。主任本来就忙得心烦，一听见这样的长篇大论，越发头痛，对商店业务员说的话一个字也听不进去。就这样，商店业务员来了一批又一批，都是乘兴而来，败兴而归。

有个业务员知道这一情况后，他找到主任，自我介绍一番，谈了些天气、时事之类的轻松话题，不多久便主动告辞。这是主任没想到的，不觉大大地松了一口气。过了几天，业务员又来了一次，跟上回一样，随便闲聊一会儿，还没等主任感到厌烦时就告辞。几次之后，业务员跟主任慢慢成了熟人，已到了无话不谈的地步，当然也包括谈办公用品的消耗问题。后来，业务员以朋友的身份，为主任选择了一些比较合适、价格又比较合算的办公用品。从这以后，主任每年都代表公司从该业务员手上买大宗的办公用品，成了办公用品商店的长期客户。

他的这种做法，看起来是效率不高，不是一次就成功，但取得的成绩却非常可观。他的成功之处就在于能够审时度势，放长线钓大鱼，先培养感情，拉近关系，不急于求成。

第五节　推销语言的基本要求

一、用语准确

准确是指推销人员发出的信息要符合市场、产品的实际情况，不能夸大其词、无中生有，尤其不能有因为语言信息的不准确而导致损害顾客利益的事件发生。企业不单是要把产品推销出去，获得利润，同时还要顾及自己的企业形象。推销员虽然用夸张的语言，甚至是虚假的语言暂时把产品推销出去了，但却可能永远地失去了顾客和市场，这是最可怕的。所以，推销员不能只顾眼前利益，而忽略了长远利益，这是得不偿失的。

二、表意明晰

明晰是指推销员的推销语言应该能够让顾客明确地接受、理解其中的含义，因此要避免语音不清、语句过长、语义含混、逻辑杂乱等现象。在对行业术语的运用上也要注意顾客的可接受性，不清楚的地方要明确地给予解释，针对不同的对象，要学习用顾客熟悉的语汇进行阐释，使自己的每一句话都成为影响顾客作出决定的积极信号。作为推销员，应努力做到口齿伶俐，发音正确，语调柔和，有亲和力。保证传达出的信息完整无误地被顾客接收到，从而达到应有的效果。

三、语句简洁

推销员往往是能说会道的。但是，事实上，顾客没有时间听你的长篇大论，他们希望听到一语道破的语言，推销中语言的简洁性是非常重要的。我们在生活中，常常会遇到这样的推销员，好像在故意卖关子一样，不到最后不说出他的真正意图。其实，简洁有时是很重要的，尤其在顾客时间紧迫的情况下，更应该简洁明快，而不是啰里啰嗦，没完没了。简洁是使会谈进入佳境的最佳途径。有人用这样的方法训练推销员语言的简洁性：手持一根点燃的火柴，让推销员在火柴烧完之前把所推销的产品的优点说出来。

四、注重沟通

推销过程中，虽然更多的时候是推销员在说话，但是千万不能忽视，推销过程事实上是一个双向交流的过程，要善于让顾客说话，善于听顾客的话语，这一点我们前面已经介绍过。和顾客的有声语言交流是重要的，无声语言的交流也要重视，很多时候顾客并不是以有声语言的形式而是以眼神、表情、动作等无声语言来呈现思想和意识，推销员一定要学会与顾客的无声语言进行交流，明确无误地领会到顾客的意图，根据顾客的反应灵活变通自己的说话方式，达到完美的有效沟通。

五、讲求真诚

乔治·马修·亚当斯曾经说过："一个聪明的推销员总是直率地说出实情。他会真诚地看着他的客户，这样会给人留下深刻的印象。即使是第一次不能成交，他给人留下的也是真诚。要小聪明的招数愚弄不了第二次，巧舌如簧并不能取胜，而真诚的言语才能打动人心。推销员的目光中包含着无声的语言，包含着推销员打动人心的率真的神情。真诚永远是最保险的，也是最好的办法。"人际交往中，强调以诚待人，无论对熟人还是陌生人，都要给人以真诚的面孔和心意，推销中，尤其要运用真诚的态度，给人留下诚信的口碑。要取得别人的信任的一个条件就是绝不做连自己都不信任的事情。

六、态度谦和

推销中，态度谦和是极其重要的，它体现着推销员的人格修养，使顾客能够信任你、乐于接受你。那种趾高气扬、不可一世的态度只能导致顾客对你的拒绝和排斥。运用商榷的口吻比命令口吻效果要好得多。作为一名推销员，由于工作的需要，要掌握多方面的知识，尤其是自己推销的商品的知识，但是对顾客推销时，应采用谦和的态度，不要因为自己懂得多一些，就在说话中处处显示一种优越感，甚至对顾客的疑问采用一种不屑和嘲笑的口吻，这无形中会使你失去了顾客，结果只能是失败。

七、情绪饱满

在许多世界推销大师的回忆中，都会讲道“激情”。沃尔特·克莱斯勒认为成功真正的秘密就是激情：“是的，我宁愿把热情说成激情，我愿意看到人们激动，当他们自己变得激动了，这就会使顾客受到感染，也变得富有激情。双方一致也就成交了。”推销是一门艺术，是一种说话的艺术，交际的艺术。艺术创作需要激情，没有激情就谈不上效果。推销中，如果推销员语气懈怠，语调慵懒，一副爱谁谁的架势，甚至还存有厌烦的情绪，最终的效果可想而知。只有积极的态度，不懈的努力，满腔的热情，才会收到好的效果，也才能感染人、打动人，给人留下深刻的印象。

第七章　社交口才

社交口才就是人们在社会交往过程中驾驭口语的才能。

在社交活动中，最重要的是信息，最珍贵的是朋友，最难得的是知名度。这种说法反映了当前社会生活中的一个客观的现实。现代人要求事业有成、生活愉快，就必须不断获得重要信息，拥有众多的朋友，努力提高自己的知名度和美誉度。这样才能在这个社会中有自我价值感，做任何事情成功的可能性才能更大些。有人做过统计，一个人所获得的信息大约有60%来自社交活动；所交的朋友80%以上是在社交场合初次相识的；知名人士几乎毫无例外的最先是在社交圈子里出名的，有了一定的名气后要利用大众传媒扬名，往往也必不可少地要借助社交活动。社交场合中，既有风度翩翩、如鱼得水、左右逢源的佼佼者，他们每每社交归来，踌躇满志，硕果累累；也有不知所措、如坐针毡、满脸尴尬的不适应者，他们社交归来毫无所获，甚至闹出笑话，得不偿失，把社交当成了一种负担。社交成败的原因多种多样，不能一概而论。但在社交中，应对的口才如何，却是一个重要的因素。一个人说话能力越强，就越能在各种社交场合中表现得潇洒自如，游刃有余。说话能力弱的人往往充当的是陪衬角色，成为默默的听众。因此，培养和掌握社交口才的技巧，成了现代人取得事业成功和生活快乐不可缺少的必备素质。

既然社交口才在社交中如此重要，那么，衡量一个人是否具有社交口才，应满足以下三个条件。

首先，在社交中必须具有较强的口头表达能力，既能熟练地运用语言技巧打开局面，同时还要具有灵活机智的应变能力。

其次，在社交中始终具有明确的对象意识和清醒的语境意识。生活中不难看到，一些人不顾场合，不看对象，讲起话来口若悬河，滔滔不绝，但人们不仅没把这种“能说会道”视为口才，反而极其反感。原因就在于其讲话没有做到因人而异，有的放矢。

再次，社交中还必须有较高的领悟能力，即理解和接受的能力。

20世纪60年代初，我国曾击落一架入侵我国的美制V-2高空侦察机，在一次引人关注的记者招待会上，曾有一位外国记者就此询问陈毅外长："请问你们是使用何种武器击落如此先进的高空侦察机的？"陈毅便趁势举了举自己手中的拐杖，说："就是用这玩意儿把它捅下来的。"说着还做了个往上捅的动作。此答赢得了一片热烈的掌声。

虽然问话者并无恶意，但这有关国家军事机密，不便公开回答，但又不好拒绝回答。陈毅运用机智和幽默的语言予以了回答。这就体现了一种极高的领悟能力和应变能力。

由此可见，在社会交往中，最根本的是交流信息和知识，一个人如果知识贫乏，除了言谈无物的随声附和，以及令人感到乏味的话题外，又拿什么与他人进行交流呢？

第一节　社交活动中的基本原则

一、不可"唯我独尊"

在众人聚会的社交场合里，最糟的莫过于将所有的话题尽放在自己身上，使自己成为讲话的中心。

在与人谈话时口齿伶俐、出口成章虽然是件好事，但是，如果独自一人滔滔不绝地大发议论，就不合适了。如果非得长篇大论，至少得让听众不感到枯燥无聊才行。只有这样，大家才会乐意听你发表高见。即使如此，也还应尽可能地做到长话短说，不要一个人唱独角戏。在社交场所里，所有的人均有权利支配属于自己的时间，有一个人占去全部或大部分时间是相当不礼貌的，应该懂得尊重别人时间的权利。

语言学家拉克夫曾指出简单的三原则，使人们的说话更文雅，即不要咄咄逼人；让别人也有说话机会；让人觉得友善。所以，在人际沟通中，一定记住要让别人有讲话的机会。

二、"看人下菜碟"

面对不同的对象要选择不同的话题。说话要看对象，不同的谈话对象对同一句话会产生不同的反应，甚至会导致截然不同的反应。首先，交谈言语要针对不同年龄、性别，要符合身份、性格和心境，另外还要注意切合对象的职业、习惯、阅历、经验、思想品德修养、说者和听者的关系等等。

其次，谈话的内容应该尽可能选择在座人士喜欢听的话题，或是聚会的主题。对不同性别的人、不同年龄的人、不同文化程度的人、不同民族的人、不同心境的人、不同身份的人要说不同的话。人生经验丰富的人，在社交场合必然能迎合对象，面对不同的人选择不同的话题。这并非是逢迎的态度，也不是卑贱的态度。相反，它是社交场合中良好人际关系不可或缺的润滑剂。

日常生活中，许多事物都可作为巧引话题的媒介。如母亲身边的孩子，意中人佩戴的一枚首饰，朋友手中的一本书，同事身上的新款服装，甚至一支香烟，一张照片，一幅油画，天气，风景等等，都可以成为引发一次谈话的话题，成为通向友谊之路的桥梁。

三、说话要注意分寸

说话留有余地，要慎重选择一些限制性词语。开口“当然”，闭口“绝对”，会把交谈者吓退。所以在与人交际中，切勿把“部分”说成“一切”，把“可能”说成“肯定”。

日常说话中，要根据各种人的地位、身份、文化程度、语言习惯来做不同的处理，把握好分寸，留有余地。赞扬不要过分，谦虚也应适当。

四、说话要注意场合

场合有正式与非正式之分，庄重与随便之分。正式场合是经过精心准备的、有明确目的和功能的场合，这种场合在规格形式上要符合社会公认的标准，要符合一定的手续或程序，参加者都是与此场合有直接或间接关系的人士，在着装礼仪方面也有较严格的要求和标准。例如，外交或贸易的正式会谈，上级与下级正式的谈话，学术界正式的学术交流会等等。在这种场合下说话，需要深思熟虑，言简意赅，始终保持庄重严肃的讲话风格。而在非正式场合是很随意的、即兴的，它可能是大家不期而遇地碰到了一起，也可能是有人招呼了一下就聚到了一起，比如同学聚会、节日联欢会、茶话会、野餐会等。这种场合不需要完成什么使命，只要大家都高兴，达到联谊交友、相互沟通的目的就行。这种场合中每个人都没有压力或责任，都很轻松自在，说话时随便开玩笑、讲故事、聊闲话、谈天说地都是得体的。

第二节　社交口才技巧

一、招呼与介绍

招呼与介绍是社交中人们互相认识、建立联系必不可少的手段。掌握一些必要的招呼与介绍用语既显得礼貌，也是有修养的表现，往往能使社交活动一开始就出现一种礼貌、和谐的气氛。

（一）招呼

招呼，俗称“打招呼”，主要用来表达对交际双方关系的认定，也可以作为交谈的起始与铺垫。会打招呼等于取得了人际交往的“通行证”，而不打招呼或不会打招呼则可能在人际交往间人为地加了一堵墙，可能会影响到以后的沟通。常见的招呼方式有：

1. 称呼式。在日常社交场合，我们碰到的第一个问题就是怎样得体地称呼别人，怎样使被称呼者感到舒服自然，而称呼用语是随着说话者之间关系的不同而变化的。常见的称呼方式有尊称、谦称和泛称。

尊称，是指对人表示尊敬的称呼。常用的尊称有：“您”，如您好、请您等；“贵”，如贵姓、贵公司；“大”，如大名、大作；“老”，如您老、老王。

谦称，是谦虚式称呼，目的在于降低自己，表示对他人的尊重。谦称自己的有“敝人”、“在下”、“愚”、“晚辈”等；谦称自己亲属的有“家母”、“愚弟”、“小女”、“贱内”等；还有跟从儿辈的称谓，即从说话人的子女或孙辈的角度出发称呼对方。

泛称，指对人的一般称呼。以正式场合和非正式场合来划分，正式场合的称呼表达方式有：姓＋职称/职务/职业，如王教授、张院长、李老师；还有姓＋名，如张×、王××；还有职务称＋泛尊称，如列车长同志、教授夫人等。非正式场合的称呼有老/小＋姓，如老韩、小萧等；有姓＋辈分，如张叔叔、王阿姨等；还有名＋职务，如振华部长、志民书记等。

2. 寒暄式。寒暄是社会交往中双方见面时以天气冷暖、生活琐事及相互问候为内容的应酬话。目的在于沟通感情、创造和谐气氛，不一定真以问候的内容为目的。一般常见的有问候型、攀认型和敬慕型。问候型如“您好”“上班吗”；攀认型如“我也在那个学校上过学，说起来咱们还是校友呢”；敬慕型如“见到您非常荣幸”，“早就听说您的大名了”。

无论哪类寒暄，使用时都要掌握分寸，不要“打破沙锅问到底”，也不要“查户口”，只有得体的寒暄才能满足人类的亲和愿望，产生情绪认同感。

3. 体语式。这是指单独使用面部表情和身体姿势等打招呼的方式。常见的体语有微笑、点头、招手、握手、拥抱、按车铃、鸣笛等。它们在使用时往往因人而异，因交际双方间关系的不同而不同。

（二）介绍

在社交场合，往往要与各种人打交道，包括熟悉的或不熟悉的。尤其与未接触过的人交往时，相互了解的第一步是相互介绍情况，至少双方都要知道各自的姓名、工作单位等基本情况，这样才能进一步交谈。介绍一般分自我介绍、第三者介绍、别人为你介绍和名片介绍等四种方式。

1. 自我介绍。自我介绍是在没有中间人的情况下自己介绍自己，实际上是一种自我推销，它能给别人留下第一印象。自我介绍的内容是否和盘托出，需要视具体情况而定。一般来说，以联系业务为目的或纯礼仪性的自我介绍，可以简单些；自荐或以交友为目的的自我介绍，可以详细些。

自我介绍要注意说好一个“我”字。自我介绍少不了说“我”，但在说“我”的时候，要特别注意语气、语调、重音、神态、目光等技巧的运用，应在关键的地方以平和的语气说出“我”字，目光亲切，神态自然。使人能从这个“我”字中，感受到一个自信、自立而又自谦的美好形象。

自我介绍要注意介绍好自己的名字。在与人初次见面时，要想让对方记住自己，最简单的方法就是让对方记住自己的名字。在说出自己的名字后，可以对“姓”和“名”加以注释，注释得越巧，对方得到的印象就越深刻。例如，有对孪生姐妹介绍自己，“我叫成双，她叫成对，我们两个名字和在一起就是成双成对的意思。”又如，有位青年叫单知愚，他是这样注释自己的姓名的：“我叫单知愚，就是善于知道自己愚笨的意思。”这些都是巧妙的解释，给对方留下了深刻的印象。

自我介绍要注意独辟蹊径，不落俗套。要从独特的角度，选择使对方感到有意义又觉得顺乎自然的内容，采用活泼的语言把自己“推销”给别人，而绝不是指那种借助别人威望给自己贴金的介绍，如“我是某著名教授的学生”等，也不是指那种靠“吹”来取悦对方的介绍，如“我是在著名歌手大赛中获奖的×××”等等。台湾著名艺人凌峰在中央电视台举办的春节联欢会上是这样介绍自己的：“我就是光头凌峰，我是以丑出名的，中华五千年的沧桑和苦难都写在我的脸上。”话音刚落，台下掌声、欢呼声响成一片。凌峰的自我介绍独具创意，既风趣又幽默，给人留下了深刻的印象。

2. 第三者介绍。第三者介绍也叫“居间介绍”，是介绍者站在第三者的立场，使被介绍双方相互认识并建立关系的一种交际活动。作为介绍人的第三者，要做到针对不同场合不同人物及双方交际的目的，掌握介绍的繁简程度和分寸。介绍时要先介绍客人，再介绍主人；将年轻的、身份低的介绍给年长的、身份高的；将男士介绍给女士；将职务低的介绍给职务高的。介绍时要伸开手掌示意，而不要用手指去指脸。

3. 别人为你介绍。如果有人将你介绍给别人时，你作为被介绍人，应站在另一被介绍人的对面，等介绍完后，应握一下对方的手，并说“您好”、“认识您很高兴”、“久仰久仰”等。也可递上自己的名片，说声“请多关照”、“请多指教”。

4. 使用名片介绍。现代社会为了交际的方便，名片的使用越来越广泛。以名片代言语介绍，既显得慎重，又免去对方劳思费神地去记自己的姓名、住址、职业、电话号码等，可谓一举多得。

但是，在使用名片时要注意：

(1) 要把自己的名片放在易于拿出的地方，以免在需要取出时手忙脚乱。男士一般放在西装的内侧口袋，女士一般放在拎包中。

(2) 出示名片时，目光要正视对方，并用双手递上，口中客气地说“请多关照”一类的寒暄语。

(3) 出示名片时，要适时。通常有两种机会适于出示名片：一是谈话比较融洽，对方愿意与你建立联系时；二是双方握手告别时。

(4) 接到对方名片后要认真看一下，再郑重地放进口袋。切不可接过名片看也不看就随意扔在桌上，那会伤害对方的自尊。若自己没带名片，要向对方说明情况，并主动作自我介绍。

二、拜访与接待

拜访与接待，是一项重要的社交活动。逢年过节，亲戚朋友要相互探望，交流感情，离不开拜访与接待；日常工作和生活中的人际交往，也离不开登门拜访和迎来送往。下面分别介绍拜访与接待的技巧。

（一）拜访

在社会交际中，常常需要去拜访别人，或礼节性拜访，或工作性拜访，或公关性拜访等。无论哪种拜访，都需要掌握一定的口才技巧和社交礼仪。

1. 选择适当的拜访时机。拜访一般要去别人的工作地点或家庭住处与人见面，而对方大多是自己的长辈、领导、亲戚或朋友、同事、客户等。因此选择什么时候去是必须慎重考虑的问题。这里要注意两点：

一是选择时机。若是去单位作工作性拜访，应当选在上班时间，不要在快下班的时候再去找人，以免影响拜访效果；若是去家中拜访，应提前预约，譬如在电话中联系好，让对方有所准备，免得人家有事外出。现代生活节奏较快，休息时间要忙家务，拜访他人时要多为别人着想，做到既达到自己拜访的目的，又不影响别人的正常生活。

二是要考虑对方的心情。拜访他人应在其心情愉快、悠闲的状态下进行，当别人家中有事，或身体不适、情绪不佳时，应取消拜访或另择时日，或尽快结束拜访早点离开。

2. 拜访的言谈技巧。

(1) 说好寒暄语。寒暄是人们交谈交际的媒触和契机，是人们初见面时的应酬话。寒暄语是人们交谈的开始，它是人们为了进行正式的交谈所进行的一种感情铺垫。好的寒暄可以为下面的交谈创造一个好的氛围，它是交谈双方沟通感情必不可少的桥梁。

客人与主人交谈，不要直接进入实质性的问题，要先寒暄一番，沟通一下感情，表示一下礼貌。如先谈谈天气、社会上的趣闻、热点问题、小孩的学习、老人的健康等，待交谈气氛融洽时，也就是双方心理相容时，再慢慢说明来意。这样才能使你乘兴而来，满载而归。

寒暄语可以有以下三种方式。

问候式。这种寒暄多由问候语组成，它可以由客人和主人根据不同的对象、不同的场合、不同的时间进行不同的问候。如过春节，就问“春节好！”夏天就问“天气热吧？”拜访教师就问“最近课多吗？”问候式寒暄语要注意两点：一是真心真意，不能虚伪做作；二是不落俗套，像传统的“你吃了吗”之类的寒暄语要坚决摒弃。

夸赞式。从心理学角度来说任何人都喜欢听赞美的言语，人人都渴望得到别人的尊敬和赞美。那么在寒暄中，我们不妨来点夸赞语言。如“你的衣服真漂亮！”“你的发型真好看，显得很年轻。”“这房间布置得很漂亮……”夸赞式的寒暄极易创造一种愉快和谐的气氛。但是要切忌虚情假意，言过其实。

言他式。言他式指在交谈进入正题之前，先谈些其他事物的寒暄方式。这种寒暄方式既不像问候式那么亲切，又不像赞美式那么热情。这种寒暄方式比较客观、冷静、矜持。比如谈谈天气情况，说说趣闻、新闻等等。

(2) 话题要集中。主客寒暄之后，客人要适时进言，以免耽误主人过多时间，交谈时间要尽量短些，以半个钟头为宜。这就要求客人用言简意赅的话语说明自己的来意，要善于用最少的词汇，来表达更多的内容。话题要集中，要尽量避免说不该说的话，比如询问女士的年龄、询问主人的经济收入，或者对某个问题穷追不舍等等。这些都可能引起主人的不快，从而影响拜访目的的实现。在节制内容的同时，还应注意节制音量。无所顾忌、粗声大气地高谈阔论，会搅乱主人闲适而安静的生活，容易引起主人的反感。

(3) 体态语不宜多。人与人交往，不但要听其言，而且要观其行，所以体态语是口才与交际艺术的重要组成部分。举止不文明，体态语过多，如得意时手舞足蹈，不安时来回走动，痛苦时捶胸顿足，或是指手画脚叙说某件事，坐着时跷起二郎腿，听主人讲话时搓手耸肩、烦躁不安……这些都会引起主人的不悦，成为拜访成功的障碍。文明、礼貌、适度、得体才是拜访成功的前提。

（二）接待

古人云："有朋自远方来，不亦乐乎。"不善言谈的主人，往往在客人面前会手足无措，使客人感到十分尴尬。所以做一位热情好客的主人，在言谈上应注意以下技巧。

1. 热情迎客。对来访的客人，先要说见面语。对熟悉的客人，应先说："欢迎，请进。""稀客，稀客，哪阵风把您给吹来了?"之后，要主动伸手同客人握手(如果是女性，应等对方先伸手)。进屋后，应让客人先落座，然后主人再坐下，以示尊敬。如来的是陌生人，见面可用提示性语言："您是……"表示询问，让客人自我介绍，然后表示欢迎。请客人落座后，不要急于询问客人来访的目的，应等客人主动开口。客人陈述时，要耐心听，对客人提出的问题要认真回答。

2. 知人善谈。

(1) 语速、语量要根据来访者的年龄和表情达意的需要来定。不同年龄的人有不同的生理、心理特征，主人与其交谈，就应采取不同的语速和音量。比如，对老年人用较慢的语速、较大的音量与他交谈，能使对方产生被人尊敬的喜悦感；而与几岁的孩童交谈则宜轻言慢语、语调柔和，这样能使小客人产生安全感、亲切感、信任感。与同龄人交谈，要根据个人表情达意的需要，正确运用语速、音量。快说时，语言流畅，吐字清晰；慢说时，不拖沓、有条不紊。总之，语速快慢适度，音量高低变化富有节奏感，使客人不疲劳、不紧张。

(2) 遣词造句依据来访者的文化水平、理解程度而异。如一位信访接待办的办事员问一位上访的乡村老太太:“有配偶吗?”老人愣了半天,然后反问:“什么配偶?”办事人员只得换一种说法:“就是老伴呗。”老太太这才懂得配偶的含义。通过这件小事告诉我们,说话要因人而异。对文化水平高的、理解能力强的人不要讲肤浅的话;对文化水平低的、理解能力差的人,不要讲理论高深的话,应多用他们能了解的实例来说明。

(3) 说话语气依据来访者的不同目的而变化。前来拜访的客人,往往带着各自不同的目的,主人要善于采用不同的语气与他们交谈。对于前来求助的客人,主人应体谅对方的心情,站在客人立场说话,语气要平和,给对方一种亲切感、信任感。即使你无能为力,也要给客人留一线希望。你可以对他说:“你先别着急,一旦有了办法我就打电话告诉你。”和前来研究问题,商量工作的客人交谈,则应该采用征询、商量的语气。如“你看这样行不行?”“你对这个问题的看法是……”对于前来提供某种信息的客人,主人应采用感叹语气,表达自己的感激之情,如“非常感谢！你提供的信息太有价值了!”“你可真帮了大忙！谢谢!”“真辛苦你了!”等等。

(4) 交谈双方的距离根据人际关系和性别而定。人都需要一个私人空间,不喜欢别人入侵这个空间。社交场合人与人身体之间所保持的距离间隔,叫区域距离。不同的距离包含不同的含义。例如,15～45 厘米之间为密切区域,语意为“热烈、亲密”,近亲和密友可以在这个区域交谈;45～120 厘米之间为个人区域,语意为“亲切、友好”,一般来客适于在这个区域交谈;至于生疏的不速之客,则应该相距 120～210 厘米交谈,这个距离叫生疏区域,语意为“严肃、庄重”。另外和异性的距离要尽量保持在 120 厘米以上,夫妻和恋人除外。

3. 礼貌送客。客人如要离去,先要诚恳挽留;如客人执意要走,则不必强留。送客人要送到门外,并说些告别语,如“您走好”、“欢迎再来”、“经常来玩”等等。送别客人不要急于回转,客人请主人“留步”后,主人要目送客人走远,招手,再回转。送别客人回屋时,关门的声音要轻,否则客人听到会产生误会。

三、求助与聊天

(一) 求助

在日常生活中,我们每个人都免不了会遇到各种各样的问题和困难。这些困难或问题,有的能自己解决,有的则不能。不能解决的就要求助于人，求助是人之常情。

求助于人时，应注意下列语言技巧：

1. 语气要谦和。求人办事要用商量的口吻，让对方感觉到你尊重他，对方才会愿意帮助你。比如问路就应该说："劳驾，向您打听一下路。""打扰了，请问去新华书店怎么走？"在求助于人时，即使是对要好的朋友，也不能用命令的口气，否则，人家就是帮了忙，心情也不痛快，下次可能就会避而远之。如果向别人借东西，应把困难说清楚，客气地提出求借，口气不能生硬，让对方不舒服。

2. 要能够体谅别人。求人办事时，如果对方不能满足你的请求，可能有多方面的原因。一旦求人不成，要能够体谅人家的难处，绝不能因为自己的愿望没有得到满足就气恼，冷言冷语，甚至出言不逊，这是有伤感情的。求人不成，应该大度地说："给您添麻烦了，我再另外想想办法。""没关系，我再找别人试试看。"这样一来，对方会感到不好意思，以后再求他多半会热情帮忙的。

3. 得到别人的帮助后不忘致谢。别人给予你帮助后，事后应当表示感谢。哪怕简单一声"谢谢"，也会使人心里舒坦。求人帮助理应对人家表示诚恳的谢意，表达谢意的语言要诚恳，发自内心。有这样一个例子，一位年轻人去某办公大楼求职。在乘电梯时，因正是上班高峰期，电梯内人很多，他要按电梯的楼层键，伸长胳膊去够，弄得电梯内的人前撅后挺，后来别人替他按了键子，他什么也没说。此时，恰好年轻人要去应聘的公司的人力资源部经理也在电梯内。之后，年轻人在应聘时没有如愿，原因是在需要别人帮助时不会求助，获得帮助后，不知感谢，这种人是不会有团体合作精神的，因而落选。

（二）聊天

聊天，是人与人之间交流思想、分享欢乐、分担忧愁的一种好形式，也是一种最常见的社交活动。大文豪萧伯纳曾说过："倘若你有一个苹果，我也有一个苹果，而我们彼此交换这个苹果，那么，你和我自然各有一个苹果。但是，倘若你有一种思想，我也有一种思想，而我们彼此交流这些思想，那么，我们每个人将各有两种思想。"现代社会中，聊天能增加人与人之间的了解，增进友谊。

聊天的好处在于：

首先，可以畅快精神，缓解疲劳。紧张的工作、学习、劳动之余，亲朋好友，左邻右舍，在一起自由自在地聊一聊，天南海北地侃大山，讲笑话，大家都会感到精神畅快，思想放松，忘却烦恼和忧愁，是难得的调节和休息。

其次，聊天有利于沟通感情，传递信息。聊天具有极大的随意性和不确定性，参与者可以无拘无束地把自己的所见、所思、所想讲出来。正因为这样，聊天就具有话题宽泛、信息量大的特点，便于人们加强联系、沟通感情、传播和获取信息。经常在一起聊天的人容易成为好朋友，经常参与聊天，又可以获得大量信息，给自己的生活、工作带来帮助。

再次，聊天还可以张扬个性，培养口才。闲聊时，参与者想怎么说就怎么说，不受到任何形式的拘束，使人的本性得到自由张扬，个性得到培养，口头表达能力得到锻炼。实际上一个人的许多知识、许多词汇和口语表达方式，都是从聊天或听人聊天中学到的。

聊天的口才技巧主要表现在以下几个方面。

1. 善于寻找话题。聊天的话题可以丰富多彩，气氛轻松愉快，参与者的发言常常是即兴的，具有很大的随意性。寻找话题的方式很多，如寻找共同点，即从参与者身上寻找共同点，并由此引出话题。如果与同行聊天，可谈谈本行上的事；与同事聊天，可聊单位情况；老同学聊天，可回忆同窗共读时的趣闻轶事；年龄相近的人，可以谈身体状况、家庭情况等。总之，在聊天中可随地取材，任何物件都可能引出聊天话题，如墙上的字画、架上的书籍、电视上的画面、一棵树、一盆花……聊天的场面往往呈现出谈笑风生、热闹非凡的情景。

2. 善于调节话题。当话题聊了一段时间后，再聊不下去了，或者参与者的兴趣发生变换，善于调节话题的人应及时用适当的语言转换话题。转换话题可以用提问的方式，或者用暗语的方式，或者干脆单刀直入，进行话题调节。总之，及时改变庸俗的、乏味的、影响聊天气氛的话题是口才好的人应该具备的本领。

3. 善于寓庄于谐。茶余饭后，假日工余，大家一起闲聊，放松情绪，富有乐趣。但如果每个人都一本正经，有的甚至像作报告似的拿腔拿调，那是不受欢迎的。有口才的人，善于用幽默风趣的语言创造愉快的交谈气氛，并且往往能让你在轻松的说说笑笑中明白某个道理。

1961 年 9 月 23 日，毛泽东会见英军元帅蒙哥马利时谈到："我的上帝是马克思，他也许要找我，我随时准备去见马克思。没有我，中国照样前进，地球照样旋转。"蒙哥马利说："马克思可以等一等，这里更需要你。"[1]毛泽东极

---

[1] 转引自王成盛，张伟：《毛泽东的语言艺术》，山东大学出版社 1991 年版，第 28—29 页。

富幽默感地笑谈生死事，谈社会发展中国家前进的不可逆转性，诙谐轻松，大彻大悟。蒙哥马利的随声应答也十分风趣。

4. 聊天内容要文明。聊天有雅俗之别、高下之分。聊天虽然比较随意，但内容不可庸俗无聊。由于人们的经历、职业、兴趣、学习状况不同，每个人所掌握的话题范围各不相同，有一定局限性。但是，尽量扩大自己话题的储备，应是说话人追求的目标。

一个人如果有理想、有追求、思想境界高，而且肯下功夫学习，爱读书看报，并关注社会现实生活，有较多的朋友，那么他就会把看到听到的东西，有意识地加以记忆和积累，就会变得学识渊博，什么时事政策、天文地理、政治外交、文艺体育、花鸟鱼虫、音乐美术，几乎无所不知，他的视野就会很开阔，谈话的知识面就会比一般人宽得多。文明的聊天属于上乘的境界，营养丰富，对人有益；下乘的聊天，对人是一种污染，应当引以为戒。

四、赞美与批评

在人的一生中，取得成绩时，需要有真诚的赞美，犯了错误时，需要有善意的批评。赞美是鼓励，批评是督促，两者缺一不可。

（一）赞美

心理学研究表明，爱听赞美是人们自尊的需要，是渴求上进，寻求理解、支持与鼓励的表现，是一种正常的心理需求。赞扬就像暖人心灵的阳光。在社交中，适时给予别人真诚的赞扬和夸奖，会使人感到喜悦、兴奋，从而与你亲近、友好。

1. 常用的赞美别人的技巧。

(1) 赞美之词应发自内心，符合事实。赞美别人，贵在真心实意。当你毫无根据、虚情假意、夸大其词地赞美一个人时，不仅会使被赞美者感到莫名其妙，还会觉得你是油腔滑调，别有居心，甚至把你的夸奖误解为讽刺挖苦，产生反感。所以，赞美别人时应符合事实，发自内心，使赞美收到实效。

(2) 赞美要具体、深入、细致。抽象的东西往往很难确定它的范围，而美的东西应该是看得见、摸得着的，这就是具体。比如说"他是一个好学生"，还不如说"他各门成绩优秀，年年得奖学金，在校期间就发表多篇论文"。所谓深入细致，就是在赞美别人的时候，要挖掘对方不太显著的、处在萌芽状态的优点，这样能增加对方的价值感，赞美所起的作用会更大。

(3) 赞美之词要能满足对方的自我意识。要使赞美赢得对方的好感，必须在赞美前弄清对方希望怎样被夸奖，以便在赞美时满足对方的自我意识。

如果在尚未确认对方的好恶时，就轻易夸赞，可能会弄巧成拙。如一个爱美的女人为了使自己的身材苗条，正努力减肥，而赞美的人不了解内情，却说："你这段期间好像胖了，满面红光的。"他以为这是夸她身体好，没有什么不对，但他没想到，这正是对方不喜欢听的。这样，效果就会适得其反。

(4) 赞美之词既可坦诚直言，又可间接表述。赞美别人可采用两种形式：直接赞美和间接赞美。比如家长赞美小孩、老师赞美学生、领导赞美部下等多半是直接的。但对于另外一些赞美对象，如同事、同学、同龄人、同辈人、同级别的人，还是以间接赞美为好。可以采用假借别人的口来赞美一个人，既传达第三者的善意，也能表明自己的赞同立场；还可以通过赞美与他有密切联系的人、事或物，来折射对一个人的赞美之意。如为了赞美一个女性，可以赞扬她的孩子漂亮、聪明、有出息，这样可以很好地达到间接赞美她的目的。间接赞扬还可以不当面对他表达，对别人说，然后通过别人把你的赞扬传到他的耳中等等。总之，恰如其分地间接赞美会比直接赞美效果更好。例如，要称赞对方能干可以说"严师出高徒！""将门出虎子！""强将手下无弱兵！"以称赞对方单位来称赞对方，如"听说你们学校出了很多高级人才。"

2. 自赞的技巧。

(1) 自夸自赞首先要符合实际，实事求是，符合自身的成长规律。若夸大其词达到违反生活常规的地步，反而事与愿违，只会降低信任度。

(2) 自夸自赞应目的明确，有的放矢。当今社会无论是招聘人才、工程招标，还是购买商品，都有一定要求。如果你的优点、长处非对方所需，那么自夸自赞就没有意义。要是自夸自赞为对方所接受，就必须事先对人才市场、商品市场做深入细致的调查研究，做到知己知彼，心中有数，才能使自赞自夸有的放矢，获得成效。

(3) 自夸自赞既可直接出自当事人之口，也可转借他人之口，最好还附以奖状、奖品、名人评价、新闻传播媒介的表彰等旁证，以增强可信度、说服力，避免直接自夸自赞过多，引起听者的逆反心理。

(4) 自夸自赞，要避免给人留下自吹自擂、狂妄自大的嫌疑。因此，在自夸自赞的同时应承认有待改进之处。这种小贬大褒、轻贬重褒，体现了实事求是的态度，给人以谦虚的印象，无损于自己美好的形象。

(二) 批评

批评是指出别人的言行违背了情理的一种语言行为。批评和其他语言行为一样，是人际交往中所不可缺少的。我们需要真诚的赞美，也需要善意的批评，如果明知对方不对却不指出来，这是一种不负责任的表现。赞美是鼓励，批评是督促，两者缺一不可。

在社交场合最好不要随便批评别人，非批评不可时也要尽量做到“良药不苦口”，气氛尽可能宽松、活泼些，这就需要讲究批评的语言艺术和方式方法。

1. 要注意批评的动机、目标和效果。从动机上说批评者的出发点是善意的，真诚希望提醒或帮助对方，做到尊重、理解、信任被批评者。从批评的目标上说，要做到有的放矢，不可把对方说得一无是处，应把重点放在改善目前不足的方面。从后果上说，批评者不仅要考虑如何把正确的意见告诉对方，还要考虑对方能否接受你的意见、效果如何。只有动机与效果达到了完美统一的批评，才是成功的批评。

2. 要注意批评时态度诚恳、方法正确。批评人时，要心平气和，做到诚恳、认真、冷静、耐心。不能夸大其词，如“你怎么总是迟到”、“你老是写不好”、“你什么都不行”等；不能故意挑剔，吹毛求疵，要批评的问题应该是影响比较大的问题；一次只能批评一件事，就事论事，不宜算总账，积累起来批评。

3. 选择适当的时机和场合进行批评。批评时机的选择和把握，是使批评收到良好效果的重要一环。

一是待双方交谈比较融洽时再批评。批评前可找一些双方都感到比较轻松愉快的话题闲聊，待感到双方比较接近，谈得很投机时，便提出忠告或建议性批评，这样对方容易接受。

二是待双方冷静后再批评。当事人比较激动时，必须稍加等待。一方面批评者本身冷静下来了，言辞就会缓和，避免偏激；另一方面，被批评者冷静下来了，可以比较客观、公正地反省自己，认识自己的错处。不能赶在火头上，双方都不冷静时进行，那样反而效果更糟。

三是尽可能避免在大庭广众之下指名道姓地批评别人。人都是要面子的，即使当时认识到自己错了，也要给他留面子。

4. 批评要因人而异，对症下药。批评他人要注意区分对象，采取不同的方法和语气。对年轻人，由于他们思想上不够成熟，批评时最好是语重心长；对自觉性较高的成年人，对其缺点、过失，宜选择适当时机、场合旁敲侧击，点到为止；对长辈和上级，要巧妙提醒，不妨以自责来促使对方深思反省，以自我批评的方式达到委婉、含蓄地批评对方的目的。

5. 批评时可巧用幽默。巧用幽默的批评，往往以半开玩笑、半认真的方式提出，其语言轻松、温和、含蓄，有的还蕴涵深刻的智慧与哲理，引人深思，发人深省。这样就能消除被批评者的恐惧、不安，或对立、拒绝，或沮丧、泄气的心理状态，让被批评者在笑声中心情舒畅地接受批评。

我国作家冯骥才访问美国时，一位美国朋友带着儿子来饭店拜访冯骥才。冯骥才一边与朋友交谈，一边望着朋友的儿子爬上床，又叫又跳。如直接制止，朋友脸上会不好看，自己也有失身份。于是，他幽默地说："请你的儿子回到地球上来吧！"朋友会意地笑笑，说："好，我和他商量商量！"这样，问题解决了，气氛也友好了。这样的批评，诙谐幽默，比直接制止效果要好得多。

五、说服与拒绝

（一）说服

说服也叫劝说，是让别人放弃已有的观点而去接受其他观点的一种语言行为。大家都知道，每一个人都有他的影响力，没有影响力的人是不存在的。要增加自己的影响，说服就是其中的方法之一。

说服他人并不容易。说服者不仅要持有真理，还要有善于说服的方法技巧，并能攻克对方的"心理防线"，否则可能会说而不服。

1. 常用的说服方法。

（1）攻心法。针对对方的心理特点进行说服。说服的目的是使对方心悦诚服地改变观念，而说服的关键则是攻克对方的"心理防线"。如果对方对你怀有芥蒂或积怨，心与心之间就会有一堵墙，把你阻隔在"说服"的大门之外。这就要求说服者注意观察被说服者的情绪，通过他的一举一动，变化说服语言。

第一，敏锐观察，冷静思考，摸准对方的心理要害。例如，对一个孝顺的儿子劝说他走入正途时，就可以以他的父母养育他的不易来打动对方。

第二，消除对方芥蒂，改变对方成见，化解对方不满，缩短心理距离。如"其实我和你一样，也是在单亲家庭长大的……"

第三，寻找角度，打开缺口。如先让对方发泄不满，适当表示一些理解和同情，再循循善诱加以说服；从赞美对方入手逐步转向说服对方；从对方的利益入手，晓之以切身利害。

（2）引证法。适当引用一些实例或权威人士的话，可以加强你的说服力。如面对一位高考失利的学生，你不妨说："高考不是成功的唯一途径，世界上有许多成功人士也都没有受过高等教育，但是经过自身的努力，也都获得了成功，不是吗？”

(3) 暗示法。通过语言来唤醒对方的潜意识，让他接受你的观点，这就叫暗示法。例如一位10岁的小男孩不愿打针，这时护士小姐对他说：“怎么，男孩子还怕打针？”小男孩便接受了。

(4) 褒奖法。先赞美对方的优点，让他在高兴的心境中接受你的说服。当我们的建议遭到拒绝时，我们要巧妙地把他拒绝的理由转变成为夸奖对方的材料，这样就可以增强我们的说服力。如“我当然知道你很忙，可正因为你是个大忙人，我才会请求你为我们作报告。对于无事可做的人，我可不敢期待他们会有好的讲座出现。”

2. 常用的说服技巧。

(1) 善用比喻。比喻的好处是生动、浅显，却又可以以彼物比此物，要说的道理尽在不言中，容易被对方接受。如“听说吸烟人的肺好像烤糊的烧饼，是黑色的，还是少吸烟吧”。

(2) 巧借名言。名言警句是思想在言语的河床上经过千百年的冲刷、打磨而留下来的结晶，具有准确、练达的特点，用于说服往往可达到言简意赅、以少胜多之效；而且名言多出自名人、古人之口，具有易于说服人的权威性。如“少壮不努力，老大徒伤悲”，“老骥伏枥，志在千里”，“千里之行，始于足下”。

(3) 委婉含蓄。有些对象或场合，劝说者不便直接说服对方，可以运用暗渡陈仓的方式含蓄委婉地说服。中国旅行社的一位导游小姐在陪同客人游览黄山时，客人中有几位照相迷，每到一处景点都照个没完没了。导游不好给客人硬性规定逗留时间，便说：“中国幅员辽阔，名胜很多，佳境处处，美丽无比。再好的相机，再多的胶卷，也很难使您满足的。我认为，最好的照相机就是您自己的那双眼睛，用不完的胶卷是自己聪明的大脑。只有它们，才能从这儿带回真正完美的记忆。咱们走吧，女士们，先生们！”这番话既巧妙地催促了客人，又让客人难生怨言，这就叫不劝之劝，不说之说，明修栈道，暗渡陈仓，其效果是显而易见的。

(二) 拒绝

这是使对方的要求或建议落空的一种语言行为。在人际交往中，每个人都有拒绝的权利。通常最简单、直接的拒绝是说“不”，它能防止误解的发生，又能使问题得到迅速澄清，但这样未免有点不客气。另外，有时也会有想拒绝但又碍于情面的情况，这时，就需要一些巧妙的拒绝方式。做到既回绝了对方，又给对方留下良好的印象。

常用的拒绝技巧有：

1. 直言拒绝。对那些有损原则不能接受的要求、无法承诺的事情，应该直截了当予以拒绝，不能犹豫，不可含糊，切忌模棱两可，使对方误解，仍抱有不切实际的幻想。不过，这种拒绝方式在使用时语气要诚恳、温和，要向对方耐心地解释你拒绝的理由，表示歉意，请对方谅解。当然，对那些无理要求要予以严词拒绝。

2. 婉言拒绝。当你必须拒绝对方的要求，但碍于人情关系、利益关系等原因，又很难说出一个“不”字时，就需要“婉拒”。在语言表达方式上，应尽量避免说“不”，可暗示对方：我对此确实无能为力。如“这事有一定难度，你看……”“这事我一人做不了主，还得研究研究”等等。

3. 转换话题。对那些碍于情面的某些要求，你不便马上拒绝，可以采取转移话题、答非所问、寻找借口等方式暂时把对方说话的焦点转移开，从而达到间接拒绝的目的。例如，遇到难办的公事，你可以说：“主任不在，他回来以后，这事儿我一定向他汇报”“我尽量办，你留下电话，到时与你联系”等。

4. 转根据为理由。如：“这类工作你很有经验，这次你一定要帮帮忙。”“能帮忙当然好，这类工作我是干过不少，但我觉得应该避免让有经验的人去做这件事，因为就这事本身来说，过去的经验反而会成为一种束缚。有必要的话，我可以推荐一个合适的人选。”

5. 暗示拒绝。对那些实在难以启齿的拒绝不必开口，而用一些体态、动作、表情来暗示自己拒绝的意图。如目光老向别处看、打哈欠、频频看表等等暗示对方离开；还可以通过语言暗示：“找我有事吗？我正打算出去。”

6. 拖延答复拒绝。对一些不便于立即回绝的请求，可以用拖延的方法加以拒绝，让对方在不实在的等待中，自动放弃请求。如“这事儿让我想一想”、“你的意见很重要，我们研究一下，再通知你”。时间的拖延，可以使对方的请求变得没那么迫切。

无论用哪一种拒绝方法，我们都必须坚持正确的是非标准，都应该认真地看待对方的要求，实事求是地与对方坦诚相见，这样既保护了自己，又显示出你对他人的尊重。

六、劝慰与道歉

当同事、朋友、亲属遇到了麻烦，遭到了不幸时，理应伸出援助之手，努力排忧解难，给不幸者以安慰鼓励。当我们自己做错了事，就应及时承认、及时道歉。这样,整个社会的人际关系就会和谐、融洽得多。

(一) 劝慰

人生的道路不平坦,逆境常多于顺境,不幸的事,人人难免。身处逆境,面对不幸,当事者不仅本人需要坚强起来,也迫切需要别人的安慰。“患难见真情”,劝慰如“雪中送炭”,能给不幸者以温暖、光明、力量,帮助他分担痛苦,减轻精神重负,重振前进的勇气。这既是一种为人处事的美德,更是一个人应尽的社会责任。

1. 劝慰的基本要求。

第一,同情而不是怜悯。同情,就是设身处地、将心比心、感同身受,把别人的不幸当成自己的不幸,从感情上产生共鸣,彼此应站在完全平等的地位上,交流思想感情,给对方以精神上、道义上的支持,并分担对方感情的痛苦,使他们增强战胜困难的信心。怜悯,不是平等的思想感情的交流,而是一种上对下、尊对卑、富对贫、强者对弱者、胜者对败者、幸运者对不幸者的感情施舍,这种施舍会刺伤不幸者的自尊心,激起他们的反感,甚至会使不幸者更加心灰意冷,无法振作。

第二,鼓励而不是埋怨。遭遇不幸和挫折的人,由于一时无法摆脱感情的羁绊,往往会垂头丧气、消极悲观。这时,最重要的是要通过积极的鼓励,给其信心和勇气,让他在困难的时候看到光明的前景。消极埋怨只会使不幸者更加悲观,个别情感脆弱的甚至会酿成悲剧。

第三,倾听而不是训斥。受挫失意的人需要经历一个正常的悲痛过程,需要倾诉出自己的情感和美好的回忆。你需要做的就是认真倾听,接受他的情感,理解这种情感,不要粗暴地打断、训斥、指责。

2. 劝慰的技巧。

第一,劝慰病人。探望身患重病的不幸者,不必过多谈论病情。因为对方本来就背着沉重的精神包袱,再谈及过多,势必会加重他的精神负担。应该多谈病人关心、感兴趣的事,以转移对方的注意力,减轻精神负担,使他精神愉快,心宽体胖,更有利于早日康复。

第二,劝慰被人歧视者。在现实生活中,对于因生理缺陷,或因出身、门第被人歧视的不幸者,劝慰时应多讲些有关类似名人的模范事迹,鼓励他们不向命运屈服,从而唤醒他的自尊心和自信心,使他坚信只要充分发挥自己的主观能动性,便能够争取人生的幸福,实现人生的价值。

第三,劝慰事业上屡遭挫折、失败者。对于胸怀大志而事业上却屡遭挫折、失败的不幸者,最重要的是对其事业心的充分理解、支持。对于他们应遵循这样的原则：理解多于抚慰，鼓励多于同情。最好的安慰，是帮助他总结经验教训，分析面临的诸多有利和不利的条件，克服灰心丧气的情绪，树立必胜的信念。

第四，劝慰伤心者。亲人或好友去世，死者家属的悲痛心情是可想而知的。安慰这一类不幸者，不要急于劝阻对方的恸哭，应当注意倾听对方的回忆、哭诉，让其悲痛的心情得以宣泄、释放，这样有利于较快恢复心理平衡和平静的状态。同时还应与死者的家属多谈谈死者生前的优点、共性，人们对他的敬仰、怀念。死者的生命价值越高，其亲属就越感宽慰。

除了以上几种劝慰技巧以外，在社交生活中，为了减轻不幸者的精神痛苦，帮助不幸者重振生活的勇气，有时善意的谎言也是必要的。善意的谎言，其用心当然是善良的，是为了防止对方因承受太沉重的打击而一蹶不振，甚至危及生命。所以，万不得已时，用善意的谎言安慰别人也是必要的。

（二）道歉

道歉是对他人表示歉意，并请求对方谅解的一种语言行为。道歉是情感交流的一个重要环节，在人际交往中起着重要的作用。

俗话说："金无足赤，人无完人。"当我们的过失给别人造成损害时，人际关系便处于一种紧张状态。如何改善这种状态来弥补别人的创伤，我们认为只有用真情去感化对方，以祈求对方的谅解与宽容。这是道歉的一种，我们把它叫做衷心致歉。另外，道歉又是一种社会文化的现象，它又反映出民族的特点。中华民族深受儒家文化的影响，在人际交往中，人们都讲究谦恭有礼，所以有时候我们并没有过失，但还是要向对方表示歉意——"对不起，请让一下"。对于这种道歉，我们把它叫做礼仪致歉。

要使我们的道歉为对方所接受，还必须讲究道歉的技巧。

1. 真心实意的道歉。真心实意地认错、道歉，就不必强调客观原因，不必做过多的辩解。就是确有非解释不可的客观原因，也必须在诚恳地道歉之后再作解释，否则会使对方怀疑你的诚意，从而扩大裂痕，加深隔阂。

2. 利用他人转致歉意。当双方成见很深，而对方又正处在火头上，什么话都听不进的时候，最好先请第三者转致歉意，待对方火气平息之后，再当面赔礼道歉，互相沟通。

3. 道歉时要讲究语气和态度。真诚的道歉应该做到语气温和、坦诚但不谦卑。道歉时目光友好地看着对方，并多用礼貌用语，如"请包涵"、"对不起"、"请原谅"等。语言以简洁为好，只要表明了自己的态度，对方也会通情达理地表示谅解，切忌啰嗦、重复。

总之，如果每个人都能错了及时承认，不必要的矛盾、纠纷就会大为减少，整个社会的人际关系也会和谐得多。

七、求职与应聘

求职，就是在就业市场上寻找自己理想的工作单位和工作岗位。求职、应聘对于大、中专学生来说，已成为跨进社会的第一个门槛。一般来说，求职、应聘的目的都是为了获得一份适合自己的工作，求职不仅需要具备较强的个人竞争实力，还需要有特殊的应对策略和口才技巧。

（一）面试前的准备

1. 资料的准备。求职一般都要准备一份翔实的求职材料，如求职信、自荐信、个人情况简介、毕业生推荐表等等。求职材料要求客观准确、充分恰当、真实可靠。一般应包括：个人简历（学习简历和工作简历）、学历证明材料、成果及其证明材料、社会活动阅历材料、通讯地址和联系电话等等。

准备求职材料需要注意三点：

(1) 知己。准备求职材料的目的是向用人单位自荐个人情况，以引起对方重视，求到自己想得到的工作岗位或职位，应该知道自己在整个人才市场中处于一个什么位置；自己有什么特长可以发挥；自己能做些什么和不能做什么；自己最需要什么；自己有哪些有利的和不利的因素，准备怎么处理等等。要善于寻找自身条件与对方需要之间的最佳结合点，千方百计地赢得对方的器重，引起对方的兴趣和关注。

(2) 知彼。要找到自己理想的工作单位或职务，要知道对方的社会地位（经营或生产什么、业绩如何）；企业需要些什么人，是否适合自己；该企业的前景及其可靠性；企业的管理水平；员工的福利情况；企业高级职员及招聘主持者的个人资料等等。只有这样才能有针对性地进行求职和应聘。

(3) 求职材料要突出重点，要善于发现和自荐自己的优势，以优势取胜，还要说明自己的性格特点、独特的知识领域、技术特长、素质专长等等，强调自己的特长和优势。求职材料要以情感人，情真意切，打动人心。求职态度诚恳，表达真诚，言辞恳切。求职材料的撰写要工整清楚，从形式到内容都要给人以美感，精心设计，精选内容，使材料看起来美观大方，清晰整洁。

2. 心理的准备。所谓心理准备，就是调整好自己的心态，以沉着自信的良好形象应对求职过程中可能出现的各种情况。在面试过程中，很多人会出现下面的情况：第一，担心自己不符合要求；第二，担心自己不能战胜其他竞争者；第三，担心对方对自己不感兴趣。

针对以上种种就会产生自卑心理，表现出来的状态肯定不佳。所以，在面试时，首先要有健康的心理状态。要让自己知道能否被录用，起决定作用的应该是自己的情况和对方的标准是否一致。戴尔·卡耐基就曾说："不怕推销你自己，只要你认为自己有才华，你就认为自己有资格担任这个或那个职务。"有了这样的自信，才能沉着应付，才能勇敢地迎接命运的挑战，把命运掌握在自己的手中。

另外，我们在心理上还要确立对方意识，在面试时要考虑到对方地位。所以，除了必要的自我介绍外，其他的都应以对方为主，例如当对方问及为何来应聘时，不要说"我"想转换环境或"我"想如何如何，总是在谈"我"，而应从对方单位的角度考虑，可以令"我"有所发展这个角度来谈。

最后，还要在心理上明白自己在问答中充当一个什么角色。因为在面试过程中，对方可能会以一些实际的问题来考验你。如"没有给你一个你想要的岗位，而换了另一个岗位，你怎么做?""当发现领导有贪污受贿行为时，你将怎么做?"这时，你一定要注意到你既是公司的一个职员，同时又是一个国家的公民。当你意识到这一点时，你的答话就容易了。

（二）面试时的应对技巧

在面试时，除了要有合适的衣着、高雅的谈吐、沉稳的举止外，最关键的就是如何应对。在问答过程中，问题的花样可能很多，但归结起来不外乎有下面几个。只要我们以前面准备的资料作基础，注意一下表达的形式，效果就会令人满意。

1. 谈谈你自己。面对这个问题，应该以简洁的语言来介绍你的学习情况和工作经历。注意：不必强调你的学校或单位是否有名气，而应该突出你的学习成绩和实际的工作业绩。因为对方看重的是你的能力。

2. 你能为对方做些什么。回答这个问题，你应该针对对方的招聘内容去谈你的设想。设想一定要切合实际。千万不要说"公司叫我干啥就干啥"，因为这样说明你毫无准备、毫无目的，可能连招聘广告都没看过。

3. 你有什么优势和特长。回答这类问题一定要具体，与其说"我英语好"，不如说"我英语通过八级"等。

4. 你有什么弱点。不要把自己说得完美无缺，因为金无足赤，人无完人，但是也不必把自己的不足全部告诉对方，而应该把其中的一两点说出来，并且把它转变成为一个有利的因素。如"我这个人有点固执，所以别人认为干不来的时候，我偏要试试，直到干成为止"。

5. 你喜欢怎样的领导。这类问题回答时一定要抽象，如"我喜欢水平高、能力强，既善于教人以知识，又善于指出别人缺点的领导。”

6. 你想要多少工资。对这个问题，你最好回答：“我没有什么特别的要求，只要和同等条件的职员看齐就行了。”

7. 录用你以后你会怎么做。回答这个问题时千万不要卖弄，最好说：“我会先熟悉一下公司的情况再说。”因为没有调查研究就没有发言权。即使你确实了解了情况，也不能随便说，因为这时对方的目的不是要听你的方案，而是要看你的态度。等到你真正成为企业的一员时，再发挥你的才能也不迟。

除了以上的问题以外，主持人有时还可能问一些较为敏感的问题。例如“目前有些单位利用政策不严密，搞些额外经营，为单位及个人赚取高额利润，如果叫你做，你会做吗”，面对这类问题，最好用反问的形式来应付，如“公司允许吗？我想听听你的意见。”或“法律允许吗，你怎么看呢？”

面试一般用“你还有什么问题吗”来结束谈话。这时，你最好别说没有，因为这样显得你没有诚意。你可以说“请问你们对新的员工有什么特殊要求吗”或者“还需要我做些什么吗”等等。

第三节　社交中的禁忌

在社会交际中，人与人之间交往，要有许多礼仪要求，要想博得他人对你的信任、赞赏、喜爱等，必须要懂得交际场合中的禁忌，否则，会引起人们的不快，甚至反感，会影响你的社交效果。

一、不谈他人忌讳的事

不尊重别人的意愿，老做一些别人不高兴或忌讳的事，这种人是不会受欢迎的。

一个有头脑的人，有社会阅历、善解人意的人，总是有这样一条处事原则：在社交场中，凡是人家不高兴谈起的事、不高兴去做的事，不仅不能强求人家说与做，而且自己也不去说、不去做。这种尊重别人的做法，是社交中的一个重要原则，不仅是聪明的，而且是科学的。

那么，在社交中，如何才能避免触及别人的禁忌呢？

（一）适可而止

在交际中，对方明确表示“这件事不要再提了”、“不要再提这个人了”、

"这个话题就谈到这吧"时，表明对方已对这件事感到厌烦了，此时如果你还一味地讲下去，便是一种失策甚至是一种愚蠢了。这时，就应该"适可而止"，因为对方已明确地表示出了反感。所以，遇到这种情况时，要及时止住话头，并向对方表示歉意"对不起，我不了解你的心情，请原谅"或"我多嘴了，请别见怪"等之类的客气话，以弥补过失。

在交往中，我们还可能会遇到对某一件事或某一个问题向对方发出提问，连续问了两次而对方仍无反应、不作回答时，就应该敏锐地察觉对方是不高兴回答，而不是没听到。因此，要及时止住发问，巧妙地转移话题。这是得体的、聪明的、有交际智能的表现。如果当问了两次，对方不作回答时，还不停地"打破沙锅问到底"，就有点不识趣了，就会招致对方的反感，导致交际的失败。

（二）正确选择话题

我们在交谈中，可能会无意地因为某句话致使对方不高兴，遇到这种情形，一是应该止住话头，转移话题；二是对方如果明显地提出质询，即使你是对的，也应作恰如其分的解释，使对方理解和谅解。我们应该防止不顾对方的情绪、不顾客观效果如何，一味地讲个不停。如果不知有礼有节，是注定要失败的。

交往的对象，有的是熟识的，有的是不熟识的。对于不熟识的，我们应该根据情况随机应变。但对于熟识的人和事，也应当尽力避免谈论或去做对方痛心疾首或要回避的事，诸如受过处分，曾经使他羞恼的事，曾经使他失败的事，曾经使他失意的事，以及一些艳情隐私等等不光彩、不体面的事。

二、不搬弄是非

在生活中，有这样一些人，他们唯恐天下不乱，惯于制造矛盾。今天在张三面前中伤李四，明天又在李四面前非议张三，好像普天之下，就他一个好人。这样的行为不是一种高尚的行为。我们要养成不煽风点火、挑拨离间的习惯，做君子不做小人。

在历史上，因小人作祟留下的惨痛事例简直不胜枚举。如岳飞被秦桧所害等，大英雄、大豪杰都死在小人手里，小人的危害由此可见一斑。现实生活中，首先自己不要在背后非议别人，以免"言者无心，听者有意"，使"听者"产生错误判断，"滥杀无辜"。其次，当有人向你说别人坏话时，要保持警惕，不能偏听偏信，以免中了别人的"借刀杀人"之计。

三、避免不必要的争论

在社交场合,常有人争强好胜,喜欢无谓的争论,并因此搞得大家面红耳赤,大伤和气。这些人虽暂时满足了一种对虚荣的渴求,却忽略了另一面——对他人情感的伤害所带来的危害:失去友情。社交的生命就在于结交朋友,没有了朋友,也就没有了"生命"。维持友情也就保持了"生命"。避免不必要的争论是维持友情的方法之一。

避免不必要的争论,一要了解对方,二要宽宏大量,三要学会与人商量,四是好胜心强的人要学会控制自己,加强涵养。

(一)了解对方

当你与人结交时,必须首先了解对方是哪一类人,是性格外露的,还是内向的;是脾气急躁的,还是性格温和的;是虚荣好胜的,还是谦逊随和的。若是属于前一类人,大多善言好辩,容易与他人争论,有的更是嘴尖嘴硬不饶人。同这类人打交道时,你需多加注意,从方法到语气,尽可能避免发生争论。大凡容易引起对方逞能、要强的话题,应尽力避免。与对方发生争论时,能忍则忍,在把握原则的前提下,可采取退让政策,让他多说几句,自己少说几句,这样做也没有什么损失。

(二)宽宏大量

宽宏大量是避免跟人无谓争论的一种好方法,它体现了一个人的高尚素质、修养和与人为善的风格。在社交场中,这种风格是很有必要的,也是对付那些好胜心极强的人的一种最好方法。宽宏大量,就是当对方因某一件事、某一个问题跟你发生争论的时候,你用了许多道理和口舌去说服、论辩,而对方仍强词夺理、固执己见,为了避免伤和气,你便采取退让政策。宽宏大量,就是对于某些非原则的问题,不值得争论的问题,就不去争论,即使对方到了无理和出言不逊的程度,你也能忍让,付之一笑;宽宏大量,就是对于别人的误会和误解,应该给予谅解,并且相信,随着时间的推移,事实真相一定会水落石出的……学会宽宏大量,要以一定的素质和一定的学问为前提,一个知识浅薄、品质不高的人是无论如何也做不到的。因此,要学会宽宏大量,还得从提高自身的素质入手,才能达到真正与人为善的精神境界。

(三)学会使用商量的口气

在社交中,争论的起因往往是交谈的一方出言不逊,强词夺理,这种情况生活中常常遇到。当然,一个涵养较深的人,是不会因对方的出言不逊而斤斤计较的。但遇到一个性情急躁、缺乏修养的人结果就不一样了。因此在社交场合，同他人商量事情、探讨问题、询问情由时，我们应该多使用礼貌语言，多用商量探讨的口气，态度和善些，语气委婉、甜蜜些，这样就不会从言语、口气上招惹出事端来。

（四）控制住自己的好胜心理

“好胜心”强，并不是坏事。在事业上就是要有好胜心。可是，当你在社交场合时，特别是跟别人的接触交谈中，为了只言片语、鸡毛蒜皮的事情就争论不休、逞雄称霸，那就要不得了。当然，正常的同志式的争论例外。人人都有自尊心和虚荣心，但要有分寸，有理有节。如果一味地为了满足自己的虚荣或感情用事，那是不应该的。在交际中，一切应该服从大局，应该与人为善，维持和建立起良好的友情，这样我们才能“朋友遍天下”，“条条大路通罗马”。

第八章 演讲口才

第一节 演讲口才概述

演讲作为人类的一种社会实践活动，必须具备以下四个条件：演讲者、听众、沟通两者的媒介，以及时间、环境。离开其中任何一个条件都构成不了演讲。

一、演讲的传达手段

包括有声语言、态势语言和主体形象。

有声语言是演讲活动最主要的表达手段。它由语言和声音两种要素构成，以流动的声音运载思想和情感，直接诉诸听众的听觉器官。它要求吐字清楚、准确，声音清亮、圆润、甜美，语气、语调、声音、节奏富于变化。

态势语言就是演讲者的姿态、动作、手势和表情，是流动着的形体动作，辅助有声语言运载着思想和感情，直接诉诸听众的视觉器官。它要求准确、鲜明、自然、协调。

主体形象是指演讲者的体形、容貌、衣冠、发型、举止神态等。主体形象的美与丑、好与差，直接影响着演讲者思想感情的表达。它要求演讲者在符合演讲思想感情的前提下，注重装饰朴素、得体，举止、神态、风度的潇洒、优雅、大方，给听众一个美的外部形象。

必须指出，演讲如果只有“讲”没有“演”，只作用于听众的听觉器官而不作用于听众的视觉器官，就会缺少动人的主体形象和表演活动；如果只有“演”而没有“讲”，只作用于听众的视觉器官而不作用于听众的听觉器官，也就不称其为演讲了。所以，两者缺一不可，相辅相成。但是，“演”与“讲”的和谐必须是以“讲”为主，以“演”为辅，“演”必须建立在“讲”的基础上，否则便失去了演讲的意义。

现在，可以给演讲的本质下一个定义了：演讲者在特定的时境中，借助有声语言和态势语言的艺术手段，针对社会的现实和未来，面对广大听众发表意见，抒发情感，从而达到感召听众并促使其行动的一种现实的信息交流活动。

二、演讲的特点

1. 现实性。这是因为演讲属于现实活动范畴，不属于艺术活动范畴，它是演讲家通过对社会现实的判断和评价，直接向广大听众公开陈述自己的主张和看法的现实活动。

2. 艺术性。这里的艺术性是现实活动的艺术。它的艺术性在于它具有统一的整体感和协调感，即演讲中的各种因素（语言、声音、表演、形象、时间、环境）形成一种相互依存、相互协调的美感。同时，演讲不单纯是现实活动，它还具备着戏剧、曲艺、舞蹈、雕塑等艺术门类的某些特点，并将其与演讲融为一体，形成具有独立特征的演讲活动。

3. 鼓动性。没有鼓动性，就不成为演讲。政治演讲也好，学术演讲也好，都必须具备强烈的鼓动性。这是因为：① 一切正直的人都有追求真善美的渴望，演讲者传播了真善美，自然会引起共鸣，激励和鼓舞听众；② 演讲者以自己炽烈的感情去引发听众的感情之火，容易达到影响听众的目的；③ 演讲者的语言、情感、态势以及演讲词的结构、节奏、情节等均能抓住听众；④ 演讲的直观性使其与听众直接交流，极易感染和打动听众。可以说，鼓动性是演讲成功与否的一个标志。

4. 工具性。演讲是一门科学，更是一个工具，是人们交流思想的工具。任何思想、任何学识、任何发明和创造，都可以借助演讲这个工具来传播。可以说，演讲是最经济、最实用、最方便的传播工具，任何人都可以利用它。

三、演讲者的素质

为了使演讲获得最好效果，演讲者应该在思想、道德、品质、学识等方面达到一定的标准和水平，为此作的努力和培养就是演讲者的自我修养。那么，演讲者都应具备哪些修养呢？概括地说，就是先进的、科学的思想，高尚的道德品质和丰富渊博的知识。

1. 演讲者要有先进的、科学的思想。演讲者演讲的目的是教育人、启迪人,提高听众的思想认识、文化水平。这就要求演讲者本身必须具备先进的、科学的思想,这样才能有远见卓识,高瞻远瞩,识前人所未识,讲前人所未讲。历史上许多著名的演讲家如德摩斯梯尼、西赛罗、林肯、马克思、恩格斯,无一不是伟大的思想家,他们的演讲也无时不在闪烁着真理、科学、智慧的光芒。今天我们所说的"要给别人一杯水,自己先得有一桶水",也就是这个道理。尤其在科技高度发展的时代,新知识、新技术不断涌现,更需要演讲者努力学习,迅速掌握各种新思想、新科学和方法,以更好地服务于听众。

2. 演讲者要有高尚的道德品质。古人说:其身正,不令而行;其身不正,虽令不从。这从某个侧面说明了演讲者道德品质的重要性。在生活中,任何一种行为都会直接或间接地与他人或社会发生关系,并受到一定社会规范的限制和协调,演讲也是如此。作为演讲主体的演讲者,更应以一个具有高尚道德水准的形象出现在公众面前,带头恪守社会道德规范,并应具备以下四点。

(1) 政治道德。即应当有高度的政治觉悟、良好的政治品质、坚定的理想信念。

(2) 职业道德。演讲者必须遵守自己从事职业的道德,如医德、师德等。

(3) 社会公德。演讲者在一举手一投足间都应讲究文明礼貌,彬彬有礼,是遵守社会公德的典范。

(4) 伦理道德。演讲者必须具备高尚的伦理道德,以此才能把正确的伦理观念传播给听众。

3. 演讲者要有丰富的学识和能力。演讲者要有丰富的学识,不仅是"传道、授业、解惑"的需要,也是演讲成功的基本条件。古今中外的演讲家无一不是学识渊博的,他们之所以能旁征博引,妙语惊人,之所以能把生动、具体、精彩的事例自如地组织到演讲中,就因为他们博览群书,知识丰富。在当今科技发展的时代,各种科学高度分化又高度综合,演讲者如果不了解新知识,跟不上现代科学文化发展的步伐,演讲就不会充实、新鲜、生动。

有了思想、品德、学识等方面的修养,演讲者还必须具备以下几种能力。

(1) 敏锐的观察力。敏锐的观察力体现在三个方面:① 准备演讲时,有了敏锐的观察力,就能从普普通通的生活中获取大量素材,通过分析和判断,从中发现能反映生活的本质和社会主流;② 在演讲中,有了敏锐的观察力,可以发现听众的表情、心理及场上的气氛变化,及时调整演讲的内容、方式、节奏;③ 在演讲后,有了敏锐的观察力,可以从周围的反应中综合分析自己演讲的成败得失,以使自己的演讲臻于成熟。

(2) 丰富的想象力。在演讲中，想象力如同“点金术”，有了它就可以“思接千载，视通千里”，才能使演讲内容充实、新颖而多彩，才能将各种各样的事物与演讲主题巧妙地组合起来，讲起来才能文思泉涌，增强演讲的浓度、广度和感染力。这需要演讲者努力培养自己的好奇心和探究力，对任何问题都拿出认真钻研的热情，对任何事物都抱有一种兴趣和求知欲望，并逐步增加生活经验，这是想象力的基础。

(3) 较强的记忆力。演讲者在演讲前的准备阶段，博览群书，吸取丰富知识，掌握大量材料和信息，当写演讲稿时，凭着记忆力，才可以如囊中取物一样，迅速、准确地组织成稿。在演讲中，也要靠记忆力，才能将演讲稿的主要材料、观点、事例等牢记于心。这样讲起来才能口若悬河，滔滔不绝。

(4) 良好的表达力。演讲如果离开了口语表达能力是不可思议的。演讲者必须具备良好的口语表达能力。演讲稿写得再好，表达不出来，同样做不了演讲家。当然，口语表达能力不是天生的，它可以经过后天培养、训练而成。一般通过读讲法的训练，都可以使口语表达流利顺畅，抑扬顿挫。所谓读，就是默读、朗读、快读；所谓讲，就是在任何场合、时间、机会都勇于去讲去练，久而久之一定会有所提高。

以上我们讲了演讲者应当具备的修养和能力。其实，演讲者所应具备的能力远不止这些。比如，演讲者应有理论家的分析、综合、判断能力；应有文学家记叙、描绘的能力等等。一句话，演讲者所具备的知识愈高愈深，能力愈强愈多，演讲成功的概率也就愈大。因此，演讲者的修养和能力的培养是无止境的。

第二节　演讲的特征

从古至今无数著名的演讲家的演讲艺术来看，它们都具有着共同的、本质的艺术真谛，我们可以将这些真谛更细致地归纳为八大特征。

一、演讲目的的真理性

人们登台演讲都受制于一定的动机，诱发于一定的目的，这是由人类行为特征所决定的。但是，不同的人从不同的立场、角度出发，就会有不同的演讲目的。而真正成功的演讲，其目的在于讴歌“真理”，在于激发人们去追求“真”、“善”、“美”，即富有“真理性”。著名哲学家、教育家张岱年认为，

"真"是认识的价值，即对客观世界与人类自身有正确的认识；"善"是道德的价值，即用道德准则来调整个人与个人，个人与社会、国家、民族之间存在的矛盾；"美"是艺术的价值，即客观世界的事物，有些适合人的情感，令人感到愉快，人类能创造出一些令人愉快的物品即艺术品，艺术品能给人以美感。成功演讲的目的——追求真、善、美，就是要极力揭示或传播对客观世界的正确认识，而不是宣传谬论；要大力引导人们用道德准则去正确调整个人与个人以及个人与群体之间的关系，而不是误导人们的伦理道德；要努力完善演讲，使自身演讲成为"艺术品"，给人以美感，同时，引导人们去追求美、鉴赏美、创造美，而不是让人美丑不分，以丑为美。演讲只有为真理而演讲，为呼唤真理而演讲，那它才有真正的生命力，才会经得起时间与历史的考验，才会有利于社会的进步、事业的发展。一切违背真理的"咆哮"，终将被真理所抛弃，而被扫进历史的垃圾堆。

二、演讲形象的人格性

演讲的圣堂并非任何人随意所能登踏，也并非任何人所讲都能如愿。成功演讲本身对演讲者是有选择的。不论是谈论自己，还是谈论他人、他物，演讲者都要有形象的塑造。这个形象是以"人格化"为基调的。演讲者人格形象的树立，事实上就是形成演讲者的人格魅力与磁性，演讲者有了这种魅力与磁性就为演讲成功营造了先入为主的意境。演讲者的人格不在于美丽的外貌和华贵的装饰，而在于具有坚定信念、优良品行、刚毅果敢、一身正气、热爱祖国、忠于人民、无私奉献、光明磊落、实事求是、坚持真理以及充满活力、蓬勃向上的品格。这种品格也是演讲的一种无声语言，它会自然吸引人、产生感染力。孔子曰："不能正其身，如正人何？""子帅以正，孰敢不正。"大凡成功的演讲者都十分注重修身养性和人格形象塑造。没有人格、品德败坏的人是无权登台演讲的。一个行动的矮者、知行不一的人，充其量只能来一阵理论的空喊；一个品行败坏、图谋不轨的人，再动听的语言只能是一时的欺骗。

三、演讲观点的共鸣性

任何演讲离不开谈理论、讲观点。但谈理论、讲观点绝不可以盲目进行。在注意观点正确的同时必须高度重视听众的可接受性。听众接受、形成共鸣，才能成功。演讲的观点阐述必须考虑听众所处的时代、场合，必须根据不同的对象、不同层次的听众选择不同的观点和语言表达方式，最终实现演讲者与听众心理相容,观点共鸣。成功的演讲者常常把句句言辞说在听众的心坎上,或让听众点头称是,或让听众激动不已,甚至让听众无法控制。这就是演讲者与听众融为一体,形成共鸣。这种共鸣源于演讲者善于抓住听众的所思、所想、所言的困惑,并且能加以突破。成功演讲者注重演讲选题,使之具有时代性;注重观点选择,使之符合科学、符合实际、符合听众且富有新意。老生旧说不行;不顾对象瞎说不行;不分场合乱说不行。相反,应老生新论、因人而说、因地而讲、因事而谈,实现演讲者所言、所语、所感、所悟、所举、所动与听众形成最佳的交流,形成最强烈的共鸣。

四、演讲思维的哲理性

成功的演讲都能给人留下难忘的言语、深邃的思考以及美好的启迪。这种外在的成功离不开内在的功夫,即演讲者哲理性的思维,形成思维哲理性的品质。演讲者无论对本人或他人的经历、事迹、教训、感想,还是对事物、事件的评价、感受都应进行缜密的思维、提炼,使之具有哲理性。李燕杰同志指出,哲理是人们基于深刻的现实感受与观察,对生活所做的艺术概括,其中闪耀着作者的真知灼见,它给人以启迪、给人以智慧,还能陶冶情操,给人带来审美的愉悦。为此,成功的演讲者必须常常观察社会、洞察现实、思索人生、理性思辨、深层思维、哲理概括。虽然,听众不可能记下演讲者的句句话语,但经过演讲者千锤百炼而成的哲理性语言,能打动听众的心,能给听众以无穷的思考和深远的启示。

五、演讲语言的多样性

演讲者与听众的信息交流是通过演讲语言来实现的,离开了语言,演讲也不复存在。演讲语言是个丰富多彩的王国:既有意美以感心的内部语言,又有音美以感耳的口头语言;既有形美以感目的态势语言,也有物美以感人的道具语言;既有诗词的熟练背诵,又有名言警句的灵活运用;既有抑扬顿挫,又有轻重缓急;既有高昂的语调,又有低沉的声音;既有严肃的格调,又有诙谐的幽默,等等。成功演讲正是能适时、适度、适情、适意地灵活自如地综合运用这些语言。综合运用多样性语言就是让听众接受多方的语音刺激,从而调动听众"听"的积极性,强化演讲主题,给听众留下深刻印象。用贫乏枯燥的语言演讲是难以获得成功的。

六、演讲选例的典型性

演讲离不开举例,举例目的为佐证或导论。但选何事例、选多少则必须依演讲主题、观点需要而定。不必多选，也不可少选。多选常常给人以事例堆砌、讲解故事之感；没有事例则又给人缺乏说服力之感。成功演讲其选例要具有“典型性”：一方面选用事例必须同阐述观点紧密相连，必须能说明问题，不能说明问题的事例绝不采用，否则适得其反。“理解万岁”演讲如果将100个故事、事例都讲，那就未必有“理解”的效应，而蔡朝东同志最后精选了15个事例说明问题，从而获得良好的效果。另一方面，引用的事例必须具有代表性、时代性，偶发的事例不能作为本质认识的依据。为此，选例的典型性就在于“精”、“实”、“新”，同时，所选之例应能感动人、吸引人、折服人。

七、演讲者神形的情感性

演讲贵在打动人心，而要打动人心离不开演讲者的情感注入，即演讲者的感情流露和情绪表现。无论在演讲的起始、过程中，还是推向高潮，乃至结束时，演讲者的神形都应随着演讲情节的变化而变化，富有情感性。例如，万承奎教授在做“把生命掌握在自己手中”演讲时，表现出对有人自我践踏生命的痛惜、对掌握命运的强者的赞颂，表现出的情感变化、神情动作令人叫绝，自觉不自觉地把听众带入情感世界从而让人去体验百态人生，去领悟生命，把握之要领。可以说，成功的演讲者都是情感丰富者。这种情感发自演讲者的内心，表现为爱憎分明、喜怒分辨、苦乐分界。没有演讲者的情感投入，就不会有听众的情感付出。没有演讲者的情感变化，也就难以激起听众的层层情感波澜。

八、演讲结局的激励性

如果说，演讲的目的是希望听众去追求真理，那么，演讲的最后结局与归宿就是实现这种期望。演讲，无论其过程是给人兴奋，还是叫人沉思，最终都必须给人以激励、给人以启迪。激励性正是演讲的效益所在。通过演讲实现激发人的正确动机，引发人的良性行为，这是所有成功演讲最根本的目的。演讲者通过自身的优良品德和人格让听众产生敬爱的情绪，令其学习、效仿，通过演讲中表现出的高亢激情、纯真热情、乐观心境等情感活动满足听众需求，使听众产生积极的态度和肯定的情感；以演讲者活跃的思维、焕发的精神、倍增的干劲催人上进；也可通过演讲中对听众的特殊评价、信任、鞭策等予以激励。蔡朝东同志在首都师范大学做的“创业万岁”演讲就给听众以极大的激励与启迪。调查显示，98%以上的人听了他的演讲后有收获、有启迪。有的听众说：“蔡朝东同志的演讲不单是激动三分钟，甚至可以启迪我一生，从他朴实的话语中，我听到了一颗火热的心在跳动，我为此而深深地感动。我想，如果将来我也是一县之长，我将效仿蔡朝东同志为人民说话，为人民干事，即使当教师，我也将尽我的职责。当然，演讲给我启示的不止是这些，还有很多……”凡是成功的演讲，无不是催人向前的进行曲！

上述演讲的八个特征是成功演讲最主要的艺术性所在。我们要实现成功演讲就要做到“八性”；我们要逼近成功演讲，就是尽力减少与“八性”之间的差距。同时，演讲“八性”又是成功演讲的评价指标体系，在这个体系中涉及了演讲的参与要素即演讲者（形象、思维）⟶内容（观点、选例）⟶手段（语言、情感）⟶听众（目的、结果），涵盖了演讲的全过程，即目的⟶演化⟶结局。这“八性”既相互独立又紧密联系，从而构筑成功演讲的艺术真谛。

在现实的演讲活动中，有以下两种倾向很值得注意：一是有的演讲者只“讲”不“演”，只注重演讲的实用性而忽略了演讲的艺术性，使演讲干巴枯燥，从而削弱了演讲的效果。二是有的演讲者过分地“演”，追求相声、评书、朗诵、故事等其他艺术表演技巧，冲淡了演讲的现实性、实用性和严肃性，显得滑稽、夹生，起不到演讲应有的作用。这两种倾向都是必须认真加以注意的。

第三节　演讲的目的

任何社会实践活动都有明确的目的，其功利性是非常鲜明的。由于演讲活动是演讲者与听众的双向活动，所以，演讲的目的就分别体现为演讲者演讲的目的和听众听演讲的目的。而每个演讲者由于身份、地位、年龄、专长各不相同，演讲的目的也不尽相同，甚至每位演讲者的每次演讲的目的也不尽相同。我们从以下几方面来介绍。

一、演讲的宏观目的

演讲者参与演讲的目的也就决定了演讲的目的。从总体上看，演讲的目的就是演讲者与听众取得共识，使听众改变态度，激起行动，向理想境界迈进。演讲无论是宣传自己的政治主张、观点，或是传播道德伦理情操，还是传授科学文化知识和技艺，都是为了让听众同意自己的主张、观点和立场，以取得共识，并在此基础上激发听众的实际行动，向着理想境界迈进。

例如,美国第16任总统林肯的解放黑奴的演讲,目的就是动员美国人民为解放黑奴、废除奴隶制而斗争;杨振宁、李政道两位科学家发表的学术演讲,目的就是宣传他们的科学发现,让社会接受其正确观点,从而推动科学文化的进步。

二、演讲的微观目的

迄今为止,尚未有专职演讲家。当今的演讲者都有自己的正式职业或专业,如鲁迅是文学家、闻一多是学者、诗人,林肯是总统,丘吉尔是首相。由于其职业、专业、经历等多种因素的不同,演讲的目的、内容也有所不同。闻一多在昆明的《最后一次演讲》目的就是揭露和痛斥敌人、鼓舞听众、发展民主运动;而曲啸、李燕杰、刘吉等的演讲则是向广大青年进行理想、道德等方面的教育。因此,从微观上看,每位演讲者的每一次演讲都有不同的具体目的。

演讲的宏观目的与微观目的并不矛盾。闻一多的微观目的是揭露敌人,鼓舞听众,发展民主运动,但这一目的恰与推动人类向理想境界迈进的目的相统一。

三、听众听演讲的目的

听众是无数个个体的集合。由于他们年龄、性别、文化程度、兴趣、职业等不同,听演讲的目的也各不相同。总的来说,听众听演讲的目的,无非获取对自己有益的信息以指导人生。比如,林肯解放黑奴的演讲,听众有拥护的,目的是要争取人人平等的基本权利;也有反对的,目的是要维护种族压迫的既得利益。可见其目的根本不同。即使目的都一样的听众,对同一内容的演讲也往往各取所需。但从总体上说,演讲者的个体实用目的和听众的个体实用目的是一致、紧密相连而又互为体现的。如果离开这条,演讲将很难存在。

上面我们从宏观、微观、听众三方面作了“横”的分析,下面再从“纵”的方面分析,即演讲者追求的两个目的:现场的目的和散场后的目的。

1. 现场的目的。每一个演讲者都希望演讲能成功,这一目的完全从现场和直观效果反映出来,如听众的表情、情绪,或者捧腹大笑,或者义愤填膺,或者欢呼雀跃,或者泪水横流,或者高呼口号,或者掌声雷动,这就表明演讲者的实用目的符合了听众的实用目的,引起了共鸣。现场的效果仅是表面的,关键是演讲者的实用目的、演讲的内容打动了听众。离开这些,再有成功的欲望和目的也难奏效。

2. 散场后的目的。任何演讲者都不会停留在现场的目的上，而是追求散场后的目的——实际行动，这才是演讲者的最终目的。比如，拿破仑率部队远征埃及时，在金字塔附近遭遇敌人的主力，情况危急，拿破仑站在马队前高声演讲道："士兵们，四千年历史今天从这些金字塔的上面看着你们！"简短的演讲使疲惫的远征法军士气大振，终于大胜敌军。他的演讲产生了现场的直观效果，鼓舞了士气，进而实现了散场后的目的。

可以说，演讲现场的目的是散场后目的的前提和基础，散场后的目的又是现场目的的归宿，两者紧密相联。没有现场目的的实现，就不可能有散场后目的的实现；如果只追求散场后的目的，忽视追求现场目的，散场后的目的不过是一句空话。

演讲是一种复杂的社会实践，更是一种工具。人们拿起工具总是有目的的，没有目的的演讲是不存在的，只是目的的正确与否、高雅与否的不同而已。所以，每位演讲者必须树立明确的演讲目的，做到宏观和微观的统一、表层与深层的统一、目前与长远的统一，这样的演讲才是有意义的、有价值的。

第四节　演讲的作用

演讲作为一种社会实践活动，之所以从古到今发展得越来越兴旺，就因为它有着不可估量的社会作用和社会价值。这种作用可以从演讲家个人和社会两方面来谈。

一、对演讲家的作用

1. 自己迅速成才。演讲家都不是天生的，而是后天实践造就的，是经过艰苦的多方面的努力才成功的。当我们看到演讲家在讲台上口若悬河、滔滔不绝的时候，我们自然会对他那悦耳的声音、和谐的语调及优美的态势语等等发出由衷地赞叹，这是讲台上的功夫。而比这更重要的是演讲家台下的功夫，那就是他必须具备站在时代前沿的思想、渊博的学识、丰富的阅历，这需要努力地学习与钻研。同时，他还必须具备敏锐的观察力、严谨的思维力、准确的判断力、迅速的应变力和较强的记忆力，这更需要刻苦地磨炼。可以说，是多方面刻苦的学习与磨炼造就了一个演讲家。当他成为一个演讲家的时候，我们说：他成材了。而当他正在加倍努力学习与磨炼，尚未成“家”的时候，他也在思想、学识、智能等方面得到了极大的提高。所以说，演讲对促进人的成才有极大的作用。

2. 激励自己多作贡献。一个人思想精深，学识渊博，但却茶壶煮饺子“道”不出来，未免太遗憾了。著名作家茅盾、数学家陈景润在文学和数学领域都有卓越贡献，但口头表达能力较差，在一定程度上影响了他们的贡献。而鲁迅、闻一多先生不仅能写也能说，能充分利用演讲这个迅速直接的传播工具来宣传真理，揭露邪恶，也就能为社会做出更多的贡献。

3. 融洽自己的人际关系。演讲家经过长期训练和实践所得的本领，不仅在演讲台上可以表现他们的文雅举止和出众口才，而且在日常生活中，他们丰富的学识、敏捷的应对、良好的修养都很容易冲破种种人际关系的障碍，比一般人更能迅速、有效地与他人交往和沟通。同时，演讲家通过演讲活动可以广泛地接触各阶层、各地区人士，扩大自己的交际面。

二、对社会的作用

演讲对自身有许多作用，但对社会的作用更大。下面分三点介绍。

1. 祛邪扶正，形成正确的舆论，促进社会文明发展。人类社会的文明史，就是真善美与假恶丑的斗争史。而演讲历来是这种斗争的主要工具之一。古今中外一切正义的演讲家，都是拿着演讲这个武器，宣传真理，唤醒民众，推动社会进步的。我国古代演讲家盘庚为了迁都所作的演讲，将旧都比作被砍倒的树木，把新都比作刚生出的新芽，使民众深刻认识到了迁都的意义而欣然接受。1775 年，美国演讲家帕特里克·亨利在弗吉尼亚州会议上发表了激励人心的抗英演讲，迅速地唤起了千百万人民坚定地投身斗争中。他的“不自由，毋宁死”的名言，至今仍教育着千万民众为自由而战。可见，正确的演讲可以启迪人心，传播文化，宣传真理，祛邪扶正，推动人类社会走向理想境界。

2. 培养高尚美好的情感，促进人类的文明建设。演讲家在演讲时，总是用正确的道德情感来感染和影响听众，从而培养听众的情感，诸如爱国主义情感、国际主义情感、集体主义情感、革命英雄主义情感等。古罗马统帅恺撒被以布鲁图斯和卡西乌斯为首的密谋者刺杀。布鲁图斯为了掩盖其不可告人的罪行，在当众演讲中颠倒是非，恶毒地诋毁恺撒是暴君、独裁者，轻信的听众便一致叫喊“杀得好”！而恺撒生前的执政官安东尼在演讲中历陈恺撒的功绩，其真诚的情感影响了听众，使之转变了原来的成见，并愤怒地烧了布鲁图斯的家。由此可见，演讲对培养、影响听众情感的作用之大。

3. 唤起听众的行动和实践。一次成功的演讲，除了启迪人心、传播真理、培养情感外，最终目的是唤起听众的行动和实践，使之投身于改造主、客观世界的社会活动中。我国伟大的民主主义革命先行者孙中山先生在致力于民主革命的40年间，始终以演讲为武器启迪和呼唤民众投身于民主革命。正如后来许多参加辛亥革命的老人回忆道，他们之所以参加辛亥革命，就是因为听了孙中山先生激动人心的演讲。

可以说，一切成功的演讲必须导发出听众正确的行动。不能导发出听众正确行动的演讲绝不是好的演讲。所以，每位演讲家都应当刻意追求这种导发作用，使演讲产生强烈的现实意义和历史价值。

第五节　演讲的分类

这一节我们将从演讲的功能、形式、内容三个角度谈谈演讲的分类。

一、从功能上划分

1. “使人知”演讲。这是一种以传达信息、阐明事理为主要功能的演讲。它的目的在于使人知道、明白。但凡属于知识传授口才范畴的都应该属于这一类，如教师的教学演讲等等。又如美学家朱光潜的演讲《谈作文》，讲了作文前的准备、文章体裁、构思、选材等，使听众明白了作文的基本知识。它的特点是知识性强，语言准确。

2. “使人信”演讲。这种演讲的主要目的是使人信赖、相信。它从“使人知”演讲发展而来。如恽代英的演讲《怎样才是好人》，不仅告知人们哪些人不是好人，也提出了三条衡量好人的标准，通过一系列的道理论述，改变了人们以往的旧观念。它的特点是观点独到、正确，论据翔实、确凿，论证合理、严密。

3. “使人激”演讲。这种演讲意在使听众激动起来，在思想感情上与你产生共鸣，从而欢呼、雀跃。如美国黑人运动领袖马丁·路德·金的《在林肯纪念堂前的演说》，用他的几个“梦想”激发广大黑人听众的自尊感、自强感，激励他们为“生而平等”而奋斗。

4. “使人动”演讲。这比“使人激”演讲进了一步，它可使听众产生一种欲与演讲者一起行动的想法。如法国前总统戴高乐在二战期间的英国伦敦作的演讲《告法国人民书》，号召法国人民行动起来，投身于反法西斯的斗争中。它的特点是鼓动性强，多以号召、呼吁式的语言结尾。

5. “使人乐”演讲。这是一种以活跃气氛、调节情绪，使人快乐为主要功能的演讲，多以幽默、笑话或调侃为材料，一般常出现在喜庆的场合或人与人交流感情的场合。这种演讲的事例很多，人们大都能听到。它的特点是材料幽默，语言诙谐，可以和谐关系，融洽感情。

二、从表达形式上划分

1. 命题演讲。即由别人拟定题目或演讲范围，并经过准备后所作的演讲。它包含两种形式：全命题演讲和半命题演讲。全命题演讲的题目一般是由演讲组织部门来确定的。某单位搞“让雷锋精神在岗位上闪光”主题演讲，为了让演讲者各有侧重，分别拟了《把爱送到每个顾客的心坎上》、《练好本领，为民服务》、《从一点一滴做起》三个题目，给了三个演讲者，要求以此组织材料，准备演讲。半命题演讲指演讲者根据演讲活动组织单位限定的范围，自己拟定题目进行的演讲。1986 年，中央电视台和《演讲与口才》杂志社联合举办的“十城市青少年演讲邀请赛”命题演讲即是以“四有教育”为范围，具体题目自拟。命题演讲的特点是：主题鲜明、针对性强、内容稳定、结构完整。

2. 即兴演讲。即演讲者在事先无准备的情况下就眼前场面、情境、事物、人物临时起兴发表的演讲。如婚礼祝辞、欢迎致辞、丧事悼念、聚会演讲等。它的特点是：有感而发、时境感强、篇幅短小。它要求演讲者要紧扣主题，抓住由头，迅速组合，言简意赅。

3. 论辩演讲。即指由两方或两方以上的人们因对某个问题产生不同意见而展开的面对面的语言交锋。其目的是坚持真理、批驳谬误、明辨是非。比如，我们生活中常见的法庭论辩、外交论辩、赛场论辩，以及每个人都曾经历过的生活论辩等。它的特点是：针锋相对，短兵相接。论辩演讲较之命题演讲、即兴演讲更难些，要求演讲者必须具备正确的思想、高尚的品质、严密的逻辑性、较强的应变性。

三、从内容上划分

1. 政治演讲。凡是为了一定的政治目的，出于某种政治动机，就某个政治问题以及与政治有关的问题而发表的演讲均属此类。它包括外交演讲、军事演讲、政府工作报告、政治宣传等。

2. 生活演讲。指演讲者就社会生活中存在的各种问题、风俗、现象而作的演讲，它表达了演讲者对这些问题的看法、见解和观点。这种演讲涵盖的内容更加广泛，如亲情友谊、吊贺、迎送、答谢等均属此类。

3. 学术演讲。指演讲者就某些系统、专门的知识和学问而发表的演讲。一般指学校和其他场合的专题讲座、学术报告、学术发言、学术评论。它必须具有内容的科学性、论证的严密性和语言的准确性三大要素。这是相比其他类型演讲的一大区别。

4. 法庭演讲。即指公诉人、辩护代理人在法庭上所作的演讲、律师的辩护演讲。法庭演讲有自己的突出特征：公正性和针对性。

5. 宗教演讲。指的是一切与宗教仪式、宗教宣传有关的演讲。它主要包括布道演讲和一些宗教会议演讲。这种演讲在我国不多。

由于演讲的内容、形式、功能复杂多样，以上对演讲的分类不可能做到绝对划一和标准。这里介绍的几种基本类型，旨在为演讲爱好者提供一些参考。

第六节　演讲的节奏

演讲者在演讲时，声音不仅要洪亮、清晰、圆润，还要富有表现力。洪亮、清晰、圆润主要通过科学发声来实现；而表现力主要通过把握和运用丰富的节奏来实现。

一、演讲的节奏类型

1. 高亢节奏。它的基本特征是：内容相对凝练，声调高亢铿锵；风格浓烈刚正，语速稳中有快。一般来说，这种节奏模式常用于“使人激”、“使人动”的演讲。比如，工作动员、施政声明、宣言宣誓、就职致辞等演讲。其感情色彩比较浓烈，震撼力较强。

2. 柔和节奏。它的基本特征是：风格柔和雅致、声调轻细平和、语速持中略缓。这种节奏模式常用在社交演讲、教学演讲中。其感情色彩比较柔和文雅，渗透力较强。

3. 紧凑节奏。这种节奏具有一定的紧张感，它的基本特征是：结构特别紧凑，语速快，停顿短。这种节奏在论辩演讲中运用较多。其感情激越澎湃，冲击力较强。

4. 舒缓节奏。语速慢,停顿长。这种节奏在比较庄严的演讲时运用较多。如工作报告演讲、法庭宣判时的演讲、政府发言人和新闻发言人的演讲、追悼会上的致辞演讲等。其感情一般显得比较含蓄、深沉和庄重。

二、演讲中节奏感的表现

1. 信息强弱的交替。演讲要用有限的时间传播有效的信息,但传递信息的强弱有其自身的特点,并不是信息越强越好。所谓强信息,是指比较重要的信息或主要的信息;所谓弱信息,是相对于强信息而言的次要信息。演讲信息如果缺少强弱的变化,就难以在声音上形成鲜明的节奏感。听众会听觉疲倦,注意力分散。所以要使演讲有节奏感,就必须对演讲信息进行强弱的安排。比如演讲的开头,就不宜安排主要信息即强信息,因为这时听众的注意力还没有集中起来。所以一般演讲的开头,有时需要通过呼语和问候语来打开场面,听众交流感情;有时需要用几句题外话引入正题;有时需要用一些特别的方法创造适合演讲的气氛。这些相对而言都属于弱信息。演讲者可以用比较舒缓的节奏,传达这些弱信息。当局面打开以后,就可以安排强信息了。演讲者还可以根据信息内容用比较激越、紧凑的节奏传达信息。在比较密集地进行了强信息的传播以后,为了使听众不疲倦,为了缓解和调节气氛,再安插一些弱信息。如此交替,就能使演讲整体上形成错落有致的节奏。例如,一篇演讲的开头是这样的:

我总以为,有春风拂过的地方一定会留下生机盎然,因为春风的柔情里满含着活力;我总相信,有你走过的地方一定会留下阳光明媚,因为你的笑容是那么明朗而自然。而科技,科技走过的地方又会留下什么呢?——《科技走过的地方》

这个开头传达的信息和后面的主要信息相比是弱信息,可以用较为柔和轻快的节奏形式,来营造抒情气氛,为强信息的传递作铺垫。接着演讲者用热情洋溢的语言,描绘了科技在各个领域展现的强大力量。传达这些主要信息时,可以用刚强高亢的节奏形式。这样信息有强有弱,自然形成了演讲的节奏美。

2. 文采浓淡的调配。演讲的口才是通过文采来实现的。演讲的文采是指演讲语言的色彩。文采的浓是指语言的华丽、繁富;文采的淡是指语言的朴实、简洁。华丽、繁富的语言,给人热热闹闹的感觉,听起来像喧嚣的锣鼓、昂扬热烈的交响曲,节奏变化丰富多端;朴实、简洁的语言,给人平静的感觉,听起来像缓缓的流水声。因此,有意识地调配文采的浓淡,才能使演讲声音形成收放自如的节奏感。例如：

既然是一条孱弱的小溪，就别想——像沧海惊涛拍岸；既然是一棵无名的小草，就别想——像大树伟岸参天；既然是一只陆地行走的动物，就别想——像雄鹰那样搏击长空；既然生命只属于地平线，我就甘愿平凡。是流星也要一闪，是昙花也要一现，是小雨也要把莽原变成绿洲，让燕子去弹唱明媚的春天。经过几年的苦心磨砺及惨淡经营，小小的我终于有了一束微笑了，虽然并非粲然。当我有篇文章在报刊上发表时，当我有几幅书画作品在异地他乡展出并获奖时，我的心情那是何等的激动、何等的舒畅，又是何等的甜蜜啊！在孤寂的生活中，我终于找到了一份寄托，寻到了一缕慰藉，也找回了一个充实而又崭新的自我。——《丑女自有风流在》

在这篇演讲中，从“既然是”一直到“并非粲然”，用语繁富、文采较浓。大量的暗喻和修饰语，创造了丰富的意象，而丰富的意象使人自然地采用丰富的节奏形式。比如，在表述沧海惊涛拍岸、雄鹰搏击长空时，要运用刚健的节奏形式；在表述燕子去弹唱明媚的春天时，要运用柔和轻快的节奏形式。而在表述后面相对文采较淡、内容相对朴实的文字时，要运用舒缓或柔和的节奏形式。

3. 抒情与说理穿插。抒情和说理都是演讲必不可少的表达方式。这两种不同表达方式的交错运用，能够使演讲富有鲜明的节奏感。如果说抒情即表达情感，像诗歌朗诵的话，那么说理即摆事实讲道理。两者穿插运用，能使演讲形成不同的节奏感。例如，徐国静在北京国际会议中心向中外听众作的题为《中国人爱的哲学》的演讲，就全篇抒情和说理穿插运用。

我是一个中国人，作为一个人，我是幸运的，因为滋养我生命的是一片五千年文明的土地。我的生命之河流淌着一个古老民族的感情。

在这段抒情味很浓的演讲后面，是一段说理：

两千多年前，中国的圣贤孔子和孟子，以对生命的沉思和对心灵的发现，创造出一系列关爱人类健康成长的教育思想。这些思想，一方面记载于中国历史文献和典籍里，通过文字在知识阶层传播着。另一方面，在中国民间，有更广大的社会群体，以融合渗透在风俗文化与日常生活中的方式，以每一代人生命体验创造出的人生格言，言传身教地传播着。因此，孔子的仁爱思想和中国的道德经典——“四书五经”，并不是高高悬挂在历史的圣坛上，而是通过时间隧道深入到每一个家庭，作为一种人生准则指导着每一个中国人的言行。

上面引文的抒情，就可以运用舒缓的节奏。议论的内容，往往是深刻体会的总结。表述时声音会更坚定有力，气声的运用很少，而强调重音运用的较多，凝重的节奏运用较多。上面引文的议论内容，孔子和孟子对生命的沉思、对心灵的发现，以及他们思想的传播途径和方法的领悟等关键信息，都需要用强调重音。因此，抒情和说理的穿插能创造丰富的节奏感。

4. 长句与短句协调。通过变换句式，也能增强演讲的节奏感。长句结构严密，表意充分，节奏舒缓；短句活泼跳跃，有很强的口语色彩。一次演讲，如果过多地使用长句，节奏过于缓慢，就会沉闷而无生气；反之，如果过多地使用短句，节奏过于急促，易使听众疲劳。所以，在一次演讲中，长句和短句的使用一定要协调。要从实际出发，根据内容和形式的需要，恰当地选用长句和短句，使其交替，从而形成疏密相间、急缓配合的节奏效果。例如：

有时候看到漂亮女孩的一举一动、一颦一笑都像精美的艺术品，便也像东施那样去模仿。然而，无论我怎么去效仿、去伪装、去祈祷，都丝毫没能改变我这残酷而又无奈的现实。我依然是我——一个丑女孩。“上帝呀！你太不公平了，为何不给我一副姣美的面孔呢？”——《丑女自有风流在》

这段演讲中，长句和短句交错，体现了人物内心的羡慕、焦虑、不平的复杂感情，同时自然地形成语速的快慢变化、语调的抑扬变化。比如“有时候看到……去模仿”，句子相对长些，语速可以慢些；“上帝呀！你太不公平了……”，句子短，语速可以快些，且语调也可以适当上扬。这种长句与短句的协调安排，使演讲的节奏更为多变，因此也更能形成强烈的艺术效果。

第七节　演讲的题目设计

什么是演讲的题目？说白了，就是一篇演讲的名字，也称为标题、题名、名称。

演讲的题目是一篇演讲稿有机的组成部分。它与演讲的内容、风格、语调有着直接关系。内容决定了题目，题目则鲜明地表现出内容的特点。

一个新颖、生动、恰当而富有吸引力的题目有以下三个作用：① 具有概括性。它把演讲的主题、内容、目的全面地反映出来。如毛泽东的《反对党八股》、《为人民服务》等演讲题目，一讲出来就让人明白内容和主题。② 具有指向性。题目一讲出来，听众就知道你要讲的是哪方面问题，是政治性的、学术性的还是伦理道德的等。③ 具有选择性。题目能在未讲之前就告诉听众你要讲什么，听众可以据此选择听或不听。

一、选择题目的标准

标准之一，演讲的题目应能揭示主题。例如，曲啸的演讲题目《心底无私天地宽》，一听就知道演讲的中心思想和主题是什么。

标准之二，演讲的题目应能提出问题。例如，鲁迅的演讲题目《娜拉走后怎样》、《未有天才之前》等，听众听讲就可以怀着一种浓厚兴趣进行思考，听时自然就容易理解。

标准之三，演讲的题目应能划定范围。如《大学生的任务》、《美术略论》这样的演讲题目，听众听后就可知道演讲的内容、范围及涉及的具体问题，以选择听还是不听。

二、题目选择的注意事项

当然，要选择一个好的题目，除了按上述三条标准外，还应注意以下问题。

1. 题目要有积极性。即要选择那些光明、美好、有建设性的题目，使听众一听就有无限希望。如《自学可以成才》这样的题目，就可鼓舞听众充满信心地走自学之路。

英国一位演讲家曾讲过，一个好的题目可以分为“怎样”“是什么”“为什么”三方面。如：《学校怎样开设演讲课》，是属于“怎样”的，是解决疑难的题目；《为培养新人而努力》，是属于“是什么”的，是指出目的和办法的题目。初学者选题时按这个要求去检查，题目就容易有吸引力和积极意义。

2. 题目要有适应性。其一，要适应听众的实际。即选题时考虑听众思想修养、文化水平、职业特点、阅历等，这样才能有的放矢。其二，要适应自己的身份。即要选择与自己的工作、专业、知识面接近的题目，因为自己熟悉的东西容易讲深讲透，容易收到好效果。其三，要适应演讲的时间，即要按规定的时间选择题目。如果规定的时间长，题目就可大些；时间短，题目就可小些。

3. 题目要有新奇性。只有“新”和“奇”，才能像磁石一样吸引听众。司空见惯、屡见不鲜的事物、人物，人们是不易关注的。比如《我的祖国》、《青春在岗位上闪光》等，人们听得厌倦了，很难吸引人。不妨看看鲁迅的演讲题目：《老而不死论》、《伟大的化石》、《老调子已经唱完》、《象牙塔与蜗牛庐》，这样新奇的题目怎能不吸引人呢？

4. 题目要有情感色彩。演讲者的演讲总是充满强烈的情感色彩，并把这种强烈的爱憎情感注入到题目里去，从而打动听众，有一种情感的导向作用和激发作用。如鲁迅的《流氓与文学》、马克・吐温的《我也是义和团》等，其爱憎情感都是很鲜明的。

5. 题目要有生动性。演讲题目生动活泼，就能给人一种亲切感、愉悦感。像前面举例的《老而不死论》、《象牙塔与蜗牛庐》等，都非常生动活泼。当然，生动活泼与否主要由主题和内容而定。严肃的主题和内容就不宜用活泼的题目，用了反而会冲淡和破坏演讲的战斗性和严肃性。

选择一个好题目并非一件容易的事，需要长期锤炼，反复琢磨，久而久之就会找到规律。初学演讲者在选择题目时往往容易犯以下毛病：① 冗长的题目。不仅不醒目，也不易记。如《祖国儿女在为中华腾飞而拼搏》，这个题目就太长了。② 深奥怪僻，艰涩费解。这样的题目往往让人摸不着头脑，自然就失去了听的兴趣。如《我对文明之管窥》、《葡萄与大学生》、《五彩石》等，很晦涩、奇怪、别扭。③ 宽泛、不着边际。如《我自信》、《理想篇》、《责任》等，这样的题目听众根本捕捉不到演讲的范围和内容，也就不会愿意听讲。

演讲的题目有一种特殊情况，就是有一些演讲词的题目是以发表时间、地点或会议名称而定的。这类演讲都是有特殊意义的，且演讲者都是某段历史时期的著名政治家、社会活动家和知名人士。这种题目属于特殊情况，不能和我们所说的一般演讲题目相提并论。

第八节　演讲基本功的训练

演讲是当众发表意见、看法的语言活动。有声语言是演讲必不可少的表达手段。在演讲活动中，演讲者发出了有声语言，而听众接收了有声语言，从而理解并接受了演讲者的思想、观点。语言的声音好比一个人的仪表，总是首先被感知的。它的质量如何，是否能够完全被接受也就直接关系到演讲的成功。如果演讲者口齿清晰、音调洪亮悦耳，使听众感到是一种美的享受，那么我们能够预期演讲的成功；反之，如果演讲者口齿含糊、音调呆板，使人昏昏欲睡，那么即使演讲内容再好，效果也是不佳的。

演讲的有声语言并不完全是自然的日常会话语言。由于演讲是当众讲话，它的声音应该比平时谈话更洪亮，以使更多的人听清楚。演讲要有感染力、号召力，这就要求演讲者的语言更富有感情。这些都说明演讲的有声语言应该有所加工，应该有别于自然语言。但是，演讲并不是一种文艺形式，它的有声语言也应有别于文艺表演的舞台语言。因此，我们应该研究演讲有声语言技巧的特点，研究演讲有声语言与日常语言以及文艺表演有声语言的不同之处。

一般来说，演讲有声语言的特点大致体现为四个方面：

1. 嗓音洪亮、圆润，不夸张。圆润悦耳的声音能够愉悦听众，喑哑、刺耳的声音会刺激听众，依此，演讲者的嗓音便可能关系到演讲的成败。但演讲毕竟不是表演，它应该使人感到亲切、自然，接近生活。它可以加工但不允许艺术夸张。

2. 吐字清晰、有力，连贯流畅。听演讲与阅读不同，阅读可以反复，听演讲则不可以，声音稍纵即逝，想要再听一遍已不可能。因此，演讲者要让听众听明白，容易接受，其有声语言就不但要洪亮，而且还要清晰、有力、自然流畅。因而，在演讲有声语言中，就少有日常口语中那种频繁的音变、简省和连音现象，也很少出现轻声、儿化音等情况，要十分强调语流的自然、连贯、流畅，符合人们的听话习惯。

3. 节奏明快、适度，变化有序。演讲有声语言的节奏，即轻重、缓急、抑扬、顿挫，应该是有起伏的。随着演讲者的感情变化，演讲高潮的涨落，节奏起伏也会有所不同。但演讲中的这种节奏对比和表演中的节奏对比又有不同，它较为接近自然状态的口语节奏。

4. 感情充沛、真挚，身心投入。演讲的有声语言应该饱含激情。无论是喜是悲，是爱是恨，只有全身心投入，才能使演讲具有感染力，而这时，演讲者的有声语言也必定是声情并茂的。

根据以上四大特点，我们来加强演讲有声语言的训练。

一、发声与呼吸

俗话说："听话听声，锣鼓听音。"声音是演讲者与听众交流信息的最主要的载体，而且"人的喜怒哀乐，一切骚扰不宁、起伏不定的情绪，连最微妙的波动，最隐藏的心情，都能由声音直接表达出来，而表达得有力，细致，正确，都无与伦比"[1]。大凡洪亮、圆润、甜美、悦耳的声音，总是叫人喜欢的，因为它是美感的基础，快感和舒服感的本身。演讲者理应追求这样的声音。使自己的嗓音能够很好地表达自己的思想、感情、态度，能够吸引人、动人，给人以感情上的激荡，从而有助于增强演讲的效果。为此，我们在训练有声

[1] 丹纳：《艺术哲学》，人民文学出版社 1983 年版，第 30 页。

语言技巧的时候，需要从发声练习开始。

人的发音器官就像是一架管风琴。肺是风箱，提供发声的原动力。气流从肺中自下而上，通过气管上升到喉头。喉头是声源所在。它是由甲状软骨、环状软骨和两块勺状软骨构成的一个小房间。甲状软骨很像古代士兵所穿的盔甲，它的突出部分就是喉结。在小房间的中央有两片肌肉韧带。它们的一端连在甲状软骨上，另一端分别连在两块勺状软骨上。这中间是真声带。人们呼吸时，勺状软骨分开，形成一个三角形的出口，这就是“声门”。如果两块勺状软骨并拢，声门就关闭成一条线，挡住了气流的通路，这时，如果有气流冲击，声带就会振动而发出声音来了。但这时发出的声音是微弱的。声音继续上升到达口腔和鼻腔时，口、鼻就成了管风琴的两个管。但是人的口腔、鼻腔远远比管风琴的管来得巧妙。它不但可以起到扩大音量的作用，而且可以任意变换音色。如果软腭上升，阻住鼻腔通道，这时就只有口腔参与共鸣，发出的音就是带有鼻音色彩的音了。此外，由于唇、齿、舌各部位的协调动作可以使口腔改变形状：口腔呈喇叭形，则发出的声音是“ɑ”；口腔呈坛子状，则发出的声音是“u”。由此可见，人们所拥有的这架“管风琴”比任何一种只有固定共鸣器的乐器都更为巧妙。当然，一个人拥有了一架琴并不等于就会弹琴。练嗓音，就是要了解、熟悉自己所拥有的这架“琴”并且遵循其活动规律，发挥其功能、作用，正确有效地利用它发出富有表现力和感染力的声音。

影响声音质量的因素主要有四种：即音域、音强、音长、音色。

所谓“音域”，就是声音从低音到高音的范围的大小。大的，则音域宽；小的，则音域窄。人们说话的音域一般都在一个八度左右，最常用的只有四五个音的宽度。这样，当扯开嗓子喊叫时，便会感到发声吃力，便会产生嘶哑现象。但如果音域宽的人，声音的高低起伏就会留有足够的余地，这种问题就不会产生了。

所谓“音强”，就是声音的强弱，包括力度和响度。微弱的声音缺乏力度，就会影响表现力，难于表达强烈的思想感情；响亮、浑厚、穿透力强的声音，能升能落，能大能小，游刃有余，其表现力与感染力就强。

所谓“音长”，就是声音的长短，它同语速、停顿等有关，可以影响节奏的形成，对声音的质量同样有着不可忽视的作用。

所谓“音色”，就是声音的个性，如笛子有笛子的声音，二胡有二胡的声音。音色与音高不同，音高决定于声带振动的快慢，音色则决定于共鸣腔的状态和质量的变化。音色影响到声音是否优美悦耳，也影响到声音的表现力。

我们练习发声,锻炼嗓音,目的就是要扩大音域、增加音强、把握音长、改善音色。为了达到这一目的,练习一定要坚持不懈,其主要方法是练呼吸和共鸣。

1. 呼吸。气乃声之源。气量的大小,能否正确用气,这对语音的音准、清晰度和表现力都有直接的影响。唐代大文学家韩愈在《答李翊书》中就说过:"气,水也;言,浮物也。水大而物之浮者大小毕浮。气之于言犹是也,气盛则言之短长与声之高下者皆宜。"❶气的来源,除了生理条件之外,主要靠呼吸。

呼吸是人人都会的。但那只是自然状态的呼吸,它所提供的动力也只够自然状态的语言发声使用。如果当众演讲,就要加强气势,要使声音到达尽可能远的地方,且要富有表现力,那么光靠自然呼吸的气流作为原动力就不够了,我们必须改进呼吸方法。

自然状态的呼吸法分为两类:

胸式呼吸法——这种呼吸主要靠胸部上端来支持。吸气时,横膈膜下降程度很少,腹肌更不能有效地参加工作。这时,腹肌没有明显的波动,只见胸部略往上提。呼气时,只是把肌肉放松,恢复原状,由于吸入气流量不多,气息很浅,发高音时常显得"中气不足",容易造成喉头及颈部的肌肉紧张,声音干瘪,缺乏弹性,像是从喉咙里逼出来的。这是一种不足取的方法。

腹式呼吸法——靠横膈膜来完成。呼吸时,横膈膜上下移动,扩大胸腔的上下径。这时小腹鼓起或收缩。这种呼吸比胸式呼吸要深一些,呼吸力量要强一些,在平常说话的呼吸中很占优势,尤其男性用的较多,不过也有其局限性。由于腹式呼吸时,胸肌不能积极推动胸廓,胸部固定在一定状态上,得不到胸部呼吸肌肉的配合。

在演讲时,较为理想的是使用"胸膈呼吸法"(胸腹联合呼吸法)。这是一种较为科学的呼吸方法,可以说是胸式呼吸和腹式呼吸的联合。吸气时,一方面借助于胸部呼吸肌肉群的力量使肋骨提高与扩展,从而扩大胸腔;与此同时,横膈膜收缩下降增加了胸腔的上下径,这样,胸腔就得到了全面的扩大,气流量也就比前两种呼吸法大得多了,而且这种呼吸法有利于控制气息,有利于用气发声。大凡质量高的声音常用此法呼吸。

要把自然状态的呼吸法转化为胸膈呼吸法,必须经过训练。训练的方

---

❶ 郭绍虞主编:《中国历代文论选》一卷本,上海古籍出版社 1979 年版,第 152 页。

法是：

(1) 快吸训练。想象你突然受到某种惊吓，这时你会“倒抽一口凉气”，这就是在极短的时间内完成吸气的动作。如果你在这时立即停止，保持住这一状态再一点点放松，就能体会出这时支持呼吸的部位是横膈膜。反复训练，就能体会胸腹式联合呼吸法中横膈膜的重要作用。

(2) 慢吸训练。想象眼前有一支芳香四溢的鲜花，你凑近去闻它，深深地陶醉在花香里。在这个“闻”的慢动作过程中，你会体验到你的胸廓向前向上抬起，而你的胸肌、腰肌向四面扩张开来。这时你突然停止，保持这个状态。然后运用小腹的力量慢慢将气送出。注意要像闻花香一样从容、自然。反复训练，就能体会到胸腹联合呼吸中胸肌腹肌的协同作用。

(3) 节流训练。快吸、慢吸都使呼吸器官得到全面扩展，增强气流量。这是发声中的“开源”问题。但如果只知开源而不知节流，那么仍然会出现气流不够使用的问题。节流，在演讲活动中有着重要的作用。众多演讲家强调，“要用最省俭的气量，发出最完美的声音”，其实质正是要求演讲者学会节流，懂得有控制地用气发声。那么，如何节流呢？关键在于应该在呼气时继续保持吸气时的肌肉状态而不能一下子放松，要有控制地慢慢放松。呼出的气息要均匀而不能时强时弱。“数数儿”是一种有效的训练方法。先吸一口气，然后数数儿，数到一口气用完为止，以多为胜，久而久之就会掌握节流的方法。

(4) 补气训练，也就是“偷气练习”。在演讲达到高潮时，通常需要大量的气流以加强语势，并且每当这个时候，语速也必然较快，又不允许有大的停顿来换气。怎么办？只好边说边吸气，在刹那间同时用口与鼻吸入少量气流作为补充。这就是“偷气”。偷气的要领是不能让听众觉察。因此在“偷”的时候速度要快，不占时值，还要避免带有摩擦音。

2. 共鸣。气流从肺部上升到喉头冲击声带发出的声音本来是很微弱的，但经过喉腔、咽腔、口腔、鼻腔的共鸣，声音就扩大了。这是不必经过训练就人人都能做到的。但是要得到洪亮、圆润、悦耳的声音，就需要特殊的训练了。

有人曾经做过这样一个实验，请一位经过专业歌唱训练的同志和一位未经任何训练的同志同样发一个最简单的音[ɑ]，然后把它们用仪器做成图谱加以比较(见图 1)。

图上的横坐标代表频率，纵坐标代表强度，曲线画出的高峰代表由于共鸣而造成的声波强度特别突出的现象。其中实线代表未经训练的声音，虚线代表经过训练的声音。我们可以明显看到，经过训练的嗓音在高频度的情况下（靠右）强度也并未减弱多少，而未经训练者在频率升高时，强度明显减弱。经过训练，共鸣所造成的高峰更强也更为集中，注意图上的阴影部分，这标志着两者对比的结果。这其中的原因是因为长期专业歌唱训练养成了良好的共鸣位置，因而在不歌唱的情况下，言语声的共鸣也比一般人来得丰富。“他山之石，可以攻玉。”我们可以借助于艺术语言的共鸣训练方法来加强演讲的共鸣训练，以求改善音质，得到洪亮、圆润、悦耳的嗓音。

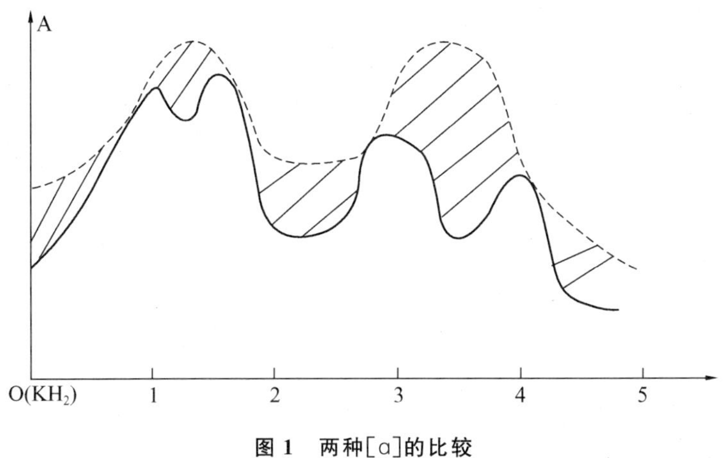

图 1 两种[ɑ]的比较

训练共鸣的要领是：

（1）扩大共鸣腔——设想我们张开大嘴去咬一个大苹果，或者打一个哈欠时，我们的口腔、咽腔都随之而扩大，整个发声通道畅通无阻，口抬起并收缩为拱形，舌头放松，喉头处于吸气的位置，要保持在这样一个位置上发音，就可以得到最大限度的共鸣了。共鸣腔的扩大便有扩大音响的效果，但这并不意味着越大越好。如果为了追求音响效果，便不顾声音个性，一味地扩大共鸣腔，那势必导致语音模糊，音色不美。因此，扩大共鸣腔要适度，不能无限制，要以不失本音音色为前提。

共鸣腔除了口腔、咽腔之外，还有鼻腔、胸腔等。不过这些共鸣腔不像口腔那样，可以随意扩大，只可用加强其声气的共振来扩大其共鸣的效果。

（2）控制舌头——我们常常听见有的人发音偏前（多见于女性），声音显得单薄。这是因为舌头前部抬的太高，使口腔内部扁平。针对这种毛病，应该训练扩大口腔开度，压低舌头前部，并使舌头后移。多读像 u、ua、uo、uang、ueng 这些韵母，就可以逐步纠正。我们也会发现有的人发音偏后（多见于男性)，似乎在喉咙里咕噜，声音浑浊不清，那是因为舌根过分下压，无形之中使得发音通道向前延伸，听起来发音偏后不清亮了。纠正这种毛病应该把舌头挺起来，向前推。多练 ii、ia、ie、ian、in、u、ue 这些韵母，有助于纠正偏后的现象。

(3) 均衡紧张——有的人不善于控制自己的肌肉，在发高音或节奏加快时肌肉太紧张，结果使发音器官肌肉发僵；而在发低音或在节奏变慢时又不自觉地放松肌肉，使声音变得不集中。我们应该学会控制自己共鸣腔的肌肉紧张度，保持均衡紧张状态。例如音高升高时，紧张度和口腔开度应逐渐增加；音高下降，节奏变缓时，要适当缩小口腔开度，但肌肉却不应放松，仍应保持一定的紧张度，以此控制气流。

(4) 协同动作——人们常常只注意控制自己的唇、舌、齿而忘记了肌肉。其实，咽肌在控制咽头和软腭方面有着相当重要的作用。特别是共鸣位置处在口腔后部的情况下，只有运用咽肌才能使软腭闭合紧密，防止"漏气"而造成鼻音。发 uo、uai、ui 这些小韵母时，如果不注意发挥咽肌的作用，常常会使软腭闭合不紧密而造成鼻音太重，只有调动咽肌，才能去掉鼻音，才能得到明亮悦耳的共鸣效果。

二、发音与吐字

演讲者的发音与吐字是表情达意的基本条件。凡是优秀的演讲者，必定是口齿清晰、发音纯正、吐字既有力度又自然流畅，使在场的听众能够清晰无误地听到他的话，这是达到演讲目的的第一步。

在演讲会上，我们常见一些演讲者口齿不清。他们或是受方言的干扰，发音不纯正，让人不得不边听边猜；或是有不良习惯，总是把句尾几个字"吃掉"，叫人恨不得伸手去捉每一句话的"尾巴"；或是不善于控制声音，使得声音忽强忽弱，飘忽不定；或是像背书念字，语句不自然、不流畅……凡此种种，都是在发音、吐字方面缺乏应有的训练而造成的弊病。

发音纯正，就是说能够发出标准音而不夹杂非标准音。我国地域广大，方音复杂，许多演讲者难免受到方言的干扰而把一些字音发错，或者把应该有区别的音发成一个音而造成听众的误解。所以要使自己发音纯正，就应该注意克服方言的干扰。对于方言地区的演讲者来说，这些干扰往往就成了演讲者发音吐字的弱点。

普通话的音节是由声母、韵母和声调三部分组成的。大部分声韵调并不难掌握，容易混淆的只是一小部分。例如声母中容易混淆的是 zh、ch、 sh、r 和 z、c、s，俗称“翘舌音”和“平舌音”。南方地区大多数人没有翘舌音，一律说成 z、c、s。

除了以上两组音外，四川、福建、江苏等地容易混淆鼻音 n 和边音 l。湖南、福建等地容易混淆唇齿音 f 和舌根音 h。这些都是声母方面的问题。

关于韵母和声调方面，在这里就不展开讨论了。

另外，除了发音要求纯正之外，还有饱满和自然的要求。所谓“饱满”就是要求发出的字音要有一定的力度和响度。据说有的教师说话音量极小，学生们称之为“蜜蜂阿姨”。这样的人是绝对不适合演讲的。要使字音清晰饱满，主要是控制器官位置和肌肉的松紧度，每个字音的字头、字腹和字尾都要发得清楚完整，这才叫做饱满。所谓“自然”就是注意在语流中一连串音节的轻重变化和升降趋势，使得整个句子成为一种相互依存、相互排斥又相互吸引的重新组合。

三、节奏与变音

演讲的有声语言是运用一连串的语言来表情达意的。除了使声音清晰、响亮、自然之外，还需要加强声音的表现力，这就需要研究演讲语言的节奏和变音。

节奏形成的要素有重音、停顿、速度、抑扬等。但在实际运用中，它们是协同运用的。节奏的变化受到语言结构的制约，但最重要的因素是演讲者的心理、感情和表情达意的重点；节奏和演讲风格也有一定的关系。

变音是指在演讲发音中的一些特殊技巧，如：

喷口——这是一种强调字头的发音技巧。绷紧发音部位的肌肉，迫使气流以更大的压力把它们冲开，这时，所发出的字头分量就加重了。如“贪，是万恶之源”。

拖腔——字尾的一种超长发音，往往成为口头上的破折号和删节号。如“教育的价值有多大？你说不出，我说不出，那就是无——穷——大”。

气音——就是故意在演讲中夹带“呼吸音”的做法，以求达到变种紧张、激动或劳累的情景效果。

模拟——演讲中由于表达的需要，有时会模仿各种类型的人声、自然声、动物声。实质上是一种音色的变化。

它们有的是强调发音方法的某一方面，有的是强调音色的变化。

节奏——节奏是语言中的音节排列组合后体现出的一种均衡和谐的美。

节奏本来就是自然界普遍存在的现象：潮汐的起伏、日月的升落、脉搏的跳动、呼吸的反复无不体现出一种节奏。这种周而复始的现象使人们感到安定或振奋。所以聋哑人虽然失聪，却愿意用手去抚摸正在弹奏的乐器外壳从而得到美的享受。语言中的轻重缓急、抑扬顿挫诸因素的交替出现、有规律的反复都能使语言显得既有对比，又有和谐。所以，节奏的运用是提高语言质量、增加语言美感的重要手段。

节奏也是学习演讲不可忽视的因素。一方面，由于节奏是生活语言的自然属性，演讲语言虽然是经过加工的生活语言，但必须还原自然，才能使听众感到真实、亲切。因此，演讲者必须研究节奏。演讲中的节奏和生活中的节奏也不完全相同，这是特别需要研究的地方。另一方面，在演讲中，如何根据内容、结构甚至场合的不同来变换节奏，这就更需要研究了。变换得当，有时会收到意想不到的效果。在一次国际辩论赛中，一方温文尔雅、从容不迫、风度极佳，可惜，语速一慢，时间很快就用完了；而另一方则活泼热情、语速较快，因而节省了不少的时间，在最后掀起了排炮般的反击，在客观上造成了"对方无法还击"(其实是因为时间已经用完)的局面。本来仅仅是节奏的问题，却影响了整场辩论的效果。

节奏的构成要素有重音、停顿、速度和抑扬等。

重音，就是指在句子中某个词语说得特别重或者特别长。在语句中，重音有两类：一类重音与句子的结构有关，叫做结构重音；另一类与演讲者强调的某个潜在的语义有关，叫做强调重音。

在说话人没有任何强调意思时，句中的结构重音就起作用了。这种重音是句中组成成分之间相比较而存在的。在简单的主谓句中，旨在说明主语"怎么样了"，所以相比较之下，谓语重一些。如"老王看了"(重音在"看")。如果句中有了宾语，则宾语较重，如"老王看书了"(重音在"书")。如果句中有修饰语，则修饰语较重，如"楼上的老王看书了"(重音在"楼")。如果句中出现了疑问词，那就表明了人们关心之所在，如"谁看书了？"(重音在"谁")。结构重音与非重音相比，反差并不大。一旦句中出现了强调重音，结构重音立即让给强调重音了。例如第二句"老王看书了"作为无强调重音时，"书"是重音；但如果作为"谁看书了"的回答，那么回答时必然强调看书的人"老王看书了"，重音就不再是"书"而是"老王"了。也就是说，句中的结构重音宾语让位给强调重音主语了。强调重音没有固定的位置，是根据说话人所要强调的潜在意义决定的。但强调重音也绝不是随心所欲的，它可以从上下文得到启示。例如郭沫若先生著名诗篇《天上的街市》最后一句:“是他们提着灯笼在走。”离开上下文,我们可以赋予它五种不同的强调重音:是(谁说不是)、他们(不是别人)、提(不是举着)、灯笼(不是别的)、走(不是在跑)。但是若我们联系上文:“不信,请看那朵流星”,就可以断定,只有一个答案是正确的,重音应该放在“灯笼”上,因为只有这样才能与“流星”挂起钩来。

也许有人会认为,演讲是自己说自己的意思,不是读别人的稿子,重音还会弄错吗?那可不见得。曾有这么一件事,有一位教师去学生宿舍,一位学生热情地送过一杯茶来,教师自然是说声谢谢。不曾料想那位学生却说:“谢什么?”在场的人无不愕然:“你给老师送茶,老师自然是谢你给他送茶啦,这还要问吗?”那位同学赶忙解释说:“我的意思是说,我是学生,给老师敬茶,不必谢!”大家都笑了:“那你应该说:‘谢什么?’重音在前才对,重音放在‘什么’上,就是问‘为什么谢’了。”由此可见,自己说自己的意思,如果不当心,也会出错的。

停顿和速度。停顿是生理的需要。说话需要气息,气息有长有短,但总得换气,所以必然有停顿。同时,停顿又是口头的标点,是表达的需要,什么地方是句末,什么地方是另起一行,全靠停顿来显示,所以也不能什么时候想换气就来一个停顿,一定要在能停的地方停。停的不是地方,就会把完整的结构打破,影响句意的理解,这就叫做“破句”。有一位电台播音员在说美国的一个州名叫“北卡——罗来纳州”,我们可以断定,你去美国是绝对找不到“罗来纳州”的。

与语言结构有关的停顿叫做“结构停顿”。例如“咬死了猎人的狗”,这句话究竟说的是人死了,还是狗死了?完全看你怎么停顿了。如果你在“狗”前面停顿,则成为“咬死了猎人的\狗”。那么说明狗把猎人给咬死了。相反,如果在“猎人”前面停顿,那么就成为“咬死了\猎人的狗”。说明被咬死的是猎人的狗。

反映说话人心理和感情变化的停顿叫做“心理停顿”。例如:“我想,那飘渺的空中,定然有美丽的街市。”这里的“我想”之后,应该有一个较长的停顿,使听众随着说话人进入一个“幻想”的境界,这是表达也是理解的需要。除此以外,为了引起悬念或者使听众能集中注意力,有时也可以运用心理停顿。甚至有时演讲厅中有些骚动,演讲者也可以突然来个小小的停顿,使听众由于探听就里而安静下来。

语速的快慢对于表情达意也是十分重要的。这个问题在书面语中是不存在的,但对于演讲却至关重要。在现实生活中,凡兴奋、激动时,语速就会加快；而沉思、平静时，语速就会变慢。因此，我们要表达激昂慷慨的情绪时，就不应该用慢速而应用中速偏快为好。语速也受不同场合的影响。语速最慢的常常是文艺表演中的独白之类，播音、报告、讲课的语速就快得多了，最快的则是我们常常听到的体育比赛实况转播时的解说。它总是受快节奏比赛的制约。演讲的语速大致是介于播音与报告之间，约每分钟发出200个音节。在这个基础上再根据不同的演讲风格酌情增减。此外，每篇演讲的开头、高潮、结尾等各部分的语速也应有所不同，否则就会呆板而缺乏变化。

初上讲台的演讲者常常因心里发慌而越讲越快，这是应该尽量避免的。因为听众需要理解、消化的时间，他们不欢迎过快的演讲；演讲者本身也需要从容不迫地显示自信。急促、慌忙会暗示演讲稳不住阵脚，这将会削弱听众对演讲者的信任。

抑扬，抑扬指句子高低升降的变化。这种升降变化能够表达不同的语气。一般说来，下抑的语调表示肯定的或是祈使的语气；上扬的语调表示疑问的语气；平直、低沉、慢速表示庄重；平直、快速则表示冷淡；弯曲的语调表示有言外之意或反语。例如有一篇宣传婚事简办的演讲中有这样两句：

也许他们会说："这有什么？父母有钱嘛！"

于是这些青年躺在父母的怀里，提条件、开"清单"，养尊处优，好不自在！

演讲者用平直快速的调子说前边一段，把这些挥霍父母血汗钱去摆阔的不肖子弟那种对父母漠不关心的神气表现得淋漓尽致；而在下边一段反唇相讥"好不自在"时，则采用了曲折调子来加以处理，取得了很好的效果。

以上所说的都是有声语言方面的问题，其实在实际的演讲过程中，无声语言的技巧也是十分重要的。具体指的就是仪表、风度、手势、动作、眼神、表情等等。这些手段虽然无声，却具有不可忽视的作用。对于演讲者有着镇定或振奋作用，以及辅助传情达意的作用；对于听众来说，则又有感染、说明、强调、吸引、启发等作用。无声语言是演讲的有机组成部分。运用无声语言首先要从演讲内容出发，做到有声与无声的统一。无声语言应是自然活泼的、适度的，是符合审美原则的。无声语言与有声语言一样，也是约定俗成的。它不能随心所欲，而要力求创新。

第九节　演讲的技巧

一、日常演讲，出语惊人

在现实生活中，有的人说话平平淡淡，不痛不痒，很难引起他人注意；而有的人则不同，他们讲话追求不同凡响，同样的道理，从他们口中说出，便能语惊四座，让人久久不忘，顿生“听君一席话，胜读十年书”之感。比较而言，后者更能显出讲话的个性魅力。

这种出语新奇、撼动心灵的说法，是一种高超也高效的说话艺术，不论是开导说服、宣传鼓动，还是讨论对话、回答提问，都能派上用场，既能抓住听众，增强表达效果，又有助于塑造自身的良好形象。

（一）“有悖常理”之言

从接受心理来看，人们对于惯常之理、传统说法，往往会无动于衷。可是当你一反常规，说出“有悖常理”的话来，人们必定大吃一惊，顿生疑窦，再认真思索，又能深领其意，茅塞顿开，难以忘怀。

教育家孙维刚就是如此。比如，开学第一天，孙老师的第一句话就叫人吃惊不小：“我觉得读书的最高境界是，你们毕业离校时把老师教的知识全部忘光，剩下的才是真正的成果。”学生听了无不愕然。他接着说：“同学们记住，这句话不是我的专利，是大数学家劳厄说的。不过我理解这个成果就是知识以外的能力，是综合素质。”此话给学生留下了十分深刻的印象，自觉在提高能力上下工夫。

很显然，孙老师讲的那句有悖常理但让人终身难忘的话语，对于转变学生的学习观念产生了不可低估的作用。由此我们看到，有悖常理且又在情理之中的话，有很强的冲击力，每每让人感到耳目一新，引起观念的突变，实现思想认识的新飞跃。当然，这种话语也会深深地印在听众的脑子里。

（二）别出心裁之言

有时候，对一些问题的表述并不简单地从正面说明，而是精心思索，匠心独运，以别开生面的方式表达出来，常常可以产生意想不到的效果。

杂交水稻之父袁隆平在一次记者招待会上接受采访，有记者问：“您这一生希望有多少资产？”

袁隆平说：“一个小棚子，下面一口小猪，足矣。”

他的回答叫人们惊讶。袁隆平笑着说："这是个'家'字嘛。这个棚子就是上面的宝盖头，下面这个豕，古代讲不就是猪嘛。"大家恍然大悟。他接着说："有一首歌是这样唱的，我想有个家，一个不需要多大的地方……这是对的。家再大，你也只能睡一张床，资产再多，你每天也只能吃三顿饭，对不对？我对钱这个东西看得很淡，够用就行。"大家报以热烈的掌声。

他的回答可谓不同凡响，别具一格。他的回应，乍一听让人觉得他鼠目寸光、小富即安，经他展开解释，人们恍然大悟，方觉他的回答真诚别致，极富个性，且思想境界高，令人钦佩，给人以深刻的人生启示。

（三）视角独特之言

在现实中有些不良现象，让人深恶痛绝，可是人们未必进行过深入剖析。当有人透过现象剥离出新的思想认识，得出高人一筹的精辟见解，点出问题要害时，定会出人意料，让人拍案叫绝，悟出新理，受益匪浅。

某大学一位教授对有些学生不肯下工夫学习钻研，又想取得好成绩，在做论文时偷懒、抄袭现成论文的现象，并不直接提出批评，而是分析差别，划清界限，巧妙引导。他说道："天下文章一大抄，看你会抄不会抄。大家要记住这样一句话：偷一个人的主意是剽窃，偷很多人的主意是研究。"此语独辟蹊径，耐人寻味，发人深省。

在这里，他提出一个深刻见解，那就是抄袭与创造的界限就在于作者是否动了脑子，是否加入了自己的智慧劳动。实际上，任何研究成果都是站在前人肩膀上得来的，所以"偷"多人的主意进行再加工，得出新创意，就有了新的价值。这种从独特角度表达出来的见解，自然对学生们的启示很大。

（四）画龙点睛之言

有些社会现象错综纷繁，似乎理不出头绪。如果我们善于抓住事物特点，由表及里，从中提炼和概括出人生哲理，同样能让人顿开茅塞，口服心服。

社会上有些人私心太重，心灵扭曲，他们对比自己高的人阿谀奉承，对比自己低的人不屑一顾，失去人格尊严，为人所不齿。有位演讲家，在一次演讲时说："做事先做人，做官先做人。你在人之上，要视别人为人；你在人之下，要视自己为人。千万别把别人不当人，更不能把自己不当人。否则，你就难以为人。"

他的这种说法充满人生哲理，可谓画龙点睛，入木三分，有很强的警示鞭策作用，起到很好的导向作用。

（五）曲言妙解之语

有时人们可能面临应对难题，既不能回避，又无法否定。如果能选择一条迂回之路，把话题曲解并引申开来，讲出服人之理，同样能让人拍案称奇，肃然起敬。

1993年3月，“93大连（香港）经贸合作洽谈会”在香港举行。这是新任大连市市长的薄熙来在香港举办的一次大型招商活动。开幕前举行的新闻记者招待会上，一位记者一上来劈头就问：“薄先生，你的父亲是中共高官，你做市长，是不是并非主要因为政绩，而是沾老子的光？”

全场所有眼睛、摄像机镜头都对准薄熙来，看他如何回答。薄熙来微微一笑，说：“我欣赏这位记者先生的直率，也许他提出的问题不止是他一个人想问的。我不否认‘沾老子的光’，而且还乐意告诉诸位，我曾沾的光使我终身受益！当我还是个正在认识社会和人生的中学生时，因为家庭牵连，我被关进了监狱。五年的监狱生活，使我经受了磨难，锻炼了意志，学会了思考，懂得了公正、民主、法制对一个社会是多么重要，温饱、自由、尊严对一个人是多么重要。命运在这五年里给予我的馈赠，并非人人都能得到的。如果没有一个倒过霉的老子，我也得不到这份礼物，这岂不是沾了大光？至于个人政绩，我不便评价，这是我的市民的事，但有个事实我想在这里提醒：我是由大连人民推举的代表选出的市长，而大连人民是不会视他们的权利为儿戏的！”

薄熙来的回答极为巧妙，他借题发挥，妙解“沾老子的光”，令在场的记者们立即对这位风度翩翩的年轻市长刮目相看。

二、调动储备，增强文采

演讲是十分讲究美感的艺术，除了立意高远、角度新颖、逻辑严密等因素，它还要求语言琅琅上口，铿锵悦耳，富有文采。文采是演讲者留给听众的“第一感觉”，听众能从“第一感觉”评价你演讲的好坏。那么，如何才能使你的演讲文采飞扬呢？这就要调动演讲者多方面的综合储备，才能达到这一目的。

（一）调动储备

1. 灵活组句法。演讲者的声音稍纵即逝，要在听众心中留下印迹，必须强化语言的听觉冲击力。有经验的演讲者很注意利用句型、句式的巧妙组合，从整齐中求变化，在常规中求个性，例如：

在座的各位可能还记得中学学过的课文，还清晰地记得《爱莲说》和《木兰辞》，记得《桃花源记》和《满江红》。许多人还能流畅地背诵“人生自古谁无死，留取丹心照汗青”的慷慨诗篇，也能吟诵“夕阳西下，断肠人在天涯”的优美句子。台湾学生学的也是这些诗篇，两岸语文教材中有百分之三四十的文章是完全相同的。也就是说，当大陆的孩子们在黄河源头、在泰山之巅高声朗诵那些诗文的时候，台湾的少年也在阿里山下、日月潭边吟诵那同样的诗句。这是怎样动人的情景啊！同样的肤色、同样的眼睛、同样的语言，朗诵同样的诗文，体验同样的感情，不是同胞兄弟，哪会如此亲近？不是同根亲人，哪会有相同的声音？

这是《同宗同源同胞情》中的一段演讲。它围绕主线“同样的”组织句子，自然而然地变化着句型，用事实表现两地之“同”，显得气势浩荡，文采飞扬。

2. 妙用比喻法。比喻是语言艺术之花。演讲要吸引、感染和说服听众，灵活运用比喻是一个有效的途径。高明的演讲者，常常运用比喻使复杂的问题变得浅显易懂，使深奥的道理变得富有情趣，使本来呆板的表述变得活泼灵气，听起来舒服。比如：

我们来到北大，就像一张张软盘，到北大这台计算机上拷走了知识和精神。我们的时间是有限的，我们面对的硬盘却是全国最大的。既然如此，我们就应该把研究、阐述北大精神的事交给像各位评委这样的专家，和除我之外的十六位选手这样未来的专家去做，而我们应该做的，就是把我们体会到的北大精神抓紧时间拷过来，然后再用一生去慢慢解读。但要注意，可千万要提防自由散漫、眼高手低的北大病毒。拷走知识的同时，你还要问问自己，你又留下了什么？

这是当年一位北大学子在《另一只眼睛》中的演讲。他以软盘、硬盘作比，阐明学生和学校的关系，这些用比喻表达的语句极富文采，它生动形象地表达了演讲者对北大和北大精神的理解，言辞耐人寻味，带给听众美的享受。

3. 适时闲话法。“闲话”实际对演讲起到“绿叶”配“红花”的作用。闲话听起来轻松舒缓，其文采价值往往是体现在它与“不闲”之语的结合上。当演讲者从“闲话”突然回到主题上，精彩得会让你情不自禁地击掌。如美国前总统里根的《最后一次演说》：

黄昏？那是不可能的，因为我坦白承认有时我觉得我还是个小伙子，在和弟弟比赛，看谁先从山上跑到罗克河铁路桥下可以游泳的小水湾。

要知道，哪一天也比不上新的一天更美好，因为在我们国家，它意味着你身上会发生某种奇迹。

这些语言从自己已进入暮年人生的“黄昏”说开去。离任演说，他肯定要“总结”自己，并且坚定地表明“决心”；他的闲话正是为下面的话作铺垫。

我们曾经在一起为我们热爱的事业而战斗，但是我们绝不能让火焰熄灭，或者退出战斗，因为战斗永远不会结束，我们必须一次又一次捍卫我们的自由，一次又一次！我愿留下我的电话号码和地址，一旦你们需要一名小卒，只需说一声，我招之即来，只要一息尚存，只要我们可爱的国家在这个最辉煌的时刻还在不断进取求新。

和前面的演讲实现完美的“扣合”，文采更加充盈，气势更加恢弘。

4. 特殊表演法。有声语和态势语的巧妙配合。性格比较活泼、长于表演的演讲者，往往用富有煽动力的态势语表达思想感情。

这个勇于挑战的年轻人究竟何许人也？（稍停，听众也露出疑惑的神情），其实（又稍停），远在天边，近在眼前，在下小生海燕便是！（抱拳行礼，观众大笑，热烈鼓掌）或许大家又要问：小陈（演讲者姓陈名海燕），你这不是自吹自擂吗？答曰：非也！（观众笑）我只是想通过枝城港一名普通得不能再普通的年轻人的经历向外界证明：枝城港的职工是勤劳的职工，是敢于发出挑战迎接挑战的职工，是永远的挑战者！（热烈鼓掌）。

陈海燕在演讲《在挑战中走向辉煌》时，用抱拳等特殊的态势语，使演讲活泼有趣。特别是在故事讲完后指出故事的主人就是自己，显得很有戏剧性，文采在其“一言一行”中自然流露。

5. 推陈出新法。对事理的推陈立新，常能让人为之一振。对“陈意”进行新的解读，演讲者带着情感去论、去表达自己的认知体验。如《勇敢地表现自己》中：

由于传统观念的作怪，或许是某种不健全心理的驱使，自我表现历来被视为骄傲与狂妄的标志。凡是鼓励自我表现的言论统统被视之为异端邪说，使你空有一身本领也不敢表露出来。（掌声）结果是对美好的事物不敢大胆追求，对社会赋予的责任不敢承担，一句话，就是自甘寂寞。人如果是毁于外力，还情有可原。但是，如果是毁于自身，那不太可悲了吗？（掌声）现在，应该是我们对自我表现进行反思的时候了。

可以说，没有自我表现，就没有我们这个世界……

传统思想，提倡为人应该稳重，就算是千里马，也要等伯乐来识。这个说法，被演讲者用激情打破，推出了新的观点。

6. 提炼哲思法。哲语闪耀着智慧之光。提炼哲思短语，既可以看出演讲者对主题的深刻理解，又体现了演讲者在质朴中求深刻，在含蓄中表真意。

……尽管自己是卑微的，但我从不敢让现实中的尘埃落满了自己的双肩，我不停地拍打着、擦拭着，把双肩留给责任，一个人只要担起属于自己的责任，再卑微也是卑微的强者。我们别无选择，这是我们香格里拉人注定应承担的守望者的责任！一切都不能成为理由，贫穷和财富都不能阻碍我们像神佛一样深邃地去思考！我们本来就是心志在天的雄鹰，我们不能为有限食物而钻进鸟笼。

这是在“香格里拉杯”全国演讲大赛中，一位演讲者呼吁香格里拉人不要因为贫穷，而为一点低廉的代价出卖七彩舍利，要承担守望者的责任，以追求完美、追求价值的过程来铸就香格里拉精神。

要想使你的演讲文采飞扬，要在实践中不断积累、不断创新，方法可以借鉴，能力只能靠不断地学习、不断地充实获得。

（二）引用名言警句

要想使演讲有文采，除了使用上述六种方法之外，如能在演讲中恰当穿插名言警句，必能使你的演讲光彩照人，言简意丰，充满文化意蕴。那么，如何引用名言或警句呢？

1. 引作题目，统领或收束全文。要想使听众一下子发现你与众不同的构思及丰厚的阅读积累，给人留下深刻的印象，莫如将自己读过的诗文名篇中与演讲主题相关的名言警句“拿来”引作标题。

奥斯特洛夫斯基有一篇广播演讲的题目是《作家的职责——以天下为己任》。这是一则引语式题目。它是从演讲的主题中浓缩出的闪光的警句。词以情发，情随景迁，使“我们每一个人不仅要用自己写出来的文字，而且要用自己的整个生活和作风来教育别人”的主旨光彩夺目，同时又使演讲意蕴非凡，令听众深受感染、启迪和鼓舞。真可谓“一箭双雕”。

2. 引作开头或结尾，揭示或深化主题。在演讲中，开头或结尾适当地引用名言警句，可以强化演讲的分量，给听众留下难忘的印象。

引作开头的，如演讲《信念永不倒》的开头：

著名黑人领袖马丁·路德·金有这样一句名言：“这个世界上，没有人能够使你倒下，如果你自己的信念还站立的话。”是的，只要信念不倒，我们在任何不利的情况下，都不会趴下，都能闯出一条路来。

开头引用名言，紧扣题目，又增强了演讲的感召力。

引作结尾的例子也很多。如演讲《嫉妒是一种卑劣的心理》的结尾：“走自己的路，让别人去说吧！”（但丁语），而演讲《当你遇到挫折的时候》的结尾是："真的猛士将奋然而前行！"（鲁迅语）简洁明快，含义深蕴，让人难忘。

结合演讲的内容和实际，在演讲的开头或结尾巧妙引用名言警句，可发挥名人效应，使演讲的内容和情感得以升华，从而给听众深刻的启迪和印象。

3. 引作分论点或论据，增加演讲的说服力。演讲常常要议论说理，如能在演讲的关键处巧引名言警句，往往能使演讲熠熠生辉，增强演讲的说服力和感染力。

2003 年 9 月，《光明日报》代表团赴美，为第一套全方位展现 300 万在美华人当代生活的大型纪实文学丛书举行首发式。《光明日报》记者、著名女作家韩小蕙作的《且听他们的慷慨悲歌》的讲演中有这么一段话：

500 多年前，中国明朝有一位著名的清官、忠臣，名叫于谦，曾留下一首中国老百姓妇孺皆知的诗《石灰吟》："千锤万凿出深山，烈火焚烧若等闲。粉身碎骨浑不怕，要留清白在人间。"我觉得华人在美的创业路程，就是"千锤万凿"，就是"烈火焚烧"。同时，也有许多先驱者"粉身碎骨"，为后人铺下了越来越坚实的路。

演讲巧妙地运用了于谦的《石灰吟》，具体形象地表现了华人在美国创业道路上不畏艰难、勇于拼搏的精神，同时充分地向听众展示了自己的文化底蕴和文学素养。

4. 质疑或化用名言，充分展现个性风采。在演讲中，如能大胆科学地质疑名言，往往能使你的演讲在"深刻透彻"方面更上一个新的台阶。化用名言则能展示你驾驭语言的机智和灵活，使你的语言个性鲜明，与众不同。如《我的流言观》：

我希望别人对我评头品足，我喜欢周围有我的"风言风语"。我认为在"人言可畏"统治下缩头缩脑的角色都是懦夫！诬蔑，那是出于嫉妒，我会庆幸自己在事业上迈出了可喜的一步。讽刺？更欢迎！我相信这枚银针会刺痛我的神经，医治我自身克服不了的缺点，从而最终得到完善的还是我自己。

这段演讲词，紧紧扣住对"人言可畏"的质疑，提出"人言不可畏反可喜"的见解，观点新颖，独具个性，给人以深刻的印象。

再如，在毕业欢送会上，一位班主任的致词："我原来想祝福大家一帆风顺，但仔细一想这样说不恰当。说人生一帆风顺就如同祝某人万寿无疆一样，是一个美丽而又空洞的谎言。人生漫漫，必然会遇到许多艰难困苦，比如……"最后得出结论：

并不一帆风顺的人生才是真实的人生，在逆风险浪中拼搏的人生才是最辉煌的人生。祝大家奋力拼搏，在坎坷的征程中，用坚实有力的步伐走向美好的未来！

一帆风顺是常见的吉祥祝语，而这位教师偏偏反弹琵琶，从另一角度悟出了人生哲理。从古今中外优秀的演讲中可以发现，许多警策之语是从名言、警句、格言、谚语中脱胎而出，经过演讲者的推陈出新，而对听众起感染作用的。这种情况有两种：一是化用，二是仿用。

化用名言的，如江苏省副省长在华东船院校庆大会上的演讲：

"可上九天揽月，可下五洋捉鳖。"随着载人飞船的发射和成功返回，我们书写了可上九天揽月的豪情壮志，那么可下五洋捉鳖到底如何呢？我认为我们可能还有很长的路要走，可能还有更大的差距，我们现在还只能捉小鳖，还不能捉大鳖，我们船院地处长江边，我们不仅要镇江，还要镇海，还应当镇洋。

最后，我想借用列宁的一段话，结束我的演讲，"坚冰已经打破，航程已经开通"。同学们，让我们携起手来扬帆远航吧！

引用的针对性强，因是船舶学院的庆典，所引毛泽东诗词和列宁的语录都同水有关，而把船舶学院所在地为镇江衍生为"不仅要镇江，还要镇海，还应当镇洋"，更是妙不可言。

仿用名言的，如"竞聘基础部副主任的演讲"对人们熟悉的一句歌词"有妈的孩子是个宝，没妈的孩子是根草"，用仿词的手法略加改动后改为"无家的孩子是根草，有家的孩子是个宝"，既切合了演讲者的心境，又切合当时学院搞全员竞聘，许多员工需要重新找"家"的情况，引起了听众的强烈共鸣。

仿用古诗词的，如郭沫若在日本作的《加强中日文化之交流》的演说。在他谈到"应当珍惜中日人民友谊"的时候，便把唐代诗人张九龄的《望月怀远》中"海上生明月，天涯共此时"的名句，仿拟为"海上生明月，天涯逢故人"，充分表达了对日本朋友的深情厚意，进一步寄托了"加强中日文化之交流"的殷切期望。

总之，好的演讲往往紧扣主题，恰到好处地综合调动多种手段，并积极引用名言警句，取得以一当十的效果。这就要求演讲者在平时注意多收集精炼明了的名言警句，并进行分类整理，这样在运用时才会得心应手。好的引用体现着演讲者深厚的文化素养和运用语言的机智，只要驾驭得法，就会使你的演讲大放光彩。

三、妙用批评，提升效果

教师在批评学生时，不能老是使用那种直言责备的常规批评法，而应该注意变化并讲究一定的批评艺术。在日常的教育教学中，教师可换用以下几种非常规批评方法，以便使批评教育收到意想不到的效果。

（一）拟人描述式

所谓拟人描述式批评，就是运用拟人的手法对学生的错误言行所产生的后果进行形象的描述，以便使学生在形象的感知中辨明是非，在轻松的笑声中获得教益。这种批评方式的特点是形象含蓄，容易为学生领悟和接受。

最近一周内，已有五六个学生通过不同的方式向蔡老师反映林小刚上课喜欢将凳子翘个不停。想到林小刚的行为，不仅会让坐在他后面的同学看不到自己在黑板上写的字，而且还会制造噪音影响全班同学听课，蔡老师就决定找个机会批评教育一下他。

这天上课，当蔡老师正讲到兴头上时，林小刚的“地下活动”又开始了。蔡老师当机立断，中断讲课，做出一副聆听的样子。稍后，蔡老师故作神秘地告诉学生，说听到有人在伤心地哭泣。“谁呀？”学生们异口同声地问。“是蔡老师的一位朋友，他说，他的兄弟姐妹都有小主人疼爱，只有他，小主人不喜欢与他亲近，还把他折磨得伤痕累累。他的名字叫……小凳子！”话音刚落，学生们“哄”的一声笑了。在满堂的笑声中，林小刚当然领会了蔡老师话里的含意，于是就笑着停止了翘凳子的行为。

对于林小刚的错误行为，蔡老师没有直言相责，而是利用林小刚及同学们都具有的爱心，使用拟人化的语言对其错误行为所造成的“后果”进行形象的描述。这种批评方式形象而含蓄，维护了被批评学生的自尊，所以很好地达到了纠正被批评学生错误行为的目的。

（二）比喻调侃式

就是以比喻的方式对学生的错误予以幽默调侃，以达到提醒学生，使之及时改正错误的目的。

周老师是教化学的。有一次，周老师当堂批阅同学们所交的化学实验报告。见一位彭姓女同学所画的实验方案图很糟糕，周老师就将该同学叫到了自己的身边，笑着调侃说：“你看你画的这个烧杯，像个手雷似的。你还用酒精灯加热呢，要是爆炸了，不是要了我的老命吗？”

彭姓女同学闻言，不好意思地笑了。从此之后，她再也没有徒手画过实验方案图了，每次都严格地遵循画图程序并用上了直尺、铅笔、橡皮等画图工具。

周老师将彭姓女同学所画的图形象地比喻为“手雷”，并从“手雷爆炸”将会产生的后果方面对之进行幽默调侃。由于这种批评方式诙谐风趣，易于为被批评者所接受，所以收到了很好的效果。

（三）朋友谈心式

就是以类似朋友谈心的方式，使批评对象产生反省意识，提高思想认识水平，改正错误言行。在具体的操作中，教师应以和蔼的态度和亲切的话语来营造出一种平等交流、互相信任的气氛，以此来拉近师生间的距离，增强学生对自己的信任感，进而收到理想的批评效果。

学生明强强和叶自立是同桌，两人平时说说笑笑的，关系一直很好。可后来不知为啥，两人闹翻了，很长时间互不搭理。班主任于老师发现这种情况后，趁一天午饭后，邀这对同桌一起散步。“闹别扭啦?”明强强和叶自立耷拉着脑袋都不吭声。于老师说：“老师上小学时和同桌也闹过矛盾。”“真的?”好奇心重的明强强忍不住将信将疑地问道。“真的，老师还在课桌上与同桌画了道‘三八’线呢。想不想知道老师不理同桌多久?”这次叶自立憋不住了，于是就和明强强异口同声答道：“想。”说出这个字后，两张小脸上的乌云即刻散去了。“一个礼拜。够厉害吧！可当时憋得实在难受，后来我问同桌，她说她与我当时心情相同……我问你们，你们这几天开不开心?”“不开心!”“闷得慌!”……两人七嘴八舌地对老师诉说着闹别扭后的心情。待他们说完，于老师一手拉着一人说：“为一些鸡毛蒜皮的小事伤和气，既影响心情，又影响学习，不值得吧！于老师可不希望你们打破她的记录噢!”于老师的话，让两人忍不住笑了起来。笑完之后，两人调皮地行了个礼，大声说道：“是!”然后手拉着手跑回了教室。

自始至终，于老师都以一个朋友的身份在和被批评者谈话。在融洽的气氛中，被批评的学生情绪放松，愉快地接受了老师的批评，改正了闹不团结的错误。与那种直言相责的批评相比，效果显然要好得多。

（四）借题发挥式

所谓借题发挥式批评，就是指借用教学内容等对学生进行批评。这种批评方式的技巧有两点：一是要“借”得得当，二是要“发挥”得巧妙。若做到了这两点，这种批评方式可以收到“一箭多雕”的功效。

因为平时喜欢对联，所以梁老师有时就把对联当成批评学生的武器。

有一次梁老师上课，有三个学生趴在桌子上半醒半睡。梁老师看在眼里，急在心上。怎么办呢？不叫吧，于心不忍；直接将他们叫起来吧，又会影响到全班学生的学习,而且很容易引起打瞌睡者的逆反心理。

想到自己当时正巧在讲修辞手法——对偶,梁老师就灵机一动,说道:“老师给大家出个上联,请你们对下联,怎么样?老师的上联是‘小讲台一先生兴致勃勃中神聊’。”

学生们一下子来了精神头儿,不由自主地思索起了下联。梁老师依次叫起了三位打瞌睡者,让他们作答。但由于不知道什么叫对偶,三位打瞌睡者没有对出。在这种情况下,梁老师说出了下联:

“大课堂三弟子众目睽睽下昏睡。”

学生们听后大笑,笑得三位打瞌睡者心生愧意,脸现愧色。

在此例中,梁老师随机应变,借用正在讲授的教学内容和自己在课堂上的活动进行巧妙发挥,既批评教育了在课堂上睡觉的学生,调节了同学们的学习情绪,又让其他的同学加深了对对偶的理解和认识。用“一石击三鸟”来形容这种批评方式的效果,再恰当不过了。

(五)欲抑先扬式

所谓欲抑先扬,就是教师对待说了错话、做了错事的学生,不是一上来就进行批评,而是先指出其错误言行里所蕴涵的积极因素,以此来消除学生的戒备心理和对立情绪,而后再指出其错误。

班级绿衣使者——负责取信的学生一连发了三封“鸡毛信”给班主任曹老师,称班里的信在最近几天全被人撕掉了邮票。曹老师在经过顺藤摸瓜的排查后,确定是学生金某所为。曹老师悄悄把金某叫到自己的办公室询问缘由,金某回答说是为集邮的爸爸撕的。第二天,曹老师又找来金某,将自己从朋友来信上特意撕下的五枚邮票给了他,然后告诉他:“为爸爸收集邮票,这是一种值得赞许的行为,但不经信件收阅者同意,就随便撕掉人家信封上的邮票,却属于一种违法行为,以后千万不要再做这样的事了。老师若有好的邮票,一定不会忘了你。”金某听了很感动,马上交出了自己私自撕下的邮票,还主动向同学认了错。

曹老师的本意是要指出并纠正金某随意撕取他人邮票的错误,但他却没有一上来就责备金某,而是首先用自己的行动和勉励性话语,去温暖和感化被批评的学生,从而使之消除了戒备心理和对立情绪,最终愉快地接受了对他的批评。这种欲抑先扬的批评,既让被批评的金某认识到了自己随便撕取他人邮票的错误,同时又让其坚持了关心长辈的正确行为。这种批评方式一举两得,何乐而不用呢?

表扬如蜂蜜,但天天吃糖的孩子在吃到蜂蜜时,体会不到那一份沁人心脾的甜蜜;批评虽然是整枝理叶式的,但为使花开得更美,适时修剪劣枝坏叶却必不可少。

既然如此,那我们就要巧妙地使用“批评”,以便让批评与表扬在教育学生时相辅相成,同放异彩。

四、巧借幽默,和谐关系

人与人之间的摩擦、思想上的困惑和学习上的压力,使得大学生越来越希望有一个轻松和谐的人际关系。那么,采用何种手段,运用什么技巧,才能使大学生的人际关系变得轻松和谐呢?

答案是:巧用幽默。

(一)偷换概念化矛盾

每个大学生在性格、习惯上都和他人有所不同,要想和睦相处,除了要彼此包容之外,还需要具备“看人下菜碟”的幽默谈吐。

来自南方大城市的方某性格率直,为人仗义,但就是爱与人抬杠,说话时总喜欢占个上风。一天晚上,宿舍同学又开始了“夜聊”,不知是谁先说起了自己的家乡,他一听就来了兴致,如数家珍般地点评起家乡曾经出现过的一些名人来,言语里充满了自豪。说完这些后,他发现平日喜欢聊天的寝室长竟一言不发,便有些得意地问道:“今天怎么不说了,老兄?据我估计,你们那穷山沟大概也就生了你这么一个大人物吧!”听了他那轻蔑的话语,寝室长压住怒火,慢悠悠地说道:“不,我们那儿出生的连一个大人都没有,全都是婴儿。”说这句话的时候,寝室长故意把“出生”和“大人”两词说得很重。听了寝室长的这句话,方某意识到了自己的话语失误,于是就连忙岔开话题说道:“深山出俊鸟,你们那儿山清水秀的,人一定很美。有机会可带我去看一看啊……”

寝室长故意将方某所说的意为“成长”的“生”偷换为意为“出生”的“生”,同时将“大人物”偷换为“大人”,这样一来,他既幽默地表达了自己对方某所说话语的态度,又使爱在言语上与人一较短长的方某失去了语言进攻的优势,既化解了矛盾,又显示了自己的气度。

(二)借词暗示解难题

在大学生活中,难免会出现一些不和谐的音符,比如在宿舍里,正当大家午休时,却有人没完没了地打电话,或自我陶醉地高歌一曲等等。此时,作为舍友的你,不提抗议吧,长此以往实在难以忍受;直接提出吧,又很容易伤了彼此的和气。而运用幽默技巧,则可以巧妙地化解这一难题。

某天中午，男生张某在宿舍里先是唱“最近比较烦，比较烦”，然后一遍又一遍地唱起了“让我一次爱个够”。睡在他上铺的同学高某佯装恼怒地说：“我最近也比较烦，比较烦。不过，如果你这次能好好爱爱我，让我好好地睡一觉，我就不会烦了。”此言一出，其他同学也七嘴八舌地说道：“也爱爱我吧！”“反正你要一次爱个够，就也捎带上我一个吧！”在大家嘻嘻哈哈的说笑声中，张某也忍不住笑了。此后，在大家休息时，他再也没有唱过歌了。

在这里，高某和同学们巧借张某所唱歌曲中的词语，诙谐地表达了自己的意见，既制止了张某随意唱歌影响他人休息的行为，又避免了可能出现的争执和不快，轻松幽默地解决了一个较为复杂的问题。

（三）谐音逗趣获友情

在大学校园里，才华出众、性格豪放的同学难免会被人误认为是骄傲和不易接近的人，这就需要那些才华出众、性格豪放的同学，使用幽默的语言，有意识地与人沟通，以便拉近彼此的心理距离。

欧阳昆仑是某名牌大学中文系的学生，才华横溢，是著名的校园诗人，但性格有些豪放不羁，不拘小节，致使许多同学认为他狂傲和不易接近，于是便嘲讽地称他为“大诗人”。

一次欧阳昆仑和几位同学一起外出游玩时，天突然下起了大雨。恰巧他带的包里放着把雨伞，他便主动把雨伞让给了体质较弱的两个女生。回到学校后，两个女生见他全身湿透，觉得很不好意思，连连向他表达歉意。而欧阳昆仑却悠然地笑道：“你们平日里不是都叫我‘大诗人’吗？如果我不淋点雨，那怎么能成为真正的湿（诗）人呢？”他的谐音调侃，逗得大家忍不住都笑了。

此后，欧阳昆仑和同学们的关系迅速“热乎”了起来。

假使面对女同学的致歉和答谢，欧阳昆仑只是一本正经地说句“没关系”，那是不会让他和同学们的关系迅速“热乎”起来的。鉴于此，欧阳昆仑就利用“湿”和“诗”谐音的特点进行幽默调侃，最终改变了同学们对自己的认识，赢得了同学们真挚的友情。

（四）歪解词语脱窘境

大学生思维活跃、个性鲜明，但也有一些人为了标新立异，对什么事都喜欢发表一下自己的“另类”观点。事实上，这些同学未必就坚信自己的观点是对的，他们仅仅是为了显示自己的与众不同。和这类同学交谈，如若非要争出个谁是谁非、谁短谁长，就显得不够明智。正确的办法是运用歪解词语等幽默技巧，来避开无谓的争执，摆脱因话不投机而形成的窘境。

在入学不久的一次班会上，某大学04级中文系一班的班长面对着全班的同学满怀激情地说道："我们大家来自五湖四海，生活习惯、思想观念可能会有所不同，但只要大家求同存异，我们还是有共同语言的……"班长的话还未说完，一高个男生就站起来大声说道："说得好听！求同？那也要有！我就不信吃棒子面长大的和喝牛奶长大的人会有共同语言！"此言一出，有的同学也跟着附和，场面一时有些失控。多数同学都为班长捏着一把汗，担心他控制不了这一混乱局面。

停了一会儿，班长笑着说道："当然有啊，难道我们大家现在说的不都是中国话吗？怎么能说我们没有共同语言呢！"班长的这一曲意歪解，赢得了大家热烈的掌声，班会得以顺利进行。

这位班长无疑是机智的，面对已经有些失控的局面，他若在到底有无共同语言这一问题上纠缠不休，势必会使自己更加尴尬——因为这一问题一时半会很难说出个所以然来，班会也就无从进行了。鉴于此，他就采用了歪解"共同语言"这一词语的办法，从而避开了对方的锋芒，巧妙地摆脱了窘境。

（五）明褒暗贬巧责备

大学生正处在血气方刚易冲动的年龄，在遇到不如意的事情时，如果怒发冲冠势必会恶化与交际对象之间的关系。此时，可以运用明褒暗贬的幽默语言，来表达自己的意见。

在炎热的六月底，几个同学相约到某游泳池游泳。来自草原的小李不谙水性，便租了个游泳圈下了水。但刚下水不久，小李就发现游泳圈漏气。无奈下，他只得抱着游泳圈及时地上了岸。

在退还游泳圈时，小李对工作人员笑着说道："嗨，我还真要感谢你们这神奇的游泳圈呢——要不是它，我这一辈子恐怕都不一定能学会游泳。"说完这句，他有意停顿了一会儿，待工作人员用狐疑的眼光望着他时，他才接着说道："当我发现它漏气后，为了保命，就只好蹬腿挥臂地拼命游啊，游啊……没想到，我这蹬腿挥臂地一扑腾，竟在无意中学会了'蛙泳'。你们说，我是不是该谢谢这神奇的游泳圈，感谢向我提供游泳圈的你们呀？"工作人员听后，愧疚地笑了。

小李表面上是在赞扬游泳圈和感谢向自己提供游泳圈的工作人员，实则是在批评游泳圈质量不过关和工作人员工作不细心。他用这种明褒暗贬的语言，既表达了自己的不满，又显示了自己的大度，与那种大声吵闹的做法相比，这种幽默、委婉的方法显然更能给工作人员以震撼。

需要提醒大学生们的是，要想使幽默有效地和谐人际关系，除了要学会幽默谈吐的技巧外，具备积极乐观的心态、豁达超然的胸怀和宽容善良的品格是更重要的。

五、逆向思维，妙语连珠

逆向思维，又叫求异思维，是与常人、与对方、与自己常规思路方向不同的思维方式。逆向思维的思路是非常宽广的，善于逆向思维的人，他的言语谈吐就会另辟路径，别开生面，说出许多妙语箴言来。

（一）跟常人相反的思路：妙语惊人

与常人相反的思路，是对常规思维的叛逆，往往有标新立异之奇，鬼斧神工之妙。在大庭广众之中，人不言而我言之，人不为而我为之，要有一定勇气和风度。用这种思路去阐述观点或借题发挥，会产生意想不到的效果。

有位科学家在回答“纳米有多小”的问题时，不从极小的方向去阐述纳米的量，反而从“颇大”的视角去调侃纳米的量，他说：“如果把一粒芝麻看成广场那么大，那么纳米就是广场里的一粒芝麻。”

这种说法摒弃了人们常用的思路，给人耳目一新之感，它将现代高科技的概念，诠释得形象具体、言简意赅。

香港一次选美比赛，主持人向一位参赛小姐提出一个极其刁钻的问题：“你愿意嫁给肖邦，还是嫁给希特勒呢？”

按常规思维，自然是嫁给才貌双全的音乐家肖邦了，嫁给法西斯头子希特勒岂不是大祸临头了吗？如果按常规思路去答，索然无味，显不出参赛者的奇才绝技，自然是拿不到高分的。小姐反向思之，朗声笑答：“我愿意嫁给希特勒！”

顿时全场惊愕，静听她如何自圆其说。只见这位小姐从容地说：“假如我嫁给了希特勒，也许就不会发生第二次世界大战了！”

小姐的精彩回答，恰如一石激起千层浪，赢来了满堂喝彩，给评委留下机智善辩的美好印象，她最终获得了“香港小姐”的桂冠。

（二）跟对方相反的思路：妙语服人

当人们直面突如其来的谩骂、戏弄或欺诈的时候，用与对方相反的思路作针锋相对的回击，以维护自己的尊严和利益，效果特别好。

一个小伙子挤上公共汽车，稍不留神，踩了一个小姐的脚。小姐气急败坏，火冒三丈：“你这个人怎么搞的，眼睛瞎了！”小伙子知道对方的思路：动口不动手，只骂你，不至于图报复踩你一脚。于是小伙子采取了相反的思路，指着自己锃亮的皮鞋，笑着说："小姐，你也踩我一脚，消消气！"此言一出，车上笑声一片，小姐不好意思，脸红了。

一家县办国有啤酒厂，技术落后，产品积压，资不抵债，已濒临破产了。怎样救活这个小厂，使一千多职工不致失业呢？厂长找到了一条出路——接受一家名牌啤酒厂的兼并，改造成人家的分厂，生产有广阔市场的名牌啤酒。但不少职工不理解，骂厂领导"狐假虎威"、"卖厂求荣"。厂长以逆向思路对职工们说："你们骂我'狐假虎威'，骂得好！我今天要给狐狸平反。狐狸在老虎要吃它的生死关头，机智地说服老虎，借这个百兽之王的威风，在大森林百兽残酷斗争的环境中生存下来，它是迫不得已的！狐狸并没有借老虎的威风去干坏事嘛！狐狸聪明、勇敢，适应环境，善于利用外力，使自己能够生存和发展。我们今天接受被大厂兼并的方案，说白了也是'狐假虎威'嘛！在市场经济这个大森林里，我们要么被猛兽吃掉，要么借老虎的神威活下来，大家说我们要走哪条路呢？"

厂长用与对方相反的思路，把"狐假虎威"的贬义变成褒义，妙语服人，终于使大家心悦诚服地接受了工厂改制的方案，救活了这个濒临破产的工厂。

（三）跟自己相反的思路：妙语感人

所谓跟自己正常思维相反的思路，就是站在对方的立场上，设身处地替对方说话，然后再为自己打算，这种先人后己的思维模式，就是人们常讲的换位思考。

一天，英国伦敦一家珠宝店顾客盈门，营业员珍妮不慎将一颗贵重的珍珠滚落到地上。当时人多手杂，珠子滚到一个男青年脚边就再也看不见了。珍妮必须找到这颗珠子，否则她不但会被"炒鱿鱼"，而且倾家荡产也赔不起。

凭眼力，珍妮断定那个若无其事的青年多半是失业人员，这颗珍珠对他的生活也许是很重要的，这无疑增加了讨回珍珠的难度。珍妮走到男青年跟前，轻声地说："先生，您知道现如今找一份工作多么不容易。请您想想，一个人如果有了不良行为记录，谁还会接受这个缺乏诚信的求职者呢？我相信您是不会辜负您的父母和女友的期望的！"男青年怔住了，珍妮看在眼里，又将这句话重复了两遍。男青年终于将背在后面的手抽出来，紧紧握住珍妮的手，松开手时，珍珠已经在珍妮的手心里了。

20世纪80年代，时任美国总统的里根有一次访问加拿大。在加拿大总理特鲁多的陪同下，里根到某市发表演说。演说时，一群人打出标语、喊着口号举行反美示威，不断打断里根的讲话，到了几乎讲不下去的地步。这种极不友好的举动，使东道主特鲁多总理十分难堪。按常规的思路，美方是要向加方提出严重抗议的。

这时，里根总统不仅没有提出抗议，反而笑着对特鲁多总理说："这种情况在我们美国是司空见惯的。我想这些人一定是从美国来到贵国的，可能他们想使我有一种宾至如归的感觉。"特鲁多总理也笑了。

里根一句换位思考、自贬自嘲的妙语，既使对方走出尴尬，又表现了自己作为大国总统的恢弘气度，增进了两国和两国领导人的友谊。

从维护对方的利益出发，设身处地替对方讲话，感动对方从而赢得支持，最后达到双赢，这是逆向思维说服人的一着妙招。

"山重水复疑无路，柳暗花明又一村"。当你用常规思路去想事和说话已经理屈词穷的时候，你不妨换一种方式，用逆向思维去想事和说话，往往会峰回路转，灵感顿生，走进豁然开朗的说话新境界。

六、实话巧说，避免尴尬

有这样一则西方幽默：一位天主教教士在做礼拜时，忽然烟瘾大发，便问主教："在祈祷时，可以抽烟吗？"他这样一问，立刻遭到主教的呵斥。一会儿，另一位教士也熬不住了，他脑子一转，计上心头，改用另一种口气向主教问道："抽烟时可以祈祷吗？"主教竟不以为错，允许了他的请求。第一位瘾君子实话实说、不讲策略，赤裸裸地要求祈祷时抽烟，这明明是对天主的大不敬，自然要遭到主教的呵斥。第二位教士却懂得谋略，表明他对天主十分虔诚，连抽烟时都在祈祷，便得到了许可。在现实生活中，当然不宜在公共场所抽烟，在祈祷时抽烟更应制止，但是，实际上两个人的要求是一样的，第二位教士实话巧说，换一个角度提出要求，就达到了目的。生活中这样的事例是常见的。

我的一位同事小张，模样不敢恭维，又黑又矮，可找了一个身段苗条、容貌姣好的对象。不少同事调侃说，好一朵鲜花，将要插到牛粪上。有一次吃饭时，小张问我们："我和我女友比，是不是显得又黑又矮？"我们几个年轻老师面面相觑，不知如何回答。因为肯定他的话，会伤害他的自尊心，打击他的信心。说假话又觉得不妥，事实就摆在那里，他既然说出来，证明他已经意识到这一点了。这时一位老教师说话了："我看哪，你的女友长得高挑儿、漂亮，这更证明你有男子汉的魅力。”一句话说得小张眉开眼笑，我们也都长长舒了一口气，气氛显得更融洽了。

这位老师运用的就是逆向思维的方法，他巧妙地回避了对方其貌不扬的事实，而从另一个方向谈起，既赞美他女友相貌漂亮，又以此来反衬他具有男子汉的魅力，把话题从不利转换到有利的方向，成功地摆脱了尴尬的困境，同时又增强了这位同事的信心，真是一举两得，这就是实话巧说的奇效。任何事物都有它的两面性，如果从正面谈话已经走入了死胡同，那么就从另一个角度来谈，“山重水复疑无路”，则可能变成“柳暗花明又一村”了。

有一次，我们老同学聚会。远道而来的一名女同学，变化非常大，由昔日的丑小鸭变成了白天鹅，不经介绍我们谁都认不出她来。有位本市的男同学晚来了一会儿，我们有意为难他，让他猜一下这名女同学的名字。他一脸尴尬，和我们一样，认不出来。正在我们得意之时，他一脸微笑地对这位女同学说：“你变得这么年轻，这么漂亮，我哪能认得出来呢?”说得这位女同学满脸笑容，容光焕发，气氛一下又活跃起来了。

记不住同学的名字的确是一件尴尬的事情，尤其是当对方是女同学，这样既显得不够尊重人，又表明她缺乏人缘和魅力，这对双方都是件尴尬的事情。这位男同学运用发散思维的方法，夸她现在年轻漂亮，既避免了自己的尴尬，又维护了女同学的自尊心，真有一石二鸟的神效。“条条大路通罗马”，这条路走不通，换一条路试试看，会产生别有洞天的感觉。

有一次在公共汽车上，一位小伙子差点被偷，很是气愤，车到站后就质问售票员：“为什么汽车上会有小偷总摸我的衣兜?”售票员机智地说：“看你穿着打扮就像大款，小偷都看出来你有钱。你还这么机灵，小偷摸了半天也没偷走东西，一般人可做不到。”虽然小伙子知道司乘人员有保护乘客安全的责任，也知道大款一般不会挤公共汽车，但售票员说他不但有钱，而且还很机智，这一番话说得小伙子挺高兴，使他自尊心得到了满足，再说，钱也没被偷走，也就不再追究了。如果售票员同他讨论公共汽车的安全应该由谁负责的话题，恐怕就是另一番景象了吧。

一个老故事给我很大启发，说一位身有残疾的国王请人给他画像，国王瘸了一条腿盲了一只眼。第一个画师把他画得威武雄壮、双目炯炯有神；第二个画师则如实把他的残疾画了下来；第三个画师则把国王画成骑在马上，正在眯着一只眼瞄准射击。结果只有第三个画师得到了夸奖。我们说话也是同样道理，肯定不能像第一个画师那样作假，因为那样违反了真实性原则；但有时候像第二个画师那样真实，效果并不好。这时，我们就应该另辟蹊径,像第三个画师那样,既不违反原则,又妥善地处理好实际问题,这才是我们应该采取的方式。实话巧说,实在是说话技巧运用自如的一种高境界。

七、提炼哲思,挖掘深度

演讲是一种思辨活动,它要求演讲者在演讲中善于运用唯物辩证法的科学原理,认识和分析客观事物,从而使演讲的叙事、说理产生出巨大的逻辑说服力量和强烈的思想教育效应。这样的演讲,才能以其思想观点的深刻性和哲理内涵的丰富性,给听众以心智的启迪,也只有这样的演讲,才能历久弥新,永葆活力。那么,如何才能使演讲富有深度呢?

(一)思考演讲的社会背景

在演讲过程中,演讲者的视点不能只停留在某一客观对象上就事论事,因为任何事物或现象都有其产生和发展的历史和现实的大背景。只有通过背景的理性分析,才能启发人们在一个宏大的视野中去审视人生和社会,从而深化演讲的主题思想,使演讲更有深度。例如:

朋友们,当你嫌饭菜不好,而将它倒掉的时候;当你在努力编造理由不想去上课的时候;当你因某件小事,诸如暂时停电而抱怨学习条件太差的时候;当你因自己某种无聊的愿望没被满足,而以"我不上学了"来威胁父母的时候,你可曾知道我国每年有多少学龄儿童从未入学或中途辍学,而他们大多数是因家庭贫困,缴不起学杂费而失学啊!(韩东《托起明天的太阳》)

演讲者首先用一组排比句,列举了现实生活中许多人不珍惜学习机会的现象,然后指出因贫困而失学的儿童的艰难处境,这前后的强烈对比和巨大反差,促使听众在宏观的社会背景下对教育问题进行理性反思,从而自觉地行动起来,为"希望工程"贡献力量,以托起祖国明天的太阳。

(二)透过现象揭示本质

在演讲中描述或议论某一现象时,不能仅局限于感性认识的层面上,必须进行深层次的理性思考,这就是所说的透过现象揭示本质。只有这样,才能表达演讲者独特的见解,以引导听众更加深刻地认识社会,理解人生。例如:

真没想到,秋风送回的已不是当年那朵淳朴可爱的"小花",而是一个傲气十足的"洋"小姐。谁都知道她是喝长江水长大的中国人,可谁能相信她和同胞交谈,竟"不会"说中国话了。一次,我们的一个战士到休息室喝水,她对这个战士指手画脚地说了一大串英语,直到翻译解释,才知道她说"这是供外国演员喝的水"。秋风扫着落叶,送走了这位"洋"小姐所乘的豪华轿车。目送远去的车队,一种不可言状的滋味涌上我的心头。我在思考:一个小有名气的演员,何以在自己的国土上像昔日的外国人一样趾高气扬呢?抚摸着伪皇宫的雕龙塑凤,我在深思:为了能在外国人面前理直气壮地挺起脊梁,中国人曾经付出多少血的代价。今天,侵略者的马队、刺刀再也不会占领祖国的一寸土地了,但是,并不等于每一个中国人都已经树立起了自尊、自爱、自强之心!(侯国峰《一个青年军人的思考》)

一个小有名气的演员在同胞面前的傲慢表现,激起了演讲者关于中国人必须树立"自尊、自爱、自强之心"的理性思考,这样透过现象揭示本质,给听众的启示是十分深刻的。

(三)对事物的两面性进行辩证分析

事物总是存在着两面性。演讲者只有运用辩证的观点,对事物的两面性进行理性分析,才能正确认识客观世界,引导听众掌握事物发展的规律。例如:

什么能使我们超越这个怪圈?只有经验和理性。这里的经验,就是二十世纪我们面对自然胜利与失败、获得与丧失的经验;这里的理性,也不是静止的理性,而是二十世纪我们在痛苦的丧失中所获得的观念进步。没有二十世纪人类面对自然环境对自身的反省,"胜利就是失败,获得就是丧失"的怪圈就完全可能在二十一世纪重演,而我们的地球已经没有多少可以供人重演这个怪圈的空间。二十世纪,我们的物质进步、科技进步在环保上的补偿,加上人类环境观念的进步,或许可以"平衡"掉我们在环境中的损失。如果我们不珍惜这些,我们可能是"净亏",并且将接受地球更加严厉的报复。(吴明《二十世纪留给我们的债单》)

环境保护是新世纪人类面临的一个重大课题,演讲者由此引发的思考本身就体现出了一种强烈的社会责任感。应当说,演讲者对"胜利就是失败,获得就是丧失"这一环境问题两面性的分析是深刻的,正是这种具有深刻意义的辩证的分析,才为我们解决环境污染问题提供了发人深省的思路,因此也使得演讲更有深意了。

(四)升华普通事件的内涵

善于发掘出现实生活中某一件小事的深刻内涵,是使演讲富有深度的体现。演讲者如果能将事物的内涵升华为某种哲理,那么,听众就会在深刻的感悟中获得思想的启迪。例如:

记得有一天上课,我因身体不适,带着几分倦意走上讲台,一个小同学忙搬来自己的凳子,轻轻地说了声:"老师,请你坐下来讲!"我激动地说:"谢谢,我不坐!"

今天在这里,让我再次郑重地说一声:"谢谢你,小同学,我不坐!"

我不坐,因为我深深地懂得,从某种意义上讲,教师的职业就是站立着的事业。有人说,教师像蜡烛,毁灭了自己,照亮了别人。我要说,教师像人梯,为了共和国的高高站立,我愿让孩子们踏着我的肩膀攀登。(陈世明《为了我们祖国的繁荣昌盛》)

演讲者从一个小学生为老师搬凳让座的小事中,升华出"教师的职业就是站立着的事业"的深刻内涵,他认为"教师像人梯",孩子们的攀登,就是"为了共和国的高高站立"。如此精辟的哲理,让听众领悟了教师工作的意义和价值。

八、手法多样,引人入胜

每个演讲者都希望自己的演讲具有很强的说服力和感染力,能很好地吸引并感染听众,取得最佳的表达效果。怎么才能使你的演讲吸引听众呢?

(一)以独特的开头吸引人

演讲的开头,是演讲者与听众互相沟通的引线。独特的开头,能很好地吸引听众,使听众对演讲的内容产生强烈的兴趣。

在长沙理工大学举办的"诚信杯"演讲比赛中,第10位出场的盘炜同学带着稿子上台,却说出这样一段话来:

我很想为我们班级争得荣誉,但我不得不承认,参加这次诚信演讲赛,我本身就没有做到诚信,因为我的演讲稿是原原本本从网上抄袭的。所以,我只想在这里做个检讨,希望大家记住我的教训……

同学们先是一愣,随后爆发出热烈的掌声。

责人先责己,盘炜同学实话实说,以自己的不诚信行为为例,用出人意料的开头诠释了演讲的主题,让人耳目一新,并由此产生了其他演讲者无可比拟的说服效果。这样的开头,自然能吸引听众,让其产生听下去的想法。在演讲开头时吸引听众的方法很多,但采用任何方法都要与演讲的内容、听众的具体情况和演讲的场合相适应。

(二)以生动的细节吸引人

演讲中,一些生动感人的细节往往能紧紧地抓住听众的心,令听众久久难忘。因为在这些生动的细节中往往最能体现出真挚的情感,让听众为之感动。

某银行举办了一场以"爱岗敬业"为主题的演讲比赛,一位选手在演讲中讲述了这样一件事，洪水将冲击银行大楼，银行决定当晚把大楼地库的所有资料全都搬到安全的地方。其中有这样一个细节：

灾情就是命令，银行职员一个个赶回来了，休假的职员赶回来了，退休的职员也赶来了。一个正在休产假的女职员，抱着没人看管还在哺乳期的孩子赶了回来，当看到人手不够时，她把孩子往办公桌上一放，赶紧帮忙去了。门外的狂风暴雨声，门里办公桌上小孩的哭喊声和职工们的相互鼓励声，汇成了一曲感人的乐章。经过大家的努力，资料保住了，大楼也保住了。一身雨水的年轻妈妈顾不上擦干身上的水迹，赶紧去看她的小孩，才发现哭累的小家伙已经在办公桌上睡着了，嘴巴里含着自己的手指头，而脸上还残留着一道又一道清晰的泪痕。

通过对小孩子细节的处理，表现出了身为妈妈的银行职员事业家庭两难取舍的矛盾心理，正因为这二者之间的矛盾，才更突出了“爱岗敬业”的主题，因此深深吸引了场下的听众。

（三）以新颖的理念吸引人

求新是人们的共同心理，因此，越新颖的事物、越新颖的理念就越具有吸引力。演讲中若能讲出新理念，让听众从中获取新的知识，那么必然能吸引并打动听众。一位演讲者在作有关成功主题的演讲时，这样讲道：

你现在拥有的想法和选择的心态，造就了现在的你；从今以后，你拥有的想法和心态，将造就一个未来的你。变换心态可以使我们步入成功的坦途。人生就如铜板，一面是积极的人生，一面是消极的人生，只要我们学会“翻铜板”，经常保持积极的心态，做一个乐观者，我们所做的平凡小事也会变得富有情趣，沉重的工作学习也就轻松愉快，苦难的光阴也就变得甜美，前面的路也就越走越宽。中国人传统上赞美一个人工作努力喜欢用“埋头苦干”一词，一个人要勤奋苦读，要有“头悬梁，锥刺股”的精神。但在当代社会中，在追求成功的道路上，我们共有一种“野梅子”酿成“果汁”的精神。也就是说，一个人的成功，不能只从他获得多少成绩来衡量，而应该把他在争取成功的过程中，克服了多少困难，享受了多少乐趣计算在内。这实际上是在提倡“乐感文化”，一种保持积极心态、激发自我潜能的文化。在这种文化的熏陶下，我们才会有行动的力量，才能充满创造力，才能拥有爱心和信念，才能走向成功。

演讲者为听众提供了一个看问题的新视角，带给听众一种新的理念，一种认识和达到成功的理念，同时也给了听众更多的思考空间，因此，演讲所体现出的新意和深意深深地吸引了听众。

（四）以形象化的语言吸引人

对于同一个主题，可以有很多不同的表述方法，如果总是老生常谈，自然不能吸引人。如果将一种老观念以形象化的语言表述出来，那么，不仅说理明白、透彻，而且还能给人以直观的感受，让人产生丰富的联想。联想集团总裁柳传志曾在演讲中说：

联想集团培养人的第一个方法叫做“缝鞋垫与做西服”。什么意思呢？就是培养一个战略型人才和培养一个优秀的裁缝有相同的道理。我们不能一开始就给他一块上等毛料去做西服，而是应该让他从缝鞋垫做起，鞋垫做好了再做短裤，然后再做一般的裤子、衬衣，最后，才是做西服。

培养人才应循序渐进，这不是一个新鲜的道理，但演讲者将培养人才与培养裁缝联系在了一起，用听众易于理解和接受的形象化语言阐述老主题，如同给旧酒换上了新瓶，让人眼前一亮，随之被紧紧地吸引住了。

（五）以幽默的笑话吸引人

一个幽默的笑话，既能增加演讲的趣味性，也能使演讲的内容更为生动形象，更有吸引力。这是使演讲具有吸引力的一种比较常用的方法。

某警官学校举办一场大型的演讲比赛，校长应邀在开幕式上演讲。他见参赛者个个绷着脸，神情紧张，有的低头看讲稿，有的嘴里念念有词，根本没有几个人在认真听他的演讲。于是，他这样讲道：

这次学校举办演讲比赛，目的是要提高同学们的语言表达能力，大家要知道，如果警察没有好口才，那么会在工作中遇到很多障碍。但是，参加比赛也要以平常心对待。我听说有位警察上山打猎，见到一只野兔一溜烟地跑入灌木丛中，于是就持枪匍匐在地上等它出来。过了一会儿，终于见到兔子的耳朵露了出来，他的心就像各位一样，都快要跳出来了。就在兔子跑到空地上时，忽然，这位警察跳了起来，持枪瞄准兔子，大叫一声：“不许动！我是警察！”

没等校长说完，会场上就已经爆发出阵阵笑声。那些参赛者在笑过一阵之后，明显没有原来那么紧张了，上场之后表现自然也就好多了。用一个简单的小笑话，校长就让学生们缓解了紧张情绪，而且吸引了学生听讲的注意力，取得了预期的演讲效果。

在演讲中讲笑话时，应该注意以下几个问题：不能不顾演讲主题，刻意生硬地添加笑话；笑话安排要注意效果，开始时可平淡无奇，重点放在结尾处，这样可以引起更加强烈的反差效果，因此也会更吸引人。

当然，吸引听众的办法有很多，这有待我们在实践中不断发现，不断总结。值得注意的是，使用任何一种方法都要适度，以免哗众取宠，让听众反感。

九、处理意外，随机应变

一位演讲家到某市环保局作关于生态保护的主题演讲。开始不久，一只小鸟突然从窗口飞进了演讲大厅，先是叽叽喳喳地飞来绕去，最后竟落到了主席台的桌子上，引得听众哄堂大笑……

作为演讲者，在演讲过程中谁都有可能遇到类似的"意外"情况。对于这些"意外"情况，演讲者如果不能随机应变，就会造成场面的混乱，影响到演讲的效果。

那么，面对这种意外情况，演讲者该如何巧妙应对呢？

请看上面的那位演讲家是如何应对的——

由于鸟儿的干扰，演讲会场一直安静不下来。演讲家没有接着刚才的话题讲下去，而是适时地幽默了一下："真是心有灵犀一点通啊，这鸟还挺有灵性的，知道我们在这儿开环保演讲会，就专程飞来向大会表示祝贺呢！这说明动物是有灵性的，它们也是有恩报恩、有怨报怨的。就说大象吧，多么温顺的动物啊，可一旦我们有意欺负它们，它们就不但不会再帮我们干活，而且还会向我们有计划地实施报复呢！"见大家的注意力被吸引了过来，演讲家才重新回到了原来的演讲轨道。

小鸟的突然"闯入"，扰乱了会场的秩序，但演讲家却随机应变，借机讲起了人与动物如何和谐共处这一与生态保护密切相关的话题，结果反倒取得了意想不到的效果。此例给演讲者以这样的启示：当演讲中发生了意外时，若能沉着机智，借机发挥，则不但能使自己摆脱尴尬，而且还能使演讲取得更好的效果。

下面我们再看看另一位演讲家在遇到类似情况时是如何随机应变的：

在一次演讲中，一位演讲家言辞恳切地向在座的青年提出建议：要注意说话的一言一行，因为语言具有无穷的力量。就在这时，一位青年举手表达他的不同见解："当我说幸福、幸福、幸福时，我并不觉得有什么快乐；当我说不幸、不幸、不幸时，我也不会因此而倒霉。所以，我认为语言只是我们使用得很普遍的工具，并没有所谓的'无穷的力量'。"

此言一出，一些听众开始窃窃私语，个别人竟大声"声援"起这位青年……

"笨蛋！笨蛋一个！"见会场出现混乱，演讲家突然在台上大声地斥骂起了发言的青年，“你根本就没有理解我话里的意思！”

演讲家有失风度的反应让所有的听众吃了一惊，会场突然安静下来。发言的青年先是被说得目瞪口呆，但很快就镇静了下来，怒不可遏地开始了反击：

“谁是笨蛋？你才是笨蛋呢！……”但演讲家却没有接茬，而是以让人深感意外的诚恳语气说道：“对不起，我刚才情绪失控，希望您能接受我最真诚的道歉。”发言的青年听演讲家这么一说，怒气也就渐渐消了。

见大家对刚才戏剧性的一幕充满了好奇和不解，演讲家在停顿了几秒钟后，微笑着继续进行演讲：“大家看到了吧，刚才我只不过说了一声笨蛋，这位青年就要跟我拼命；后来，我又只不过说了几句道歉话，他的怒气也就消了。这说明了什么呢？这不正说明了语言的力量是无穷的吗？……”

提出反驳意见的青年的观点无疑是很有代表性的，如若置之不理，演讲也就失去了说服力，演讲会场的秩序也有可能失去控制。而若使用常规的反驳方法，又很难一下子驳倒对方，还会影响到后面的演讲。在此情况下，这位演讲家就亮出了先骂人后道歉的奇招。他的这一奇招既巧妙地反驳了发言青年的观点，突出了语言的力量是无穷的这一演讲主题，又对现场的观众产生了很强的震撼力和吸引力。

上面的两个例子告诉我们，对于演讲过程中发生的意外情况，演讲者若能做到机智应对，就能收到活跃会场气氛、形成演讲者与听众的现场互动、激活听众的思想和情绪、引起听众的共鸣等效果。

十、初次竞聘的谈话艺术

竞聘者初次参加竞聘演讲时，都希望通过自己精彩的演讲，获得竞职的成功。然而，一些初次竞聘者，由于缺乏临场经验，又不懂得究竟应当如何演讲才能得到招聘单位的领导和评委的认同和赏识，所以往往因出现各种失误而导致竞聘的失败。

为此，我们提出以下几点建议，供竞聘者参考。

（一）介绍简历，突出重点

做竞聘演讲，首先要介绍自己的个人简历。对于初次竞聘者来说，个人简历主要就是简明介绍本人的学习经历和工作经历。因此，竞聘者必须把自己学习和工作期间与竞聘职位有某种关联的主要经历作为重点加以介绍，这样才能避免泛泛而谈，使介绍简历成为展示自己优势的最佳切入点。例如，一位师范大学中文系的本科毕业生在应聘某中学高中语文教师时，这样介绍自己的个人简历：

我叫夏畅，今年23岁，师范大学中文系本科毕业，获文学学士学位。大学期间，我刻苦学习，掌握了学科基础知识，提高了专业能力。我曾利用暑假从事家教的机会，进行高中语文教学的初步尝试，这使我对教材内容有了一定程度的了解，教学理念也相应得到了更新。特别是在市八中实习的过程中，我根据课程标准的要求，大胆进行教改探索，我所采用的自主式学习的课堂教学模式，受到学生的普遍欢迎。实习结束时，我代表实习队上的一堂汇报课，也因其富有创新意识而受到了学校领导和老师的好评。实践经验表明，我具备了一个高中语文教师的基本条件和综合素质。

这位竞聘者简要说明了自己大学期间的学习情况，重点介绍了她从事家教和参加实习的经历。这样用实践经历来突出自己的教学水平和工作能力，特别容易得到招聘单位领导和评委的认同，为竞聘成功奠定良好的基础。

（二）表明能力，突出专长

诚然，招聘单位对应聘者自身能力的要求是多方面的，比如政治素质、管理才能、业务水平等等。竞聘者在竞聘演讲中表明自我能力时，不能面面俱到，什么都谈，而应当针对竞聘职位的性质和特点，以突出自身的专长取胜。因为用人单位往往需要的是具有某种专长的优秀人才，突出专长，就是突出自身的优势。例如，某电脑公司招聘一名计算机专业技术人员，一位竞聘者在表明自己的能力时，这样说道：

我是××大学计算机专业本科毕业生，计算机软件的开发与应用以及处理计算机常见故障是我的专长。我在实习期间编写的“CAI环境下微型网络学习系统”被一所中学采用，我撰写的《谈谈计算机常见故障的排除方法》等四篇专业论文在省级以上学术刊物发表。以上成绩表明，我符合贵公司的招聘条件，是你们的合适人选。

这位竞聘者在演讲时，不仅突出了自己在“计算机软件的开发与应用以及处理计算机常见故障”方面的专长，而且用一系列实实在在的成绩来印证这一专长，从而充分展示了自己的专业水平和能力。这样表明自己的能力，针对性强，优势突出。

（三）说明构想，突出实效

一般来说，竞聘者在演讲时，除了介绍简历和表明能力之外，还要说明自己的工作目标和构想。此时，不能尽说空话和大话，而应当在认真了解招聘单位工作性质和竞聘岗位工作职能的实际情况后，有针对性地提出既符

合客观实际又切实可行的工作构想。只有这样才能给人求真务实之感。例如,一位竞聘者在初次竞聘某局中层干部时这样讲道:

我要做到:脑勤,把思考与实践相结合,多用脑总结工作中成功的经验与失败的教训,让整个工作有条不紊地开展。腿勤,心为群众系,腿为群众跑,多到基层,为基层解决他们迫切需要解决的具体困难、具体问题。嘴勤,忌空谈,与职工多谈心,多交流,把好经验、好方法、好建议搜集运用于管理之中。耳勤,广泛倾听干部职工的意见,了解干部职工的疾苦,真心实意地为其排忧解难。手勤,多作记录,多记心得,多写文章,多干、实干、巧干,干出成效来。

显然,这位竞聘者对竞聘岗位的工作性质和职能是十分熟悉和了解的,因此,他才能联系自己的工作实际,有针对性地提出五个方面的工作构想。这些构想,思路清晰,目的明确,无疑能够得到招聘单位领导的认同和赏识。

(四)表达意愿,突出真情

竞聘演讲的结尾处,一般都要表达竞聘者的意愿。此时,竞聘者应以情动人,以简洁朴实的语言,表达自己获取职位的真切愿望,不能过分夸张虚饰,给人矫揉造作之感。只有这样,才能博得现场领导和评委的好感,为自己竞聘的成功画上圆满的句号。例如,一位竞聘者竞聘某市医院外科医生时这样讲道:

尊敬的院领导、各位评委,我是一个生长在偏僻山区贫困农家的女儿,能够从医科大学毕业,与学校的关心和社会的资助分不开。我真诚地希望您仍能够给我一个回报学校和社会的机会,让我用自己的双手为患者解除病痛,给千千万万的家庭送去安康和幸福!谢谢大家!

这位竞聘者首先介绍自己家境的贫困和求学的艰难,接着表达自己"回报学校和社会"的意愿。面对如此坦诚的竞聘者,恐怕现场所有的领导和评委都会为她开启绿灯,因为他们需要的正是这样具有强烈事业心和责任感的人才。

总之,初次竞聘者在演讲时只要调整好竞聘心态,掌握必要的演讲方法,就能够得到招聘单位领导和评委的认同和赏识,获得竞聘的成功。

十一、初次恋爱的谈话艺术

两位青年男女,经"红娘"搭桥初次会面。男青年神态紧张,手足无措,坐了一会儿,便开口问:"你的父母好吗?"女青年答道:"很好。谢谢!"接下来是难堪的沉默。他再次鼓起勇气问:"请问你有没有兄弟?""有。""那——

他还好吗?”“还好。”“你有妹妹吗?”“没有。”又是令人窒息的沉默。女青年干脆说:“我全告诉你好了,我还有叔叔、伯父、奶奶……”说完生气地走了。

这是多么令人难堪的“第一次接触”啊!陌生的男女在这样一种主题先行的情境下约会见面,怎么避免尴尬,共同打开爱情的闸门呢?

（一）求同避异,选择话题

万事开头难。初谈恋爱,首先要找一个彼此都有话可说的话题,陌生感才会逐渐消除。人遇到与自己有相似点的人,会有一种天然的亲近感。可以从自己身边的事情中,包括自己的工作、学习、喜好、见解等等,寻找一个能引发对方兴趣的话题,努力让话题展开、深入,在这过程中,找到你与对方共同的生活理念、兴趣爱好,让彼此的共同语言多起来。

在一间茶馆里,悠悠琴声,淡淡茶香,一对男女青年在这里初次会面了。

男:这间茶馆的生意真不错呀!

女:是呀,工作节奏太快了,人们需要在茶道中寻找久违的宁静淡泊。

男:我也有同感,有时真要放松一下,有几次我到乡下叔叔家钓鱼……

女:你喜欢乡间?我也是这样,业余时间,我常常去山那边的乡间小路上散步……你去过吗?

男:我没有,听你这么说,的确是很惬意的活动。

女:有机会我们去那里走走,真的别有情趣……

这两位初次见面的男女青年,从茶馆的环境谈起,很快找到了共同的向往:宁静淡泊。话匣子打开了,男青年谈他喜欢到乡里钓鱼,女青年说她喜欢在乡间小路散步,越谈越投缘,初次见面谈得多么温馨得体啊!当然话题的选择要因人而异。如果对方是活泼好动、爱唱爱跳的人,你恐怕要从摇滚乐、霹雳舞切入话题了;如果对方对足球没有兴趣,你就不宜神侃外星人小罗、小贝利了。不注意求同避异,偏偏要讲人家不熟悉、不喜欢的话题,话不投机半句多,初次约会就失败了。

（二）委婉含蓄,暗示话题

在初次接触时,双方都一见钟情、一锤定音的可能性微乎其微。即便有意,也还处在相互试探、感情朦胧的阶段。多数情况是“剃头挑子——一头热”;或一方热得快,一方冷冰冰,甚至落花有意,流水无情。的确,初谈恋爱对男女双方都有压力,在别人关注下的感情总是不太自在的。因此,即便你很来电,也请你的感情表白委婉些、含蓄些,给双方都留下回旋的余地。多察言观色,体贴入微,特别注意对方的理解能力和接受能力。

一男子多年寻寻觅觅,不见佳人,终于经人介绍在一次约会中找到了意中人。

男：我很喜欢你，你对我有什么看法？

女：（尴尬）我对你？没什么看法……

男：我爱你，你就是我一直寻找的那个人。

女：（十分尴尬）是吗？

男：我们都老大不小了，父母也希望我早日成家。

女：（满脸通红）……

初次见面，轻率夸张的感情表白往往会坏事。女孩大都矜持、害羞，谁愿意和一个直奔结婚主题的男人交往？随口说出“我爱你”，也许会让她觉得你矫揉造作，情感虚浮，因而退避三舍。话没错，可惜时机没到。“性急吃不了热豆腐”，这次约会失败了。

下面是一个成功的例子：

经朋友牵线搭桥，两位大龄男女青年见面了。

男：见到你很高兴，我们好像见过面似的。

女：哦，“似曾相识燕归来”吧？我也很高兴。

男：我是个教书的，师院毕业后，一直在三中工作。这几年只顾埋头业务，失去了很多机会……

女：机会有时是不期而遇的。我在书店工作，卖书的，我们都是跟书打交道的呢。

男：噢，我是个书迷，常上你们书店去。

女：那太好了！我也爱读书……

看，两人的对话自然、含蓄、双关，非常投缘、得体。他们善于察言观色，相互体贴，很快找到了共同点，以“书”为切入点，探明了对方的初步意向，又留下了回旋的余地，成功拉开了爱情的序幕。

（三）实话实说，展开话题

谈恋爱，是关系终身的大事，当然要实话实说，掏出一颗诚信的心。花言巧语、假话谎言，即使骗人一时，怎能骗人一世！但是，说什么、怎么说，要因人制宜，因时制宜，因境制宜，不可能千篇一律。除了上面介绍的含蓄、委婉的说话方式之外，也有直截了当的方式，一见面就坦陈自己突出的特点，以消除对方的疑虑。这种大巧若拙的做法，用得恰到好处，也能收到好效果。

电影《牧马人》有这样一个场景，主人公许灵均经人介绍与逃荒来的李秀芝处对象：

许：(坦诚地)我是一个右派分子。

李：(微微点着头)我知道你不是故意当的右派。

在极左年代那个特殊政治环境里，所谓“右派”是要受歧视、入另册的。许灵均在同恋爱对象第一次见面时，干脆挑明自己的特殊身份，表现出一个真正男子汉所特有的坦荡与赤诚。李秀芝被他的坦诚所感动，勇敢地爱上了这位“右派”牧马人。

现在，牧马人那个时代已一去不复返了，但这种初谈恋爱时大巧若拙的说话方式仍时有所见。

一位驻守海疆的军官，经朋友介绍同一位幼儿园教师初次见面谈恋爱。

男：(幽默地)我是个当兵的。我们守岛部队的官兵，脸都晒得黑黝黝的，一个个黑包公似的，没把你吓着吧？

女：(嫣然一笑)军人辛苦、刚强，比那些没有经过风雨的小白脸“酷”多了。我从小就特崇拜军人，我爸就是部队转业的。我是幼儿园教师……

男：好职业！天天面对天真烂漫的小朋友，永远年轻。不像我们，天天面对大海……

女：小时候，我爸带我去看过一次大海，无边无际、水天一色，真美啊！我真想再去看大海呢……

男军官一开头就对自己的相貌来了个自嘲，毫不掩饰，显得坦荡而风趣。女教师善解人意，理解和尊重军人，不以为“丑”，反以为“酷”。两人很快找到了大家都喜欢的话题，从“大海”谈开去，会越谈越投缘的，以后终成眷属就大有希望了。

(四) 体态语言，补充话题

谈恋爱初次接触时，人们常常留心对方说了什么，却容易忽略他(她)做了什么。其实，无声语言里蕴涵着更多、更丰富的信息。面部表情、走路的步幅、坐姿的变化等都能传递微妙的信息，暂时的沉默也是“无声胜有声”。特别是对于含蓄、内向的人，不仅要听其声，更要观其形。

两个男女青年第一次约会快结束了，女孩太腼腆，前后没有几句话，令人捉摸不透，她到底是什么态度呢？

男：今天能够认识你，我感到很愉快，你觉得呢？

女：(脸泛红云，沉默不语)……

男：可惜时间过得太快了，就要说再见了，真希望以后还有见面的机会。

女：(微笑，稳坐不动)……

男：有一部美国大片……明天我们一起去看吧。

女：（眼神是快乐而肯定的，可口气是犹豫的）我，我可能没时间。

男：没关系，明天我可以给你打电话，如果你实在没空，周末我们还可以去看。

女：（送过去一张精美的彩照，背面写着她的联系方式，轻柔地）那么，到时再说吧……

初次见面，女孩比较腼腆，不多说话，但她用自己无声的语言表明了自己的态度。你看，她用“脸泛红云”表示自己愉快，用“稳坐不动”表明自己不愿告别，当对方希望再约会时，她悄悄送上自己的联系方式。如果没猜错的话，这位女子一定会赴约，发展下去，也许真的就缔结一段良缘呢。

如果初次约会的一方看不上对方，不愿意与其发展恋爱关系，要讲究拒绝的方法。一般来讲，不要当面对对方的长相、打扮、职业、家庭说三道四，不要当面说“不”，以免伤害对方的感情。约会结束之后，再用电话或书信客气地告诉对方不再约会，体面地结束这种关系。

初谈恋爱是人生爱情之旅的起步，走好这一步就成功了一半。愿天下有意于谈情说爱的人，多学点谈恋爱的谈话技巧，口才会助你们终成眷属啊！

第九章 辩论口才

第一节 辩论口才概述

据说自人类有语言之始便有了辩论。确实,人是社会的动物,走东或是向西,吃茄子还是啃辣椒,都得辩论一番才有结论。

人类有语言固然可以自傲于动物界,但语言衍生出的辩论却极易引发综合病症,大约是第一个产生语言的部落始料不及的,就像会功夫的人从来不会想到,人类多少非正常死亡的惨烈皆出自武林侠客。而辩论如同无际的大海,不同时空的人们前赴后继地演绎其中"沉者自沉、浮者自浮"的历史,有始无终、绵延不绝。惯于言辩、笔辩的哲学家对人生的许多尴尬的游戏尤为豁达。一句"存在的就是合理的",上下五千年的文明史便被尽归于这一简单的逻辑程式之中,更何况"辩论"两字呢?大到老美参众两院铿锵有力的辩论,小到菜市场一分一厘的争执,哪一年、哪一月、哪一天又离得开辩论这出戏呢?

辩论本身有如此这般的是是非非。古往今来,对能言善辩的评议更是莫衷一是。能言善辩者的另几个形容词句就是巧言令色、巧舌如簧、嘴尖皮厚等,从"鲜矣仁"、"颜之厚"到"腹中空"都是针对能言善辩者的漫画肖像。至于其背后为人所指为"耍嘴皮子的、会吹牛的……"更是司空见惯。的确,能言善辩者如杜维明先生所说不能离开"仁厚"这一核心。否则,犀利的词锋、华丽的言词失去理趣就只能是徒然的浮华语句的堆砌,宛如一幅抽象装饰拼贴画,只能迷人眼目却没有多少实际内涵。以理据持辩,以平和的心态说理是真正辩道所倡之原则。《史记》有言:"毛先生以三寸之舌,强于百万之师。"晏子、管仲又何尝不是以其卓越的辩才,成功辅佐齐桓公成就霸业呢？苏格拉底、柏拉图、黑格尔、马克思、孔子、孟子、朱熹又有谁不是以其卓越的辩才而载入历史的典册？可见能言善辩之于个人、社会、国家之重要。

辩论出输赢绝不是辩论本身的宗旨。魏征云："兼听则明，偏信则暗。"辩论的目的恐怕是以辩论形式充分展开对立双方的观点，相互比照、以利接通趋近真理的线路罢了。故能言善辩者，应以求真、求善、求美为己任，这也是举办辩论赛的意义之一。对于现代社会的经济人来说，辩论的意义可能远不止形式上的这些，经济谈判、法庭申辩、公关辞令等都与辩论息息相关。据此，尽管善言辩者饱经风吹雨打、历经伤悲苦痛，仍有那么多的人对辩道趋之若鹜、跃跃欲试而跻身辩论队伍之中，辩论赛也不至于后继乏人。在此，我们满心希望健康、纯真、理性的辩论之花能够盛开在祖国的各个角落。

既然有语言就有辩论，世上的每一个人都是生活的辩论员。在此意义上谈辩论是无法谈清楚的。我们都知道，世上最说明不了的不是貌似博大精深的问题，而是最平淡的日常事件。

十几年沉溺于象牙塔书香氛围里面的大学生，也许会认为自己肚子里的墨水如取之不尽、用之不完的大江大河。实际上，一切据以自傲的知识库存，都如已经风化的土坯，一经反驳，便支离破碎、尘土飞扬。语言似闸，知识似水。话语越多就越显示出知识的贫乏。孔子不断告诫君子要"讷于言而敏于行"也不无道理。圣人的知识在那个时代因客观条件所限，本来就不多，而大到国际战争，小到夫妻吵架，都要为数不多的几个圣人去解决。知识用完了，无以补充，只能重复，于是圣人干了许多"知其不可为而为之"的事。那时，知识是靠身体力行得到的，"讷于言而敏于行"就更为重要。现在不同，印刷业出奇的发达，信息传播也出奇的迅速，又有知识爆炸之势，况且在辩论之时，"开口是金，沉默是土"。知识必须经受一次次的磨炼。孙悟空受炼成器，事先需承受大山的重压，何况如我们这般的下品凡人呢？

文化历史学者朱维铮教授在对复旦大学辩论队的知识储备情况作了一番观察把脉之后，处方上赫然跃出两个字——恶补！英雄所见略同。当时政治学学者王沪宁教授，对他们的思想稍做听诊，二话没说，径直率领着他们进入图书馆，尝尝"钢铁是怎样炼成"的滋味。每当辩论队员们沾沾自喜于方才流出的名言佳句时，年轻的哲学教授，他们的俞吾金教练就不失时机顺口引经据典直指他们引证不当之处，反应之快，引证之准确，古今之贯通，常常令在座的各位辩手瞠目结舌。

因此，作为有志于成为一名优秀辩论队员的青年同学们，必须要以练习瑜伽的那种耐性和恒心在知识的海洋中游泳一番。我为你们开出的第一道知识快餐就是——四书五经。也许,杰克逊的摇滚还在你们的耳边缭绕,现在却要你们即刻转听大秦古音,难免会有抵触情绪。但你必须用你现代人的纤纤之手去触动中华文化的键盘,将花果飘零奏成一阳来复,进而响成新的春天。那时,你对知识的欲求就会超出对于辩论输赢之功利的需要。当然,在认真学习孔孟之道的同时,也应念念不忘身旁摆上几本萨特与福柯的书籍,以求在古今之间求得一个平衡点。久而久之,终究也能够学会一点中西纵横比较参照、古今上下贯通串联的方法。

"唯手熟尔"是卖油老翁谦虚之词,辩论场上的论点应对,引证反驳,词锋相接要做到总体上处于从容自如的境地,在人们眼中也算是无他,唯眼熟尔、唯耳熟尔,或唯嘴熟尔!殊不知一个"熟"字该是由多少辛苦酿成!孟子云:"人之有德慧术知者,恒存乎疢疾。"

训练场毕竟只是世界小小的一角,推广至社会、国家、国际的空间,人类智慧与文明的提升发展不正是知识的竞争与撞击的结果吗?适者生存在现代社会中不再体现为用坚强的体魄与寒冷、巨兽、顽石作抗争,而是用智商与知识同外界恶劣的环境作搏斗。丹尼尔的科学技术决定论,托夫勒的信息独霸论,王沪宁先生的智商优势论,说的就是这个道理。辩论场不是一般的人际交往场。思想、智慧的撞击与反弹尤为直接、激烈。当对方陈词中所蕴涵的种种观点、原理、逻辑推导如排山倒海般向你涌来的时候,你当然也可以不理不睬地自说自话,这种对于对方的攻击毫无反应的做法只能算是下品的辩论技巧。真正果敢勇猛、准确、犀利的应对,才能博得评委的青睐,奠定胜局的基础。他谈甲对乙的决定作用,你必谈乙对甲的反作用;他谈孔子云"唯女子与小人为难养也",你必须反诘孔子不也曾经如痴如醉地欣赏南子的美貌吗?他言康德的善良意志,你必云康德对人之恶性、自私性的肯定;他搬韦政通,你必抬杜维明……对方陈词中的观点、立论、逻辑事先皆在暗处,场上不及一秒的反应时间是谈不上同辩友耳语商榷,或翻书看笔记的。若不是平时的知识积累具有一定基础,辩论队员必将会在场上"王顾左右而言他",甚至到一时语塞、不知所云的境地。子曰:"中人以上,可以语上也;中人以下,不可以语上也。"这句话固然有自命清高的酸味与等级观念的腐气,但辩论立场的依据确实不能来自街头巷尾鸡毛蒜皮的琐谈,或是江湖艺人之谐语,而应出自大家巨匠的鸿篇巨论之中,要求辩论队员具有极高的理论素养和知识功底,也就是个个要是青年才俊。既然是才俊则必也是孔子所说之"中人以上"者。参加辩论赛的各路辩手大多具有任对方古今中外、东西南北之侃侃引证,自己把握滔滔不绝上下纵横,本末源流作反驳的本领，真可谓是任你如何“语上”，我也能接“上语”。辩论赛实际上是知识的较量，来不得半点马虎。如有不慎，犯了将奥古斯丁等同于奥斯特洛夫斯基的错误，将自己归依到“中人以下”，任对方恣意凭“语上”之态做反驳，其结果可想而知：非但轻松地成为输家，且过于潇洒地成为贻笑大方的范例。

心理素质的好坏是运动竞技取胜的重要一环，辩论队员的心理素质也是辩论取胜的关键。运动场上心理冷静平稳则可以只管如风驰电掣的奔跑就成，而辩论场上的心理冷静平稳绝对不是要求你沉默不语，去实践“沉默就是最好的反驳”的格言，而是要求你冷静平稳地调动以往的知识资源作有效的回应。“知识就是力量”则是辩论场遵循的重要原则。说到底，辩论场上心理素质的好坏取决于知识修养的多少。

辩论场上心理素质的好坏不仅体现在刀来剑往的应对上，且体现在唇枪舌剑的反驳过程中队员的风度气质上。凡在必分输赢的场合，总能看到因赛场争雄，同窗好友一夜之间顿成路人的事例。辩论赛有胜方、败方之分，冠亚军之物质奖励也颇为悬殊，其间火药味不会不浓，但辩论赛毕竟必须贯穿以辩会友、友谊第一、比赛第二的精神境界。常言道：“说时容易，做时难。”倘若对方引证一个几乎可置你方立场于死地的观点，你又想不出妙招挡架，便极可能以为对方丝毫情面不讲，从而自己血压升高，语速加快，苛刻挖苦之词鱼贯而出，原先的绅士淑女派头荡然无存，落入了谩骂、无端攻击的窘境。反之，当时若能及时调动知识底蕴，行以毒攻毒之招，用避实就虚之计，言词自然可入情入理。将沉稳大度、从容不迫之风度气质昭然于众，必令评委和观众赏心悦目。言之以理，晓之以情，驳之有度，辩之有节，才是真正辩论之道，否则辩论与街头巷尾的吵架叫骂就没有什么区别了。

组队辩论不但要求每个队员才气过人，更要求队员之间默契配合。一个人的文化知识底蕴不可能在短期内为其他队员所了解，其深浅厚薄队员之间只能略知一二。辩论场上你来我往的应答不能单靠个别人独领风骚，得靠集体智慧联合出击。如一辩谈伯夷、叔齐在饥寒交迫之时仍恪守道德，不失高风亮节之君子风度。二辩就要有伯夷、叔齐曾是王子贵族的知识准备，以防对方反击。三辩巧将“争则乱，乱则穷”改为“争则乱，乱则饱”以归谬对方立论的逻辑。四辩必准备应接出“天下大乱才能达到天下大饱”。若没有知识结构与内涵的相互配合、对应，他说康德超验的善良意志，你云良知的经验体会；他论恶的进步意义，你谈善的社会历史性……结果，辩论场上展开辩论的不是正反两方，而是矛盾百出的自己。祸起萧墙，矛盾既出，即使你欲竭力弥补，无奈对方早就针对你方矛盾穷追猛打，最终只能痛尝失败恶果。

由于辩论赛正反两方命题都已给定，相互之间战略意图明白清楚，双方的智慧与机敏就体现在确立立场、组织反驳的战术策略之上。双方赛前必费尽心思揣度对方可能摆出的招式与机巧，组织反攻的“弹药”，准备一些维护自方立场的独门“暗器”。智者千虑，必有一失。辩题涉及面广，经济、文化、哲学、传媒、环保、医药、法律等等无所不包，且又是世人关注的焦点，有些辩题可谓既白了孔子也老了康德，至今尚无定论。因此，可供双方参考的观点可谓是汗牛充栋，不胜枚举。纵使赛前相互之间有千千万万个估计也难保全面。这样，辩论场上如何了解对方所持的论据至关重要。“以学心听”是辩论队员应有的基本素质。辩论赛在一定意义上也是一场争夺桂冠的比赛，输赢得失远胜于四位辩手的切身利益，牵涉其所代表的学校荣誉。辩论队员担负的压力可谓不小，又是十具血性的青年，一俟辩论场上风雨突变，难免情绪激昂，以感情统摄思维与辞令，从而犯下辩论之大忌：冲动与急躁。荀子之“以学心听”之言，即要以探讨学习的心境去听。对方所处院系的文化环境以及各自的知识储备与自己大相径庭，有的或许是自己闻所未闻，虽光怪陆离，却又不失理趣的理论。假使让自己开始就处于以“攻”心听的状态，以绝对斗争的姿态相对立，必导致心情过于紧张、脑力失调，语言的子弹多却乱飞，反而无法击中要害。“以学心听”要求辩论队员以较为宽厚、平和的心态去聆听对方的论证，只有这样，才能把握对方陈词中何为直截了当的理喻，何为弦外之音、机巧之设，又何为核心概念，何为逻辑线路……在充分了解对方观点之后，才可将其观点与己方的立场参照比较，听听是否有可供我方用来转换立场的方面，是否有明显的矛盾之处，是否有可将其逻辑推导演绎出荒谬结论之所在，甚至弄清其长处如何，以利实现“师夷长技以制夷”的策略。以上绝非是以一种非常焦虑的心态去听就能成就的。待对方言毕，心明耳聪的结果便是你的言辞犀利而不刻薄、反驳有利而不强词夺理、申辩圆满而不褊狭、攻击勇猛准确而不漫无边际，从而让辩论场真正成为一种“真理的探讨”、“智慧的交流”、“感情的交融”之文化交流场。

言辞表达、思维方式、逻辑路线是辩论之中特别重要的三个方面。不同文化背景或不同知识储备之下有其不同特点。有的重定量、重事实、重罗列各家观点，有的重定性、重哲理、重独家之说；有的语句深长、意喻复杂，有的简短明了，中心突出；有的持单线决定论，有的持多元发展观；有的抽象深奥，有的平实质朴……总之，各自充分体现以自己所处的文化背景为依托而展开的辩论风格。尽管风格各异，但各有各的长处。输赢得失并不意味着在风格上有优劣之分。中华文化培育成的中国人特有的思维方式与逻辑线路在塑造民族性格、培养社会心理、规定价值取向方面起了巨大作用。中国特有的思维方式无外乎有这几个特点：整体性思维、对待性思维、辩证性思维、意向性思维、历史性思维、直觉性思维等，而这些思维特点对辩论队员在变幻莫测的辩论场上处变不惊、从容应对大有益处。

从几场中国内地学生参与比赛的辩词中看，内地学生都能本着对人类整体利益的关切，以对对方立场真理性因素的宽容襟怀，以运动变化发展的眼光，以恰到好处深入浅出的比附，以对大历史演绎的观照，以简洁自然的寓意来建构自己的立场，申辩自己的观点，赢得大多数评委与观众的认同。唐诗、宋词是中华文化之瑰宝，适当用其来表达严谨复杂的理论问题有着独特的妙处，非但言简意赅，深入浅出，更有意境悠长、耐人寻味之美感，其趣其妙不是其他形式所能代替的。

辩论赛不只是辩论队员之间的辩论活动，而是集辩论员、评委、观众于一体的综合行为。辩论赛不同于专业评定职称的答辩，专业性强，高度抽象，且需借助于各种图表图像来加以说明。辩论赛是借助辩论员娴熟的语言技巧将自身立场、观点充分展示的比赛，它更多的是要在现场来激发评委、观众对某个论点与事实的直觉与联想，以求他们对某个立场的了解。因辩题涉及面极广，不可能每个评委或观众对某个辩题有其专业性的见解，需要辩论队员一方面要引证各家学者高度抽象严谨的理论证明逻辑过程；另一方面要求辩论队员能够化繁芜为简明，变抽象为具体，以清楚明了的历史事实或日常行为等来阐明原理与观点。古语云："淡中知真味，常里识趣奇。"辩论表达的语言主要不是诉诸专家，而是诉之于评委与观众。可能两队队员都是学富五车，言必称希腊、罗马，语必出老庄、孔孟，令四周笼罩灰蒙蒙之理论氛围，多数观点及其论证博大精深，却晦涩难懂，曲高和寡，评委与观众木然观赏，即便是有几个附庸风雅者偶发掌声，也难免其音寥落。最终场上队员也因缺乏相应气氛烘托，盛气转为泄气。辩论赛的观众逃之夭夭，不敢附和，辩论赛的命运也算是到了尽头。

为此，辩论评判有语言表达和幽默感这两个重要标准，皆在于让辩论会不仅要展示各路队员智慧之美，也要让辩论会成为社会上一种喜闻乐见的文化形式。在某种意义上说，辩论赛表达形式如何、幽默感如何将决定辩论赛未来发展的命运。在大多数人看来，幽默似乎是西方人的专利。其实，孔老夫子就是一位不苟言笑的老师，其一言一语免不了有贯穿历史的沉重感，然而其自身矛盾的种种生活举动则让你忍俊不禁。其实，中国人缺乏的不是幽默，而是没有将幽默作为一种日常的生活方式而已。幽默是可以培养的，一个人、一个组织、一个社会，乃至一个国家都有可能因各种原因做出令人捧腹的事情，关键要培养发现幽默的眼光和才能。我们不难发现，我们一以贯之的生活常识与逻辑往往是经不起仔细推敲的，稍稍利用理论与逻辑的力量就可归结出一种荒谬绝伦的结论。辩论也是如此。辩论中双方为了深入浅出说明自己的观点，必采用大量的类比、比喻来解释自己的观点并攻击对方论点，这极可能造成螳螂捕蝉、黄雀在后的局面。因为所采用的类比与比喻本身较难做到严密与精确，被攻击一方稍加处理便会反驳出一个以子之矛攻子之盾的高招来。所以，辩论场上幽默的运用从来就不是引起评委与观众开怀大笑就算了结的事，大多情况下要三思而言之。

辩论不应是导致争斗的序曲，而应是逼近真理的前奏。在多元文化、多元社会的大背景下，尤其是在社会巨变时期，各种理论、观点如潮水般蜂拥而至，精神世界的不确定性，从来就是人类发展的屏障。"以公心辩"，便要求人们有为真知而申辩、而理论的情怀。对事物的认知尽管因地理环境、思维方式、生活形式不同而有所不同，但人类一旦能够通过各种符号系统进行信息互换，那就预示着不同类型文化之间的对话成为可能。对话的存在意味着辩论的必然，真知从来就没有打上肤色、语言、国别的烙印。可以说世界上的每个民族都对未来人类社会的发展有其独特的见解与思考，尽管角度不同，立场有异，观点有别，但都不失有真理性的因素。民族的未来在于能够走向世界，世界的未来在于能够了解各民族。

"以公心辩"则是要充分地调动人类共同创造的智慧与理性的宝贵资源，澄清人类对自身、对外界的茫然与混沌。

第二节　辩论心理

辩论是一种游戏，但又不完全是游戏。说它是游戏，因为它按一定的游戏规则进行；说它不完全是游戏，因为它的根本目的不是娱乐，而是讨论问题，交锋思想，引起大众对某些重大社会问题的思考与关注。辩论赛是辩论的游戏化，与辩论不同。辩论是为了探究问题，辩明真理，没有规则；辩论赛是就一个问题，持相互对立观点的双方展开的唇枪舌剑的较量，它关注的不是问题的解决，而是辩论本身，因而带有一定的表演性。

既然是比赛，就会有胜负。辩论赛是集知识、思辨、技巧于一体的智能性活动，因而，比赛的胜负由诸多因素决定。就比赛本身而言，心理是决定比赛胜负的关键性因素之一。这里的心理包括两个方面：一是辩手本身的心理素质；二是辩手与观众沟通所营造的心理氛围。心理对辩论赛的作用，犹如水对舟的作用：水可载舟，水亦可覆舟。良好的心理素质与心理氛围，能够保证比赛按设定的战术方案进行，赢得主动，从而为获胜奠定基础；而不良的心理状态与心理氛围，将可能使精心准备的思路、战术方案无法得到体现，比赛陷于被动。所以，任何形式的辩论比赛，都对辩手或辩论队的心理素质和与观众共同营造良好心理氛围的能力提出很高的要求。辩手在这方面的素质与能力，既与辩手本身的操行修养有关，也与平时的自我训练有关。在此，我们仅就心理与辩论的关系谈一些看法。

一、辩论场上的心理控制

在这么多比赛中，辩论赛在本质上与棋赛最为相似。辩论赛在“辩”中对抗，而棋赛却在“谈”中对抗，我们时常把下围棋称为“手谈”。不论“辩”中对抗，还是“谈”中对抗，其中真正在较量的，不是言语和词句，也不是一粒粒棋子，而是双方的心力、智慧和勇气。任何对抗都是控制与反控制的过程，你不控制对方，就会被对方所控制。在双方的心力、智慧和勇气的较量中，在棋逢对手的情况下，控制对方的心力和勇气往往成为取胜关键。这种控制也就是控制对手的心理。要控制对方的心力与勇气，就要用自己的心力和勇气与之较量并压倒对方。为此，首先就要调配和控制好自己的心力与勇气，使其具有强大的能量。辩论赛与棋赛有点不同，在棋赛中，棋手远离观众，观众的反应不影响比赛；而辩论赛具有一定的表演性，它需要观众，观众的认同和支持都会对各方的表演产生全面的影响。因此，在比赛中，如何通过与观众心照不宣的交流，赢得观众的心，赢得观众的认同和支持，是辩论双方都要考虑并采取措施解决的问题。由此可见，在一场辩论赛中，心理控制有三个方面：自我心理控制、对手心理控制和观众心理控制。

（一）自我心理控制

自我心理控制是实现对整场比赛全面心理控制的首要前提。如果自我心力不强，勇气不振，即使再怎么有智慧，都是很难战胜对手、征服观众的。中国学把“气”视为生命之本。“气”消命亡，这道理也同样适用于辩论赛。俗话说：“狭路相逢勇者胜。”一支真正能战斗的好的辩论队，应该是充满活力和生气的队伍，只有这样的队伍，才会在比赛中展现出排山倒海般的气势和攻击力。一个队的气势和战斗力，一方面基于其知识和理论的素养，另一方面则基于其自我心理的控制力，在比赛中，后者更具决定性意义。

自我心理控制首先控制的是紧张。紧张是辩论赛的最大敌人，可紧张又是辩论赛中难以避免的。紧张影响陈述与反驳的逻辑与力度，影响注意力，让对方的漏洞和矛盾在自己的“眼皮”底下溜走，严重的还会影响辩手的风度，因为过度的紧张会使辩手在发言时，两手发抖，嘴唇发紫，脸色发青。要控制紧张，在赛前，就要充分地自我放松，抛开辩论赛之外的任何私心杂念，并确立牢固的信心。这信心，包括对自己有信心，对队友有信心，对辩词和立论有信心，对教练的指导有信心。这种信心，有时不能靠理性来确立，而是靠强烈的取胜欲望来确立。要控制紧张，在比赛开始后，就要争取尽快进入角色，将整个身心融进辩论场。好的辩手能在开口讲话后的瞬间就进入状态，消除紧张，而有的辩手则会从头紧张到尾。要想尽快进入状态，就要在平时的训练中养成一上场就能使注意力高度集中的心理素质。如果在场上能很快地集中自己的注意力，并全部投入对方的一言一行，那紧张也就会立刻消除。

其次，要控制急躁情绪。紧张有时会导致急躁，但急躁有时是由于太想赢对方，恨不得将对手一“拳”击倒造成的。辩论是一项艺术、智能化的表演，在辩论场，双方之间的心理关系十分微妙，任何一方一出现急躁情绪，就会给对方造成可乘之机，导致比赛的心理天平倾斜。辩论赛非常强调语言的优美和表达的艺术，如果心理过于急躁，这方面的表现力就会丧失，而流露出争吵的味道。所以，急躁对辩论赛的取胜十分有害。在′93国际大专辩论赛的大决赛中，台湾大学队就表现得过于激动。如在自由辩论中：

蒋昌建：我还没听清楚，你们论述人性是本善的，是在进化论原始社会的本善，还是人一生下来的本善，请回答！

许金龙：我方早就说过的嘛！孟子说良心啊，你有没有恻隐之心，你有没有不安不忍之心，这就是良心嘛！你怎么不听清楚了呢？

许金龙回答问题的口气和他最后那句话，都给人一种发急的感觉，而不是理直气壮的感觉，而且，这种口气和表达方式也缺乏美感。在这场比赛中，台大代表队的急躁和激动情绪影响了比赛的正常发挥，也影响了其自身的整体风格。对此，杜维明教授在评点中以十分委婉的语气点明道：“在语气方面，正方是严厉质问，恳切坦诚，有的时候情绪比较激动。”在比赛中，能控制住急躁情绪，就能使自己的心态保持沉稳和冷静，而这却是辩论赛中最为需要的，因为在这种唇枪舌剑的较量中，语言的表达都比较巧妙，而且一来一往的对辩速度比较快，要想找到对方的漏洞并予以打击，就需要有明察秋毫和快速判断的能力，而这种能力的发挥需要沉着和冷静。在这场大决赛中，台大队从台面上看，显得十分热闹，猛打猛攻，气势逼人，但由于缺乏冷静，对复旦代表队的立论没有很仔细的分析，所以他们一直攻不到复旦代表队的要害上，以至于台大四辩在总结陈词时，把复旦代表队最基本的立论搞错，他所攻击的论点，正是复旦代表队做过有力论证的论点。台大队最终失利有多方原因，其中一个重要原因，就是队员自我情绪控制不好，不够冷静，过于激动。

最后，要鼓足最大的勇气，在敢于同对手斗智的同时，还应敢于同对手斗勇。两军对垒，勇者胜。辩论中的勇气，不是简单地来自激情，它更来自高度的自信和高度的理性。辩论就是辩“理”，理直才能气壮，有高度的自信和理性，辩手才能回击来自任何方面的进攻，才能将自己的立论视为无坚不摧的矛，用其大胆地攻击对方。在与澳大利亚悉尼大学队的比赛中，复旦代表队就充分利用“社会系统工程”这一立论的核心概念，大胆地攻击对方：

姜丰：医学已经搞了几十年，但是还没有搞出来，我们看到，社会系统工程出台后已经取得了有效的效果。

正方：什么有效效果啊？

姜丰：有效效果是有目共睹的。我们从来没有否认过医学也要参与其中，但不是说医学参与就是医学问题。我在报纸上看到奎因街发生了五次火灾都有医生参加，但是不是这五次火灾都是医学问题呢？

正方：你说社会问题可以参与其中，但是社会问题就等于是医学问题嘛。

蒋昌建：对方终于退出了一步，认为医学是没法解决的，只有靠社会系统工程，论证了我方的观点，谢谢。

正方：现在是绝症就能证明以后就是绝症了吗？在历史上，黑死病、糖尿病、肺结核都曾是绝症，但在医学的发展下都一一迎刃而解了，对方怎么解释？

季翔：医学就真的解决了吗？东南亚现在不还在流行瘟疫吗？这还是个社会问题呀！

正方：因为他们没有足够的医学知识，没有足够的医疗设备呀！

严嘉：不是有了钱就能解决问题的！艾滋病这个绝症现在是个社会问题，解决以后就不是个社会问题吗？感冒是可以治疗的，大规模的感冒还是一个社会问题呀！

正方：那我倒要问对方同学，如果我们今天发明一种可以控制艾滋病的疫苗,那会有什么社会问题,请说明。

季翔:如果的话,整个巴黎都可以装在一个瓶子里,如果人类不存在,艾滋病还有没有啊?

在这几个来回中,可以看出复旦代表队的队员对自己的立论和核心概念十分有信心,有把握,并用其紧逼对方,不让对方有喘息机会。有了信心,有了一往无前的勇气,不仅能够进行大胆地进攻,而且能有效地回应对方的攻击。

在大决赛中,复旦代表队的立场是:人性本恶,于是对方一开始就进行猛烈攻击。

许金龙:对方辩友,他要有人勤加于灌溉,我想请问对方辩友,请您正面回答我,你喜不喜欢杀人放火?

季翔:我当然不喜欢,因为我受过了教化。但我并不以我的人性本恶为耻辱。我想请问对方,你们的善花是如何结出恶果的?

吴淑燕:我想先请问对方同学,您的教育能够使你一辈子不流露本性吗?如果您又不小心流露本性,那我们大家可要遭殃了。

严嘉:所以我要不断地注意修身自己啊!曾子为什么说"吾日三省吾身"呢?所以,我再次想请问对方辩友,你们说内因没有的话,那善花为什么会从恶果里产生呢?

很显然,台大这两轮进攻都是针对复旦队的立场,有备而来,而且直指辩手本身,在这样的情况下,复旦代表队稍有迟疑,不正面迎接,他们即刻得势。好在复旦代表队辩手在对辩中具有非凡的勇气,不仅正面回答了问题,阐明了自己的基本态度,而且还直接向对方立论的核心点发起进攻,两次追问对方:善花如何结出恶果?正是这种勇气,保证了这场比赛的最后胜利。

(二)对手心理控制

辩论赛就是控制与反控制的较量。在比赛中,创造并保持心理上的优势十分重要。要创造并保持心理上的优势,除了要很好地控制自己的心理状态外,还要努力用辩论赛中表演、辩论的技巧去不断地冲击对方的心理防线,或去迷惑对方,使对方的信心动摇,从而全面地驾驭对手的心理。因此,在比赛中,要敢于与对方开展心理战,并争取在这无声的战场上赢得优势。在新加坡举办的前后四届辩论赛的决赛录像,我看过多遍,我一直有这种强烈的感觉:最后胜利的队,不仅胜在台面上的唇枪舌剑,而且还胜在台面下的心理之战。我认为控制对手的心理,主要有以下几种方法:

首先,用眼神和表情控制对方。这是控制对手心理最简单也是最基本的方法。辩论是面对面进行的，辩手的一手势、一表情、一眼神，都会影响对手的心理。如果能有意识地利用手势、表情和眼神来影响对方，迷惑对方，那就等于在与对方辩论时，除了用嘴和对方论辩外，还用眼神与表情和对方论辩。当然，后一种论辩要十分恰当，绝不能过火，否则适得其反。一般来说，在对方发言时，辩手的眼神和表情，要表现出全神贯注的神态，直视对方发言者，并适时地流露出怀疑的神情，这些表现主要要给对方一个信息：我正在非常仔细听你的陈词，任何漏洞和矛盾都逃不过我的耳朵，对你发言中的有些地方我已感到怀疑，我极可能要抓住反驳。对方如果看到这种眼神和表情，接受到这种信息，就有可能紧张、发慌，甚至可能开始自我怀疑，怀疑自己什么地方说错了或说漏了。在大决赛中，作为评委的杜维明教授对双方的陈词都听得十分仔细。从录像中可从看到，他在听辩手陈词时，那个眼神极其特别，斜着眼，眼睛动也不动地直盯着，显得十分认真和投入，好像在仔细琢磨辩手所说的每句话。我想在场的辩手中不论哪一个看到杜教授的这种眼神，多少都会感到心里发慌的。听对方发言是这样，在自己发言时，则就通过语气、手势和神态，显示出十足的信心以及在立场与观点上坚定不移的态度。复旦代表队与剑桥大学代表队关于“温饱问题是谈道德的必要条件”的辩论进入总结陈词阶段后，复旦四辩首先总结陈词，他一开口就用严肃而坚定的语气说道：“经过刚才一番唇枪舌剑，我的肚子的确有些饿了，但是我仍然要把道德问题谈清楚。”他的话音刚落，全场掌声四起。在这形象化的朴素语言中，他不仅再次表明了反方的基本立场，即不论在任何时候，只要人存在就能谈道德，而且表明了反方在这立场和观点上坚定不移的态度。这掷地有声的话语和观众的掌声无疑给对方造成了心理冲击。应该注意的是，辩论赛中神态、眼神和手势的表现，一定要恰到好处，否则，不仅不会有效果，而且会使人产生反感。

其次，出其不意，打乱对方心理准备。现在这种辩论赛事先都经过较精心的准备，因此，队员在上台前心里都比较有底。但是不管事先多么精心准备，总难免有疏漏和考虑不周全的地方，这些疏漏或不周全的地方一旦在比赛中被对手点到，辩手就会因缺乏心理准备而发慌，或回避，或支支吾吾、躲躲闪闪。这时，攻方就可以借机进行第二次打击，进一步削弱对手的心理优势。这种出其不意的战术，是通过追问对方一些看似十分常识，辩手理应知道而实际上答不上来的问题来实现的。在1988年的新加坡亚洲大专辩论会上，复旦代表队第一场与澳门东洋大学对垒，辩论“联合国是否有存在下去的必要”的问题。在自由辩论中，复旦代表队就要求对方说出联合国的成立时间，结果对方对这问题没有准备，一时答不上来，显得很被动，于是复旦代表队得势不饶人，进一步攻击道：连联合国的生辰八字都没有搞清楚，怎么能断定联合国是否有存在的必要。这一攻击，使对方更陷于被动。第一次追问答不上，对手心里必然紧张，因为这是最基本的问题，紧接着的第二次攻击，对手是无力反击的，这时对手的自信心就会受到打击。可见，这种出其不意的追问和攻击，对对手心理的冲击是很大的。在'93国际大专辩论届大赛中，复旦代表队在与悉尼大学代表队比赛时，如法炮制，再次奏效。下面就是这精彩的一幕。

季翔：我倒想请对方辩友回答我一个很简单的问题，今年艾滋病日的口号是什么？

正方：今年的口号是"更要加强预防"，怎么预防呢？要用医学方法去预防啊。

季翔：错了！今年的口号是"时不我待"，对方辩友连这个基本的问题都不知道，怪不得谈起艾滋病问题来还是不紧不慢的。

正方：既然对方辩友说"时不我待"，那么为什么还不赶快从医学问题上面去研究，赶快发明一种对人体有益的疫苗，赶快解决这个问题呢？

季翔的一问一攻，引来了满堂喝彩。对方在季翔提出问题后，心里就开始紧张，由于是"很简单的问题"，对方不得不回答，于是现场随口说了一个口号，在季翔紧接的精彩攻击后，对手的回应明显失去了攻击力，开始显得信心不足。和任何战术一样，这种战术要奏效，也不能滥用，要用在点子上，要相对有把握地用。

再次，紧逼对手，使其陷入心理困境。辩论赛绝不可能像拳击赛那样，有可能一拳将对手击倒，结束战斗。辩论赛，从场面上看，主要靠"点数"取胜，即找到对方立论和观点中的各种弱点与矛盾，进行多点或多层次的攻击。在这过程中，如果抓住了对方立论和观点的最要害点，就要紧逼对手，使其陷入困境。每一次的紧逼都是对对方心理的一次有力的冲击，尤其当对手觉得回答了问题而己方指出他实际上并没有把问题说清楚时，这种冲击就更大了。复旦代表队在与剑桥大学代表队比赛时，就用了两个估计对方很难回答清楚的问题来紧逼对方。一个是逻辑问题，即要求对方证明没有温饱就绝对不能谈道德；一个是事实问题，即"请对方举例说明，哪怕是一个，人类社会在何时、何地、何种情况下一点道德都不谈"。这两个问题在复旦代表队一辩的陈述中就明确提出，由于对方一直没有很有效地回答这两个问题，所以复旦代表队在整场的比赛中，不时地用这两个问题，交替紧逼对手，以致对方在无法举出复旦代表队要求的实例时说了令全场大笑的一句话："我方的论点对方没有任何批驳，所以我方的定义已经成立了。"对这话，季翔紧接着反驳很是精彩："你的论点不是自己说成立就成立了，不然还要评判干什么？"此时引来的是全场掌声。虽然，在这场辩论中，剑桥代表队也对复旦代表队进行反紧逼，即用"超道德"行为能不能在社会上广泛推行的问题，先后三次紧逼复旦代表队，但由于紧逼不力，加之复旦代表队的化解，结果没有奏效。这样，复旦代表队就在与对方的紧逼和反紧逼中，控制了对方心理，并将其逼入困境。复旦代表队在最后一场与台大队的比赛中，采用了更加强硬的紧逼战术，每个辩手都提出同样的问题要求对方回答：即善花如何结出恶果。由于对方一直无法自圆其说，所以，这个问题像孙悟空头上的紧箍咒一样，越逼越紧，逼得台大辩手个个情绪激动，恨不得将复旦队一"拳"打倒，摆脱这问题的"纠缠"。事实证明，这种紧逼在一定的条件下能比较有效地冲击对方的心理。因为，这种紧逼使对方不得不一再面对自己无法回答或无法自圆其说的问题，多次面临困境，再好的自信心和心理状态也会被冲垮的。

（三）观众心理控制

观众心理控制就是在辩论中要和对手"抢"观众，"抢"观众的心、观众的情和观众的思。这种"抢"在辩论场上不是靠平庸的逗乐，而是靠每个辩手和整个队的总体表现。关于这个问题，我前面已有所论及，在此我主要想谈下面两个问题。

首先，用真情去打动观众。在人世间，没有什么比人的真情更能打动人心的了。英国著名政治家丘吉尔是一个非凡的演说家，在二次世界大战期间，他凭着他的胆量、真情和出色的演说才能，唤起了英国人民坚决抗击法西斯德国的决心。尼克松在评价他的演讲时说："他的演讲之所以激动人心是由于其本人也被他为之奋斗的理想所激励。"澳大利亚前总理罗伯特·孟席斯爵士认为丘吉尔演讲之所以那样扣人心弦，其原因是他"懂得了一个伟大真理，这就是，讲演者或领导人要想打动别人，首先得打动自己，他脑海中的一切都应该是栩栩如生的"。任何真情都源自心灵的深处，源自对生命和人生最深刻的理解和体验。就辩论赛来说，辩手要想在辩论中用自己的真情去打动观众，首先就要对自己的立场、观点，甚至辩词中的每一句话有真情，要充分感受到所要说的每一句话都是心里想说的话，这样才能在赛场上赋予每句说出的话以真情，从而在打动自己的同时，打动观众。其次，对辩论赛本身要有真情，即对辩论赛要有认真的态度、执著的情感。丘吉尔在锻炼自己的演讲才能时，态度是极其认真的。尼克松说，开始的时候他写出并熟记每一篇讲稿，对着镜子研究说话时的手势，甚至试验以各种方法使用咬舌音，来增强效果。我想一个好辩手要想在台上用自己的真情表演打动观众，就必须有在台下对辩论艺术精益求精、执著追求的精神。只有在这种精神下不断进取和努力，辩论才能最终转化为辩手的一种“本能”。总之，在辩论场上，要深深地打动观众，赢得观众，不是靠美丽的词藻和做作的表演，因为这些产生不了真情，而是靠对理论的执著，对辩论的激情和对辩论中一言一行的认真态度。不管哪一支辩论队伍，只要它付出了真情，定能换回观众的真心。

其次，用真心去理解观众和尊重观众。我国相声大师侯宝林先生在回顾自己一生的演艺生涯时，十分动情地说：“观众是我的衣食父母。对于辩论赛来说，观众虽然不是辩手的衣食父母，但却是辩论赛不可缺少的有机部分，是辩论赛的基础和最基本的‘评判员’，也是每位辩手的坚强后盾。没有观众，辩论赛就失去了应有的魅力；没有观众的支持，不论哪一方要想获胜都是十分困难的。”常言道：“要让别人理解和尊重自己，自己就必须首先理解和尊重别人。”这个道理同样适用于辩论。任何观众在听辩论时，他都会带进自己的思想、感情和好恶判断，对此，辩手要有一定的心理准备。在辩论赛中，我们要尽可能地展现台下观众所代表的思想、文化和社会生活的积极方面，并予以肯定。当然，这种展现和肯定应根据现场和辩题而定。例如，1988 年复旦代表队在与台大队决赛时，肯定了新加坡为抵制西方歪风所实行的社会综合治理；而在 1993 年的决赛中，则对新加坡的教化工程大加赞赏。在这样的场景下，主动地肯定观众所代表的思想、文化和社会生活的积极方面，就是对观众的莫大理解和尊重。辩论赛切忌辩手在辩论时，目中无人，不顾场合和场景，信口开河。一个好的辩手应该有很强的观众意识，他对观众的理解和尊重，不能表现为对观众的胡吹乱捧，而应表现为对观众所代表的思想、文化和社会生活的积极方面的理解和赞赏，对这些领域存在的问题的理解和同情。只有这种出自真心的理解和尊重，才能温暖观众的心，才能把话说到观众的心坎上，才能使观众从辩论现场感受到来自辩手的亲切与友善。正如毛泽东同志所说的，赢得人民，就赢得战争的胜利。在辩论场上，赢得观众，就能赢得辩论赛的胜利。

二、辩论赛前的心理调节

从接到辩题到正式比赛，一般都有赛前准备过程。在这过程中，除了要精心思考立论，收集材料，组织论据外，还要充分做好赛前的心理调节。由于赛前准备都比较紧张，所以人们常常注意了前半部分的工作，而忽略了后半部分的工作，也就是说抓了“硬件”，忽略了“软件”，结果经常是后悔莫及。任何比赛都要注意赛前的心理调节，辩论赛更应该注意，因为辩论赛中由于紧张说错一句话而被对方抓住，就完全有可能导致整场比赛优势的丧失，陷入全面被动。因此，赛前的心理调节是准备辩论赛的一项十分重要的基础性工作。赛前的心理调节应抓好以下几个环节。

（一）协调认知

现代认知心理学有一重要理论叫认知不协调理论，该理论认为，人们都力求认知的协调一致，可事实上人们常处在认知不协调状态。认知不协调主要表现为两种情况：一是主观认知与事实认知的不协调。例如，假设有个学生自认为自己的智力水平很高，可是在一次考试中，他却没有及格。这样一来，第一种认知即相信自己很聪明的信念便和第二种认知即考试不及格的事实不一致。二是所持信念与所要接受的观点不协调。心理学认为，人们不喜欢看或听，更不愿意接受那些与他们所坚持的信念或希望相反的东西，所以，一旦出现这种东西，人们的认知心理就陷于不协调。显然，后一种情况的认知不协调在辩论赛中是会经常出现的。辩论双方的立场是抽签决定的，而不是自己选择的。这样就经常会出现辩论的立场与自己所持信念不协调的情况。例如，某届辩论赛有一辩题是“现代化等于西方化”。对于这一问题，现在学术界和社会大众都普遍有这样的共识，即现代化不等于西方化。在这样的背景下，如果抽签结果要求以“现代化等于西方化”为立场，那么认知的不协调也就随之产生，而与此立场相对的反方则没有这方面问题。某届辩论赛的另一个辩题，即“艾滋病是医学问题，不是社会问题”，却使正反两方都陷入认知不协调的困境。因为，现在世界各国都公认艾滋病既是医学问题，又是社会问题，而辩题却要求正方论证艾滋病是医学问题，不是社会问题；要求反方论证艾滋病是社会问题，不是医学问题。在认知不协调的情况下，要按规定的立论辩赢是十分困难的，因此，面对这种情况，就要积极做好认知的协调工作。这种协调显然不是让立论服从自己的信念，相反，而是让自己的思想和情感向立论靠拢，并尽可能地将立论内化为自己的信念，哪怕是暂时的。这个过程应该是在对辩题作全面、科学的分析，并形成具有一定科学性的立论中完成的。在这个过程中，不是完全摒弃自己原有的信念，相反，应积极地将自己的信念融进去，在分析和思考中努力找到立论与自己信念的契合点，这样就能很快地将原先不愿接受的立场转化为自己心里认同的立场。显然，认知协调是一个积极的、富有创造性的接受过程，而不是被动的接受过程。俗话说："据理力争"。如果心理上无法接受辩论所应据的"理"，那么不论怎么"争"都将是无力的。世上许多事都是知易行难。协调认知的重要性，理论上大家都清楚，但真要哪个人去实践就难了。如上面提到的辩题"人性本善"。在准备辩题的正方从立论到逻辑推演都统一得比较快，因为人性本善都是大家心之所向。可是到了反方，大家的心就不那么统一和顺畅了，总觉得有些解不开的疙瘩和理不清的思路。后来几经反复，不知费了多少口舌，争了多少次，临走前才把基本观点一致起来，并为每个辩手所接受。正是因为大家最终都从心理上接受了"人性本恶，但教化能使人抑恶扬善"这一基本立论，所以大决赛中，每个队员都显得比较胸有成竹，对自己的立论和观点充满信心，相信它就是真理。这种精神和心理状态为最后胜利奠定了重要基础。

（二）个体与群体的心理协调

辩论赛是由各方四人组队进行的，是一种团体性的比赛。在立场确定的情况下，四个辩手都应在同一立场上与对手作刀来剑往的较量。一旦哪个辩手游离了本方立场，整个队将陷入被动挨打的局面。所以，辩论赛十分强调四个队员之间的默契和协同作战的整体意识。要形成默契，四个队员就要心心相通；要能协同作战，形成整体，就要处理好个体与群体的关系，使个体真正融入群体，使群体变成一体，在辩论赛上异口同声。

辩论要求每个辩手有自己的风格，可是整队的辩论比赛却要求每个队员之间要有良好的配合，因此，对于一个辩论队来说，不是不断的配合产生默契，而是相互的默契产生配合。这种默契是通过四个队员之间深入的思想沟通、观点交流达成的；是根据立场对需要所确立的理论、事实、逻辑和价值的一致认同。这种默契显然是辩论场上配合的基础。参加'93 国际大专辩论赛的英国剑桥大学队，由三名博士生和一名硕士生组成，在比赛中显示出很强的单兵作战能力，每个人的陈述都比较深刻，有一定的冲击力。遗憾的是，由于他们之间存在着来自中国内地的队员和来自中国台湾的队员之间的教育背景的差异，没有形成很和谐的思想与观点上的默契，从而影响了整队立论的战斗力与对抗性，影响了整队的配合。

对于每个队来说，默契的达成确实需要一定的时间，但更需要队员之间心灵的开放、思想的交流和情感的汇聚。这就要求每个队员在赛前对本队其他队员在辩题的认识和所设定的战术方案上有充分的了解、理解和体会；同样，也要无保留地把自己的思想与其他队员沟通。在这之中，任何形式的思想或心理的自我封闭和抵触，都将导致严重的后果。队员与队员之间出现思想差异、观点冲突是难免的，是极其正常的，而且对辩论赛来说，正是这种差异与冲突能不断引发新思想、新观点。所以，面对差异和冲突，如果每个队员都具有积极负责的态度、理解与宽容的精神以及配合意识，那么这些差异与冲突最终一定会走向一致和默契，并形成富有创意的思想与观点。

杜维明教授在评点大决赛的两支队伍表现时，认为复旦大学代表队在比赛中表现了一种流动的整体意识，并对此表示赞赏。实际上，这种流动的整体意识既是复旦代表队在整场辩论中在理论和逻辑上层层推进过程的反映，也是复旦代表队整体协同作战的意识与风格的反映。纵观整个比赛，可以看到整体协调作战的意识与风格是复旦代表队取得最后胜利的一个关键性因素。一个队的整体风格，是靠四个队员来共同塑造的；一个队的比赛，是由四个队员来共同完成的，因此，对每个队员来说，除了要有良好的默契外，还要有良好的整体意识。每个队员肯定有每个队员的风格与习惯。每个队可以根据不同风格队员的组合来设计整个队，但是一个有风格的队伍不是不同风格队员的简单组合，其风格都是根据队员的风格进行再设计的结果。因此，在组队参加比赛的过程中，不可避免地要发生队员风格与整队风格对每个队员要求之间的矛盾，从而在心理上导致个体与群体的不协调。在这样的情况下，就必须有一个协调与适应的过程。这个过程不应是消极的适应，而应是积极的配合。不否认按整体风格要求，个别队员的长处或者说某些富有创意的精彩表现会受到抑制，但是如果这种抑制能带来整体效果是完全值得的。一个队的整体风格是一种有机的风格，它应在队员的自觉选择中形成。一旦一个队的整体风格对每个队员的要求确定下来，同时也就确定了每个队员在比赛中要表达的内容及其表达的方式。因此，一个队员要能自觉地适应整体的风格及其要求，应该有很好的整体意识，协调好个体心理与群体要求之间的差异，明确自己在比赛中所"扮演"的角色。说得明白些，就是在整体中，每个队员都应有舍得牺牲自己风格和表现机会的心理素质，只有这样，流动的整体意识才能形成。如果每个人都"扮演"好自己应该"演"的角色，那么整体就会光彩照人。复旦代表队之所以能给人一种强烈的整体感，主要就是因为每个队员都很好地"扮演"了所应"演"的角色，显示出鲜明的个性。新加坡人对复旦代表队的四个人的风格作了很个性化的总结。姜丰：亲切，不愠不火；季翔：严肃，理性；严嘉：机智，幽默；蒋昌建：成熟，稳重。正是这四个个性与风格鲜明的辩手，才组成了一支强有力的队伍。

（三）心理调动

一支好的辩论队在辩论场上必须有很强的感情投入，没有很强的感情投入，辩论是绝对辩不好的。要能投入感情，一方面对比赛要有充分的信心，另一方面要有高昂的斗志和强烈的参赛欲。这就需要在赛前做好心理调节与调动工作，以保证比赛开始时，每个队员都能处在最佳的兴奋状态。赛前的心理调动是靠个人的自我调节、激励，队员间的相互鼓励和教练的积极引导来共同完成的。赛前，每个辩手都会不同程度地感到压力、紧张。一旦压力感太强，紧张过度，人就很难进入兴奋状态，这时感情也就很难调动。因此，赛前进行必要的心理放松和情绪调整，是每个辩手必须做的工作。在复旦代表队的训练中，陪练队在赛前没有什么心理负担，在他们看来，与正式队比赛，赢一场赚一场，输了，不赚也不赔，因此，他们在正式开始比赛后，有些队员很快就兴奋起来，而且感情十分投入。由于心理相对比较放松，没什么顾虑，所以，有些队员也会不时地调侃正式队员，出一些事先没准备的幽默。陪练队员的表现说明：赛前辩手自我心理的调动与调节对辩手在比赛中的表现具有决定性的作用。

赛前辩手的自我心理调节，可以根据各自的特点采用不同的方法，如和别人说笑话，放松一下，提前到现场感受气氛，四周走走看看等等。实际上，每个队员的心理调节与整个队的心理状态密切联系在一起的。可以设想，如果一个队中有三个队员心理状态不佳，另一个队员再怎么调动也是调动不起来的；如果赛前四个队员各管各的事，互不交流，互不提醒，那整个队就没有临战气氛，整队的心理状态就调节不到最佳点。因此，队员在比赛前的相互提醒、鼓励和安慰很重要。这样做，不仅能有效地释放队员的心理压力，使其产生信心，而且也能有效地起到鼓舞军心，激起斗志的作用。一支好的辩论队，都应有一个核心队员，该队员在赛前就起鼓动军心、唤起斗志、凝聚全队的作用。

教练在赛前对队员情绪和心理的积极引导，十分有助于队员赛前的心理调动。教练在指导陪练队时，赛前一般不再与队员讨论辩论中的立场与反驳，主要作战术的交待和心理鼓动工作，尽量使他们兴奋起来，产生迫不及待与对方决一雌雄的斗志。另外，教练还给个别队员作一些心理引导，让他们找准比赛中表现的感觉。在一次比赛前，有教练告诉四辩：“你在总结陈词时，要给人一种震撼感，使观众觉得紧接下来的对方四辩的总结陈词无论如何都压不过你，因此你的陈词要有激情，就像一个伟人在给千百万人演讲，字字句句都掷地有声。”这一引导果然在比赛中起了效果，他一改过去慢条斯理的总结陈词，用充满激情的语调，配以具有表现力的手势，总结了基本立场与观点，给人耳目一新的感觉。赛后，他自己感觉也很好。

赛前的心理调动，应适当把握好调节的时机。有一次，陪练队要与正式队进行一场模拟赛，原先规定下午三点钟开始，于是教练从两点半开始，对他们作最后的战术交待和心理鼓动，到三点钟一切准备就绪，等待比赛开始。这时，由于正式队伍临时有事，比赛延至三点半开始。最后比赛下来，队员普遍反映，由于比赛突然延迟，比赛时间与兴奋点错位，所以在比赛中很难兴奋起来。这个事例表明：心理调节应努力使队员的最高兴奋点接近于比赛开始时间，不能让队员兴奋着等待比赛，而应尽量使队员兴奋着进入比赛，这样效果比较好。

（四）克服心理障碍

每个人都会存在这样或那样的心理障碍，人们许多不注意的失误或过错，往往与心理上的某些障碍有关。心理障碍对辩论的影响主要表现在口误上。口误在辩论中最为忌讳，因为一次小小的口误一旦被对方抓住，就可能使整场比赛陷入被动。口误有多种表现形式。

一种是老是说不好某句话。例如复旦代表队的四辩在与剑桥大学队的比赛中作总结陈词时，在说到"富贵不能淫，贫贱不能移，威武不能屈"时，显得比较紧张，说得有点卡壳。知情者都知道，这不是他不熟悉这句话，而是他的心理障碍在作怪。因为，"淫"和"移"音相近，在平常的训练中，他经常把这两字念反，结果就形成了一种心理障碍，每当说到这句话，他心里就紧张，怕再出错，越怕出错，就越紧张，越紧张也就越容易出错。

第二种是老是把要表达的意思表达反了。在训练比赛中，有一队员在反驳对方时，经常说："对方辩友也……"她用这一句式所要表达的真正意思是：对方刚才指责我方所犯的错误，正是对方现在所犯的错误。正确的表达应该是："对方刚才口口声声说我方……，可真正这样的不是我方，恰恰是对方，对方刚才的表现正是犯了对方自己一再反对的错误。"这个反驳应该说是有力的，但是由于她在这一句式中用了"也……"，结果把整个意思说反了。因为用"也……"这一句式反驳，实际上首先不自觉地肯定了对方刚才的指责，而对方现在所犯的错误只不过是对方所指责的错误。这样，整句话的辩驳力大大降低，并给对方一个强有力的反击机会。如果对方反驳道："你们实际上承认了刚才的错误"，那么就陷入被动。经常出现这种错误，在很大程度上与她思维和反应的心理定势有关。她对对方说别人错了，可自己却在这方面出现类似错误的表现十分敏感，所以一遇到这种场景，她就会急于反驳，试图一下子把对方推入尴尬境地，急于表达，于是自然地用了这样一个顺口而简单的句式。这种心理定势很容易转化成辩论中的心理障碍，即到时总找不出更好的句式来表达应该表达的正确意思。

第三种表现形式是经常把某个字的音读错。汉语中有许多字是由不同字或由一个字为主加上某些偏旁部首组合而成。这些组合字的读音，有些读构成组合字主体的那个字音，例如，“叨”读“刀”的音，“惦”读“店”的音；有些组合字则不然，例如“恪”，就不能读“各(gè)”的音，而应读“克(kè)”的音。由于前一种情况居多，所以大多数人形成了一种按构成组合字主体的那个字的读音来读该组合字的习惯。这样一旦遇到后一种情况，习惯就会形成心理障碍。最典型的例子就是在大学生辩论赛中，许多辩手在讲使用率比较高的“莘莘学子”这个词时，要么完全读错，要么卡壳，要么在观众的笑声中再重复一遍，把读音改过来。因为，许多人按习惯，把这个字读成了“辛(xīn)”的音，正确的读音应是“申(shēn)”的音。在辩论赛中，把字读错，不仅会闹笑话，而且还会遭对方辩友以纠正读音方式的“善意”攻击。在许多情况下，辩手把某个字的音读错，并非他不知正确的读音，而完全是由习惯所形成的某种心理障碍造成。

口误是难免的，但在辩论中应尽量避免口误。为此，各辩手在赛前要有意识地克服并消除口误背后的心理障碍。消除这方面的心理障碍，可以根据情况采用多种方法进行。例如，针对老是把某句话说错的毛病，有意识地去分析自己认为很熟的这句话，分析这句话的完整含义和内在逻辑，形成新的认识以代替旧的认识。针对说话的句式问题，可以就某种意思的表达设计多种正确的句式，并从中确定一个自己最得意的。既然是自己最得意的，在场上就会脱口而出，不会被旧句式所困。至于读音问题，则只能靠多读，以加深印象。在辩论赛中适当调整语速，也是克服心理障碍、防止口误的好办法。

三、辩论赛中的人格力量

辩论赛中，辩论正反两方的观点各持一端，都力图在陈述与辩论中证明本方观点正确，对方观点站不住脚。越是高水平的辩论，双方的观点越是鲜明，交锋也越是激烈，因而，比赛中的一方要想完全说服对方，并因此而获胜是基本不可能的。就'93 国际大专辩论赛大决赛而言，辩题是“人性本善”，台大正方；复旦反方，立场是“人性本恶”。关于人性善、恶问题，中西方思想家讨论了两千多年，至今依然争论不休。在三十多分钟辩论中，一方要想说服另一方是根本不可能的，因为各方都可以找出许多理论和实例来论证本方的立场。哈佛大学杜维明教授在评点这场大决赛时说："我听了正方一辩关于人性本善的充满激情的陈述后，似乎被她说服了，而听了反方一辩关于人性本恶所作的逻辑严密的陈述，似乎又被反方一辩说服了。"杜维明教授的这段评点，表明双方的立论都有一定的道理，也都能让人接受。显然，在这种双方都言之有理、论之有据的辩论赛中，任何一方都不可能在这短暂的时间里说服对方或使对方完全退却。在这样的比赛中，最后的胜负就取决于哪一方能更好地说服观众和评委。

说服观众和评委，就是让观众和评委更乐于接受你方的表现，更乐于认同你方的观点。达此目的，靠两方面力量：一是以理服人，二是以德服人。前者是知识的力量，后者是人格的力量。知识的力量能使人们信服观点的论证，人格的力量则能使人们接受辩手本身，并进而在有意无意中相信和支持该辩手的论证与反驳。

在辩论中，人格力量的首要基础是辩手言谈举止所表现出的修养和品德。能言善辩是一位辩手的基本素质，但所言所辩要让人接受，首先让人接受的不是所言所辩的内容本身，而是辩手自身。如果一位辩手无法让人心悦诚服地接受和认同，那么他所说的观点和所作的反驳在使人接受的过程中就会大打折扣。对此，古希腊的智者亚里士多德在两千三百年前就有精辟的论断："与其他人比较，人们更容易和更坚定地相信完美的人。"无论在什么问题上都是这样。而且当一个问题意见分歧又不能确切断定时，更是这样。某些作者在有关雄辩术的论文中认为，讲演者表现出的人格完善丝毫不能增加其劝导能力，这种看法是错误的。

恰恰相反，"他的个人特点可以永远被看作他所拥有的最有效的劝导手段。"亚里士多德的这一论断在现代社会心理学中得到了充分证明。

由此可见，要做一个好辩手，就必须首先争取做一个人格完善的人，如果人格不完美，做人的品位不高，那么再怎么伶牙俐齿的辩手，在常人眼里，都只不过是巧舌如簧的辩手，而不是真正的辩才。具有完美人格和高尚品德的人，在其言谈举止中，就会充分体现出人类的智慧和人性的优雅。柏拉图说："如果有一个人，在心灵里有内在的精神状态的美，在有形的体态举止上也有同一种的与之相应的调和的美——这样一个兼美者，在一个能够沉思的鉴赏家眼中岂不是一个最美的景观？"无疑，当一个具有充分人格力量的辩手将艺术化的辩论技巧、优美的辩论风度与完美的心灵和品德高度统一在一起时，他所展现给人们的将不仅仅是辩论本身，而是一种智慧的艺术、一种善的艺术和一种美的艺术。我十分欣赏复旦大学代表队四辩在总结人性本恶，但人经过教化将趋向善这样基本立论时所说的最后一句话："黑夜给了我黑色的眼睛，而我却要用它来寻找光明。"词语虽简短普通，但却能让人感受到其中智慧、善和美的统一，体会到一种内在的人格力量，因而，在观众中引起的共鸣十分强烈。

人格力量还体现在辩手的知识底蕴和理论素养中。现代社会中，几乎没有人能成为古希腊社会中那种百科全书式的智者，大多数人只能通晓有关领域的知识，不可能掌握全部的知识。在这样的情况下，谁精通哪一领域的知识，谁就是哪一领域的权威；谁知识积累越丰富，谁就对问题越有发言权。任何人都无法研究尽所有的社会问题，但真正的辩才却应该能够辩论所有的社会问题，并说服别人认同或支持自己的看法。这其中靠的不是三寸不烂之舌，而是辩手本身的知识积累和理论素养。深厚的知识积累，能使辩手在辩论中旁征博引，融会贯通，滴水不漏，使对手无机可乘；良好的理论修养，则能使辩手更深、更新、更广地把握辩题，判断是非，应对问题，使对手感到遥不可及。深厚的知识底蕴和良好的理论素养的有机结合，将在一定程度上带给辩手某种超凡脱俗的魅力，从而给人一种权威感和信任感。这些无疑都丰富了辩手的人格力量。心理学的实验证明，能给人一种权威感和信任感的人，其思想和看法易对人产生影响。对辩论赛来说，这种影响力越强，越有利于最终获胜。

俗话说："得道多助，失道寡助。"这里的"道"，既含有"理"，也含有"德"。"理"和"德"是世界文化普遍认同的基本价值，中华文化尤为重视。因此，以德服人是符合人类文化价值倾向的，尤其符合中华文化的价值倾向。在中华文化中，德具有至上的地位，中国人在追求人生的"三大不朽"（立德、立功、立言）中，将立德置于首位。在这样的文化精神下，辩论赛中以德服人就更具价值和意义：有"德"，就能在更高的价值层面上把握辩题，判明是非；有"德"，就能与观众在精神上获得共鸣，从而为比赛营造良好的心理氛围；有"德"，就能得到观众的同情、支持和认同，从而获得取胜的力量；有"德"，就会形成"真理在手，走遍天下都不怕"的良好心境，从而在辩论中从容不迫，应对自如。以德服人，是人格力量的胜利。人格的力量虽然看不见，摸不着，但它在辩论赛中所起的作用却是决定性的。

第三节 辩论方法

辩论赛是一种人类智慧的游戏，而人人都有自己的个性，因此，辩论的过程也就是充分展示个性的过程。就辩论的双方来说，是智慧与口才的交锋。辩手在交锋中，理所当然地应该充分展示自己的个性。每一个辩论队伍的整体配合，又会形成这个队所特有的风格。

整个辩论赛的内容，又必然是在一定的逻辑程序中进行的，要不然辩论赛就成了自说自话，一盘散沙。从程序上说，辩论的逻辑主要体现在立论和判断上。首先，辩论双方都要根据自己的观点和立场进行论证和反驳，要准确地表述自己的论点和立场，就应该深入地进行逻辑分析。这样，才能真正把握住辩论立场。这主要体现在对辩题的逻辑分析，也就是对辩题中的关键词的逻辑定义上。因为辩论双方都会从有利于本方立场来定义，因此，定义之辩也就成了辩论中的一项重要内容。其次，双方还要围绕辩题作出理论判断、事实判断和价值判断。所谓理论判断是指依据有关理论，对于观点和立场的合理性、正确性所作出的判断；所谓事实判断，是指依据客观存在的事实来证明观点和立场的合理性和正确性；价值判断则是指本方立场所规定的价值属性。当我们面对辩题时，总要按照辩题所体现的价值来确定自己对理论和事实的选择。由于价值标准的不同，所选取的理论和事实作为判断的依据也就不同。因此，在辩论过程中起主导作用的就是价值标准。

当然，辩论的外在体现，或者说立论、判断乃至风格的物质载体则是辩论语言。在辩论过程中，如何使用准确、精炼的语言将本方的理由陈述清楚，以便让对方辩友，让评委，让观众了解本方的阐述，这是辩论赛中无法回避的技术难题。为了达到这一目的，就势必要求辩论人员不能一味地使用抽象或过于书面化的语言，而必须将辩论语言尽量的通俗化、形象化。在辩论语言中，适当注意修辞是必要的，因为辩论不仅是智慧的较量，也是语言艺术的展示。但是绝不能走向极端而去堆砌辞藻，那样的话，棱角分明的思想就会很容易被过于华丽的辞藻所掩盖。更不能故作高深，满口哲理，动辄引用大段名人大师的论述，将辩论赛变成哲学研讨会。总之，辩论赛上的语言当以本色语言为主，也就是尽量使用青年人自己的语言。青年人在语言修养上欠些火候，这是正常现象，多用自己的语言反而能够展示青春风采。

从总体上看，辩论赛更是辩手综合素质的展示，包括掌握和运用知识的能力、思维的速度、写作的水平、语言表达的能力、心理调节的能力等等。对于一个陌生的辩题,我们可以通过查找相关的资料来获得所需要的证据,但辩论又不像写论文那样可以大胆假设,小心求证,辩论强调的是临场发挥。这就不仅靠辩于平时的知识积累,还要靠敏捷的思维,甚至较高的写作水平,尤其是在程序辩论过程中和总结陈词中,要在事先准备的发言稿中,既要言不烦,又要通俗易懂地将充实的内容和强烈的思辨能力表现出来,这主要就靠写作语言的精确性、个性化和节奏感。

以上所谈的是辩论赛中决定胜负的四大要素(风格、逻辑、语言、素质)。下面再简要谈谈辩论过程中的一些基本方法。

一、逆向求证——反驳方法之一

在辩论中许多人都有这样的感受,他们在对方振振有词的所谓道理面前,明知此理失之偏颇,却找不到理由反驳,只好一退再退,以致陷入困境。其实只要你找准突破口,从相反的角度去"逆向求证",就可以从对方的话中推出与之相反的结论,既能有效地解脱困境,又能有力地反驳对方。

例一:第一次登上月球的太空人有两位,除了人们所熟知的阿姆斯特朗以外,还有一位是奥尔德林。当时阿姆斯特朗说过一句话:"我个人的一小步,是全人类的一大步。"这早已是全世界家喻户晓的名言了。在庆祝登月成功的记者招待会上,一位记者突然问了奥尔德林一个很特别的问题:"阿姆斯特朗先下去,成为登上月球的第一人,你会不会觉得有点遗憾?"奥尔德林很有风度地回答:"各位,千万别忘了,回到地球时,我可是最先走出太空舱的。"他环顾四周笑着说:"所以,我是由别的星球来到地球的第一人。"大家在笑声中,给他以热烈的掌声。在这里,奥尔德林面对有失自己体面的提问,如果据实顺向去答,只能使自己陷入尴尬境地。然而,他机智地进行了"逆向求证",阿姆斯特朗作为第一个登上月球的人是了不起的,而我奥尔德林是由别的星球来到地球的第一人,也同样是了不起的,因此,不存在所谓遗憾的问题。这样的回答独辟蹊径,幽默风趣而不失水准。

例二:某中学由于平时思想政治工作不力,不良学生偷偷摸摸的现象时有发生。该校教师的办公室、自行车经常被撬、被盗,造成了很坏的影响。在一次全校教师大会上,校长训斥道:"大家想一想,为什么这些学生经常撬老师的办公室、自行车?这说明了什么?这只能说明我们的老师和这些学生没有感情嘛!"忽然,有一位语文老师站起来问道:"校长阁下,你的办公室没有被撬,你的自行车没有被盗,是不是可以推断出校长阁下和这些'小偷'

很有感情呢?”顿时,校长无言以对,全场则哄然大笑。这位语文教师反驳的诀窍就在于他巧妙地按对方的歪理来了一个“逆向求证”,把歪理加给对方自身,使他自食其果,欲辩无词,收到了出奇制胜的论辩效果。

例三:管理学家柯先生听到有人称赞一位在职多年的领导人,说他是不可缺少的,是一位杰出的领导。柯先生不以为然,质问道:“为什么他就是不可缺少的呢?”对方回答道:“因为没有他,机构不能运转。”柯先生反驳道:“如果没有他,机构真的就不能运转的话,怎么还能说他是一位杰出的领导呢?这些年他完全有时间把机构搞得没有他也照样能够运转,而他没有。那么,他究竟在干什么?恕我直言,他整天在想着办法使你们离不开他!”这真是醒人耳目的言论:在一个机构中,事事包办,不放心下属的工作,使得下属的才智得不到充分发挥的领导人,很难说是一个好的领导人。柯先生对对方持论的理由“没有他机构就不能运转”进行了“逆向求证”,得出了与对方完全相反的结论,见人之所未见,发人之所未发,给人以深刻的哲理启迪。

“逆向求证”的反驳方法在实践运用中要注意三点:

1. 逆向思维,争取主动。运用这种论辩方法,首先要求论辩者要善于进行逆向思维,不要一条道走到底。在论辩中,当你感到按顺向思维找不到一个合适的论据来反驳时,要立即来个“脑筋急转弯”,进行“逆向思维”,用对方的论据来证明与之相反的观点,以达到出奇制胜的目的。

2. 借箭回击,攻其不备。“逆向求证”论辩方法又是一种“借箭术”,它的突出特点在于对对方持论的借用。论辩者顺着对方的话题,借用对方的持论,从逆向进行反推,出其不意,攻其不备,使对方难以反驳,因为如果要加以反驳的话,必然要推翻自己刚才的结论。如例二中那位语文老师对校长推卸责任的反驳。

3. 蕴涵哲理,言近意远。运用“逆向求证”论辩方法,从同一事件中推出与对方论证截然相反的结论,还要求论辩者要善于对论题进行哲理性思考,谈的是眼前之事,阐发的却是意旨深远的哲理,洞幽烛微,引人深思,耐人寻味,更容易以理服人。如例三中柯先生的反驳就蕴涵着深刻的哲理,对人们有一定的启迪。

总之,在论辩中,当对方用一种似是而非的所谓“理”向你攻击时,不要乱了阵脚,不要轻易退却,要记住:逆向求证这一支论辩奇兵会助你反守为攻,化被动为主动。

二、悖论破解——反驳方法之二

悖论是一种奇特的逻辑矛盾。它的奇特之处在于,当人们按照常规推理想肯定某件事或某种道理时,却在不知不觉中又把它们否定掉了。在论辩中,某些论敌的辩词往往有意无意地包含着悖论的因素,这种时候,如果我们能够慧眼明察,巧妙运用,就能够让悖论的抛出者作茧自缚,自食其果,这也叫做“请君入瓮”。

某位评论家评论某一作家的作品时武断地说:“你怎么可以这样写呢?你已经是第三次在作品中作这样的描写了。难道你不知道‘第一个把女人比喻为花的人是天才,第二个是庸才,第三个是蠢才’这句名言吗?”作家答道:“是的,您说得很对。不过,您已经是第七次使用这句话了。”在这里,作家首先充分肯定评论家的话是对的,然后即时抓住评论家多次引用这句名言去批评别人的把柄,如果对方所说的话是正确的,那么,对方也就是那句名言中所说的“庸才”、“蠢才”了。于是,对方无言以对。

又如,有些学者主张“辩无胜”。对此,一位哲学家反驳说:“你们既然与人辩论,又主张‘辩无胜’之说,那么,请问,你们的‘辩无胜’之说是对的呢,还是不对的呢?如果你们的说法是对的,那就是你们辩胜了;如果你们的说法是不对的,那么就是你们辩输了。由此可见,不是你们辩胜了,就是你们辩输了,怎么能说‘辩无胜’呢?”在这里,哲学家慧眼识谬,机智地运用了逻辑中的二难推理形式揭穿了对方论点里的矛盾,让对方自己打自己的耳光。

三、抓住诡辩的“辫子”反诡辩——反驳方法之三

在现实生活中,有的人为了维护自己的观点和看法,往往会构设诡辩来向对方发难,企图陷对方于被动尴尬的境地。诡辩在论辩中固然厉害,但是诡辩自身毕竟存在着语言模糊、内容矛盾、逻辑错误等方面的先天性缺陷,因此,反驳诡辩还必须从诡辩自身开始。

老张和老刘在公园辩论。老张问:“在金钱和道德之间,你选哪一个?”老刘不假思索地回答:“当然选道德。难道你会选金钱吗?”老张诡秘地说:“我是选择了金钱,因为我缺少金钱,所以选择金钱;你选择道德,那是因为你缺少道德喽?”老刘听了老张不太友好的话,立即反驳说:“你的话只讲对了一半,十分的道德,我已经有了九分,还缺少一分,所以我选择道德;万贯的家财,你已经有了九千贯,还缺少一千贯,所以你选择了金钱。因此,准确地说,我选择了道德是因为我崇尚道德,你选择了金钱是因为你贪图金钱。”在这里,老张故意构设了一个以模糊语言为核心的诡辩来嘲讽老刘。这个诡辩的关键词“缺少”在特定语境中是很模糊的,老刘的反驳正是抓住了“缺少”这一模糊的词语,用形象的语言清晰地把它量化出来,否定了自

己的“缺德”、老张的“缺钱”这种荒谬论点，而用“崇尚”来褒扬自己对道德的追求，用“贪图”来贬斥老张对金钱的贪得无厌，驳得淋漓尽致，恰到好处。

某中学禁止学生穿拖鞋进学校，而某班有个“捣蛋鬼”，他故意剪断塑料凉鞋的脚后跟，啪哒啪哒地走进了教室。班主任看了十分生气。马上让他站起来，质问他：“我已经三令五申，不许穿拖鞋进校，你为什么明知故犯?”这位学生大声回答说：“对不起，我并没有穿拖鞋。”班主任更来气了：“你还敢说没穿拖鞋？你脚上穿的是什么?”“是凉鞋。你看，我这只是没有后跟的凉鞋。”“你把后跟都剪掉了，还能算是凉鞋吗?”“当然是凉鞋。这就像一个人的腿断了，他还是人，而不是狗。”这时，全班同学都在为班主任老师会下不来台而捏了一把汗。谁知老师稍作镇定，不紧不慢地说：“你的话好像很中听，不过，你的辩解是错误的。凉鞋，之所以为凉鞋而不是拖鞋，最重要的在于凉鞋有鞋后跟，这就像一个人，如果他最重要的头部都没有了，那他还是人吗?”终于，使得这个“捣蛋鬼”顿时就像泄了气的皮球，低下了骄傲的头。

四、如何应对于己不利的辩题

尽管辩论赛的组织者在命题时竭力想要使辩论双方处于一种平衡状态，但还是不能避免某些辩题对某一方面有所不利的情况发生。那么，万一处于不利的辩题之中，应该如何来应对呢?

1. 对某些重要的关键词语作出有力于自己的定义。例如《用人靠前不用人靠后应该非议(无可厚非)》这个辩题，反方就很容易受到这样的攻击：“反方辩友在现实生活中一定是用人靠前不用人靠后啰，这可是小人所为啊!”为了摆脱这种尴尬的局面，反方就可以对“靠前”和“靠后”作出有利于己方的解释：“我们用得着某人的时候，自然会与他交往多一些；用不着某人时，自然会与他交往少一些，这是很自然很正常的事。比如你生病的时候，自然会往医院跑；当你病好了以后，难道还会老是往医院跑吗?‘靠后’只是指交往少一些，并不包含给对方的伤害。请对方辩友千万不要把‘靠后’与过河拆桥混为一谈噢!”

2. 从事物发展的因果关系上作文章。例如《多难比安定更能兴邦》(反方《安定比多难更能兴邦》)，在这个辩题中，正方就处于相对被动的境地，很容易被反方这样攻击：“当前我们国家安定团结，人民安居乐业，国民经济快速发展。请问这难道是多难兴邦的结果吗?对方认为多难比安定更能兴邦，岂不是不希望我们的国家有一个安定团结的政治局面，而是希望让我们的国家再次回到多灾多难的社会中去吗？”正方如果从事物发展的因果关系上来作文章，就可以这样来反驳：“首先，我们所说的‘多难’和‘安定’是从历史发展的角度来看的。我方从未否定安定能够兴邦，然而，多难也能兴邦，而且比安定更能兴邦。从历史发展的角度来看，如果一个国家缺乏一种内部的激活机制，那么，长期的安定就会使它失去活力、滋长腐败，而国家多难，却可以激发人们发愤图强、战胜困难的斗志，从而使国家兴盛起来。其次，我们是从观念形态来认识这一问题的。即使是在‘安定’的局面中，领导者也要时时刻刻意识到危机的存在，也就是要有常言所说的‘居安思危’的忧患意识。宋代大文豪欧阳修所说的‘忧劳可以兴国，逸豫可以亡身。’‘生于忧患，死于逸乐。’就是这个道理。”

3. 严守辩题，防止对方扩大攻击点。例如《学步者忘掉原来的步法，是好事(反方坏事)》这个辩题，正方攻击反方说：“假如学步者不忘掉原来的步法，那么即使学不到邯郸人的步法，也可以按原来的步法走回去。而现在呢，他忘掉了原来的步法，结果只能爬着回去了。这怎么能说是好事呢？”这时，反方可以这样来反驳：“请对方辩友注意，辩题是讨论忘掉原来步法是好是坏，并未论及学习未成爬着回去是好是坏。不破不立，有些时候彻底忘掉(抛弃)原来的旧东西正是学习新东西所必需的步骤或境界。学步者忘掉了原来的步法，这正说明他距离学会新步法已经不远了，只要坚持到底，定能成功。可见，忘掉原来的步法是好事。”

4. 从情感上赢得听众。本方观点既然是不利的，那么从情感上一般是与多数人相悖的。因此，要想摆脱困境，就必须从情感上赢得听众。例如《保护弱者(反方排斥弱者)是社会进步的表现》这个辩题，反方假如讲不好，就会引起听众的反感。其实可以这样来论辩：“我们所说的‘排斥弱者’并不是要鄙视和虐待弱者。社会要进步，就要营造一个有利于人才竞争的社会氛围，而只有奖励强者，排斥弱者，才能营造这样一种氛围。就正如‘扫除文盲’一样，也不是要把原来是文盲的人从这个社会上扫除出去，而是要改造他们，使他们不再是文盲。同理，排斥弱者，也正是要使弱者成为强者。在企业里，如果不奖优斥拙、奖勤罚懒，那么企业的经济效益又如何能够上去？所以，只有奖励强者，排斥弱者，我们的社会才能进步。只有我们的社会进步之时，社会上的弱者才能从中受益，我们才能从真正意义上保护弱者。”

五、论辩中卡壳了怎么办

一场精彩的辩论赛，离不开观点鲜明、推理缜密的立论发言；离不开短兵相接、妙语连珠的盘问、对辩、自由辩论；离不开结论准确、前后呼应的总结陈词。一个富有经验的辩论高手，每一个环节都能做到如行云流水，一气呵成。但对一个初学辩论的人来说，或因过分紧张，或因准备不足，或因经验不够，上了辩论台后可能出现陈述时忘了词、答问时吞吞吐吐，向对方进攻时却一时找不到“子弹”等“卡壳”现象。比赛途中卡了壳怎么办？下面介绍几种应对方法。

（一）备战备荒法

备战备荒法即卡片法。一个成熟的辩手本应熟记材料、胸有成竹、侃侃而论，不看稿也不看卡片，但初学者一时还做不到，必须准备卡片，把写好的理论材料与事实材料按照一定的顺序排列。在制作卡片时，首先要注意卡片的大小、数量应适中。太大了，不但给人一种念大会报告的感觉，而且不容易立即找到被遗忘了的语句；太小了，会导致字迹看不清而不方便快速查找；而持卡片太多容易混淆，太少则解决不了材料饥荒的问题。卡片做好后，有意识地按照卡片上的顺序将材料烂熟于心，要知道哪句话在哪张卡片的哪一行。万一忘了，眼睛可迅速扫描找到，既不影响发言的速度，也不影响正常的情绪。但是这种方法也存在固有的不足，那就是频繁地看卡片，给人一种辩词不熟练的感觉。因此，备战备荒的卡片法，虽是一种基本的比较保险的方法，但临场时还是尽量不用或少用为好。

（二）涂万金油法

涂万金油法，意即用几句对已方放之四海而皆准的话来过渡，以防止在发言过程中出现的因不正常停顿而造成冷场的尴尬局面。在参加湖南赛区的一场“人民银行委托中介机构开展金融检查利大于弊（反方弊大于利）”的半决赛时，持反方立场的一位辩手开始了很有感情的陈词：“主席、评委、对方辩友，大家好！中介机构是不是诚信，对方辩友直到现在都没有告诉我们判断的具体标准，如果连最基本的标准都没有，那你们与中介机构的往来靠的是心有灵犀一点通吗？如果连最基本的标准都没有，那你们的论点和立论的基础不就成了空中楼阁了吗？此其一。其二，对方辩友只观其利，不言其弊，轻率相信，盲目委托……”糟糕！由于过分紧张，下面的话他竟然忘了。情急之下，他只好使用“万金油”式的辩词来救场了：“请问对方辩友，难道这也是利大于弊吗？”利用这个间歇，他迅速扫描卡片，不露痕迹地把下面的话接上了。当然，这些过渡语句要结合辩题内容选择形式，如果是“利大于弊”的比较型的辩题，发言途中突然忘了辩词，则可以用“上述种种情况（现象、问题）也能像对方辩友所说的那样利（弊）大于弊（利）吗”来临时救场。如果是“青少年犯罪主要是由主观原因造成”的判断型辩题，则可以用“请问对方辩友，这些情况到底是主观原因还是客观原因”之类的话来即兴帮忙。同时，在准备过渡语句时要尽量简短，不要太长，否则会喧宾夺主。

（三）寅吃卯粮法

初学辩论的人，紧张、怯场并不可怕，可怕的是面对紧张、怯场导致忘记辩词的困境而束手无策。下面再介绍一种应对之策——寅吃卯粮法。顾名思义，寅吃卯粮法就是准备在下一阶段使用的材料，为临时急用，只好在本阶段提前使用了。有经验的辩手，在每场辩论赛前，一般会准备一些具有杀伤力的提问。由于这些提问有先发制人、攻其要害、刁钻非难等特点，用来救场既不会走题也不会轻易被对方抓住漏洞。有的人可能会担心：轮流发言时用了自由辩论阶段的提问，自由辩论又用什么呢？其实，这种担心是多余的。第一，自由辩论阶段的提问设计在赛前都是准备得比较充分的，临时救急用掉1～2个不会影响自由辩论的质量；第二，自由辩论具有很大的不确定性因素，一个话题可以扯得很远，只有具有丰富辩论经验的人才能控制局面，把话题扯回对自己有利的方面。而初上辩论台的人，一般很难控制局面，往往在被动中应付招架，有时费尽心机设计的提问，很少派上用场。因此，忘了辩词后而启用事前准备的提问也不失为一种救急的弥补办法。

（四）弃暗投明法

所谓“暗”，就是指已经遗忘的辩词；所谓“明”，就是指自己记得清楚的辩词。弃暗投明就是果断地放弃突然遗忘的辩词，根据上下文的内容，随机应变地用一句或几句过渡语句架桥，再顺利地过渡到自己可以记起的内容，这样可以轻松地走过遗忘的“沼泽地”。如果停顿下来极力回忆已经被遗忘的辩词，既有可能出现冷场的尴尬，又会给自己增加无形的压力，慌乱中还会显得手足无措，因此，在这种情况下，可用一句“这个问题我们待会再谈，下面我们再看看另一个问题（问题的另一方面）……”如果还不能记起辩词，就需要借助手中的卡片来恢复记忆了。这种记忆的恢复应该不难，因为在比赛前我们已经把辩词记熟了，只是由于紧张而暂时“卡壳”，因此，利用卡片的帮助，完全可以成功地克服遗忘辩词的困难。在一次半决赛中，正方二辩就是利用这种方法渡过难关的。开始他站起来发言：“经济学家哈耶克说过：哪怕是通往地狱之路，其最初的设计都是通往天堂的。回顾历史，总是让人感到忧虑，而审视现实却不能不让人感到痛心……”下面的辩词突然记不起来了，这时只见他把话锋一转：“这个问题我们待会儿再谈，下面我们先看看国外的情况。英国巴林银行的倒闭……”很自然地把上下文衔接起来了。

（五）曲径通幽法

辩论赛中轮流发言最担心的就是忘记辩词，而忘记辩词后最忌讳的又是沉默与慌乱。沉默的结果是冷场，慌乱的后果是词不达意，这都会给评委与观众留下不佳的印象，因此，赛前准备一些适当的“替代品”以备用是十分必要的。这种“替代品”，本身有起承转合的作用，用好了，会收到忘了辩词也不露馅之效；没有这种“替代品”，就有冷场与慌乱出错的可能。聪明的辩手往往使用“曲径通幽法”来掩盖忘记辩词的窘境。假如你在轮流发言中忘了辩词，不论你是几号辩手，都可以用下面这段话来代替被遗忘的辩词：“刚才，我方一辩开门见山地摆出了我们的观点……我方二辩从理论高度阐述了我方的观点……我方三辩从理论与实践结合层面（或历史层面）有力地反驳了……”这样就能经过弯弯曲曲路，越过重重叠叠山，达到幽幽静静境。从而，就能不显山不露水地蹚过忘记辩词的“雷区”。

总之，应付卡壳的方法很多，最关键的是：第一，不要冷场，要根据上下文即兴地说一些过渡语句来代替被遗忘的辩词；第二，不要慌张，要在赛前准备一些必要的“替代品”以备不时之需；第三，过渡句、替代品要尽量简短，否则，3～4 分钟的时间就会被这些“万金油”耗掉；第四，也是最重要的一条，就是要制作材料卡片，正如“家中有粮遇灾不慌”一样。只要我们有足够的心理准备、充足的“备忘”储备，经过必要的模拟演练，卡壳后是能应付自如的。

第四节 辩论技巧

一、辩论中投其所好的技巧

辩论是参辩双方的一种逆向抗衡，而这种抗衡往往针锋相对，僵持不下。要想突破僵局，取得论辩的胜利，不妨另辟蹊径，变逆为顺，采用一种“投其所好”的战术，从顺向的角度，向对方发起一场心理攻势，在顺的过程中化解对方的攻势，发现对方的破绽，捕捉突破的战机，从而出其不意地战胜对方。下面就对“投其所好”术在论辩中的作用作一些分析说明。

1. “投其所好”，捕捉战机。律师乔特斯为有杀妻嫌疑的拉里辩护，这时律师麦纳斯提出了对拉里十分不利的证据：拉里曾向麦纳斯提出过，要麦纳斯帮助他与妻子离婚，并由此推论拉里在无法达到离婚目的时，会采取极端措施。乔特斯知道要直接反驳“要求离婚就有杀人动机”是困难的。于是他采取了“投其所好”的策略，与对方周旋，以图找到最佳战机。乔特斯向麦纳斯承认，自己对离婚是外行，一边恭敬地问对方是不是很忙。麦纳斯踌躇满志地回答：“我处理的案子要多少有多少。”后来又补充说，每年至少有200件。乔特斯赞叹说：“呀！一年200件，您真是离婚案的专家，光是写文件就够您忙的了。”麦纳斯的声音犹豫起来，感到说得太多人们难以相信，就只好承认说：“可是……其中有些人……嗯……因为这样那样的原因改变了主意。”破绽出现了，乔特斯抓住这一点，进一步诱导道：“啊！您是说有重新和好的可能，那大概有10%的人不想把离婚付诸行动?”麦纳斯说：“百分比还要高一些。”“高多少，11%？20%?”“接近40%。”乔特斯用惊奇的眼光盯着他说：“麦纳斯先生，您是说去找您的人中有近一半最后决定不离婚?”“是的。”麦纳斯这时有些感觉到了，但退路已经没有了。“嗯，我想这不会是因为他们对您的能力缺乏信任吧?”“当然不是!”麦纳斯急忙自我辩解，“他们常常一时冲动，就跑来找我。可是一旦真的要离婚，便改变了主意……”他突然止住，意识到自己上当了。“谢谢!”乔特斯说，“你真帮了我的大忙。”在这场法庭论辩中，乔特斯见正面反驳难度较大，就采用了“投其所好”术，从侧面迂回。他先坦率地承认自己对离婚案是外行，恭维对方很忙，当对方得意忘形，胡吹自己处理离婚案件的数目时，他又进一步恭维对方是离婚案专家。当对方感到吹过了头，说有些人因这样那样的原因改变了主意时，战机出现了。乔特斯抓住这一点，步步诱导，使对方说出了自己否定自己的话。由这个实例可见，在论辩中如果正面说理难以奏效，可以采用“投其所好”术，与对方巧妙周旋，对方对抗心理弱化，疏于防范，就有可能自我暴露出一些破绽，这就为自己提供了战机，就可乘隙而入，一举制敌。可见“投其所好”是论辩中的“迂回”之计。

2.“投其所好”，诱敌入彀。一天，一位面容娇美的女青年在马路上走。突然她发现后面有一个“摩登”男青年在其后紧追不舍，怎么办呢？她忽然有了主意。她回过头来对这个男青年说：“你为什么老跟着我?”“摩登”男青年说：“您太美了，真让人着迷，我真心爱您，让我们交个朋友吧！”姑娘嫣然一笑，说：“谢谢您的夸奖，在我后面走的姑娘是我妹妹，她比我更美。”“真的吗?”“摩登”男青年非常高兴，马上回过头去，但却不见妹妹的身影。他知道上当了，又去追赶那位漂亮姑娘，质问她为什么骗人。这位女青年说：“不，是你骗了我，如果你真心爱我，那么为什么去追另一个女人，经不起考验，还想跟我交朋友，请你走开！”“摩登”男青年被说得面红耳赤，讪讪地溜走了。这位女青年之所以能制服“摩登”男青年，就是顺着对方贪图美色的心理，“投其所好”，设计诱之。对方不知是计，却去追更美的姑娘，这就使其丑恶的嘴脸暴露无遗。女青年顺势反击，让对方自暴其丑，无地自容，达到了目的。从这个实例可见，论辩中的“投其所好”术，实际也是一种“诱敌”战术，抓住对方的需求和动机，设下圈套，诱敌深入，对方进入伏击圈后，就可猛烈出击，战胜对方。

3. “投其所好”，巧布疑阵。有一位顾客来到某酒店喝酒，店主以半杯酒当满杯卖给他。他喝完第二杯后，转身问店主：“你们这儿一星期能卖多少桶酒？”“35 桶。”店主洋洋得意地回答。“那么，”顾客说，“我倒想出了一个能使你每星期卖掉 70 桶的办法。”店主很惊讶，忙问：“什么办法？”“这很简单，你只要将每个杯子里的酒装满就行了。”聪明的顾客在此利用店主唯利是图的心理，“投其所好”，巧设圈套，待其落入，再奋力一击，揭露了店主的半杯酒充一杯酒的恶劣行径。此种说法比起一般的斥责要有力得多，也深刻得多。由这个实例可见，“投其所好”术又是论辩中的“疑兵”之计，可以迎合对方的某种爱好和某种心理，巧布疑阵，麻痹对方，使之放松警惕，误入陷阱，从而达到战胜对方的目的。

4. “投其所好”，反客为主。一位知识测验的主持人向一位应考者提问：“先生，据说您是足球方面的行家，理所当然知道所有足球方面的事，是吗？”“那当然。”应考者悠然地答道。“那么，请问球门上的球网有多少个孔？”应考者一愣，但随即镇定下来，说：“能提出这样问题的一定是知识十分渊博的大学问家。”“那当然。”主持人面露喜色地答道。“那么，你一定知道保塞尼亚斯是一个什么样的人，他研究的是什么学问？”应考者问道。“保塞尼亚斯是古希腊一位能言善辩的哲学家。”主持人自信地答道。“完全正确。”应考者又问道，“你知道有关保塞尼亚斯的一件轶事吗？有一次，雅典的首席执政官听说保塞尼亚斯很有口才，想当众考他一下，就请他出席贵族会议。首席执政官让每一个贵族议员提一个难题，请他用一句话来回答所有的难题。贵族议员一个接一个向他提了几十个难题，而保塞尼亚斯只用了十分简单的一句话就回答了所有的难题。你知道他说的是一句什么话吗？”“面对这样多的难题，他只能说‘我不知道’。”主持人得意地回答。“完全正确，您真不愧为是保塞尼亚斯的后代。”应考者又问道：“今天我想再提一个问题，你还能再用一句话回答吗？”“请问吧！”主持人颇为自负地答应了。“那么，现在我问你，足球球门上的网有多少个孔？”“啊，嗯……”主持人无言以对。在这里,应考者面对主持人的刁难发问,先巧妙地回避,再"投其所好"恭维主持人"知识渊博",主持人在自我陶醉中不知不觉充当了被考者的角色,应考者又一再恭维他"回答正确"、"完全正确",使主持人更加自鸣得意,完全忘记了自己的角色身份,最后落入了对方的陷阱。而应考者巧妙地运用"投其所好"术,反客为主,反守为攻,掌握了论辩的主动权,反而控制了主持人,也使自己的知识水平、应变能力和杰出的辩才得到了充分的展示,可见,"投其所好"术还是论辩中的一种"骄兵"之计。

二、辩论中戳穿诡辩的技巧

在生活中,我们常常会遇到一些刁钻古怪的人,讲一些似是而非的话,你明明知道他是无理的,就是不知怎样去揭穿他、反驳他,弄得自己狼狈不堪,而又毫无办法,他用的就是一种诡辩术。先请看一个小例子。

在《聪明的一休》中,一休请小朋友吃苹果。他到一个果摊上拿起一个大苹果,左看右看,说:"太小了,我换两个小苹果。"然后放下大苹果,拿了两个小苹果便走。摊主向他要钱,他说:"我拿大苹果换的。"摊主说:"大苹果的钱呢?"一休说:"我没吃呀,还给你了,为什么要交钱呢?"说罢扬长而去,摊主一时抓耳挠腮,不得要领。

这是一休的诡辩。如果摊主冷静点追问下去:"大苹果是你从家里带来的吗?你拿我的大苹果换小苹果时为什么不给钱呢?"一休的诡辩怪圈是不堪一击的。

戳穿诡辩常用的有三种招法。

(一)明确概念,揭示荒谬

在生活中,有些人为了给自己开脱,故意偷换概念,造成混乱。可以用明析概念、划清事物间界限的方法,戳穿其诡辩。

一青年工人爱贪小便宜,总是把厂里的材料、零件偷偷拿回家。有一次被厂长抓住,批评他,他却振振有词地说:"党就是妈,厂就是家。有话跟妈说,要东西从家里拿,我有什么错呢?"

厂长想了一下,反驳他说:"你跟雷锋一样,把党比作母亲,那就应该听母亲的话。党号召我们'爱厂如家',这个家是'大家'、'公家'而不是某一个职工的'小家'、'私家'。要划清公与私的界限,不能损'大家',肥'小家'!"厂长明析了"大家"与"小家"两个不同的概念,戳穿了这个青年工人的诡辩。

又如一个小伙子逛公园,将公园的栏杆弄坏了。工作人员说:"你损坏了公物，这是人民的财产，就应该赔偿！”

小伙子辩解说：“我也是人民，人民的财产有我一份，用不着赔，我那份不要就是了！”

工作人员冷静地反驳道：“你只是13亿人民中的一员，你一个人能代表人民吗？你损坏的是人民的公共财物，不是你个人的私有财物，必须按规定赔偿！”工作人员用明析概念法，把“人民”和“人民的一员”，“人民的公共财物”和“个人的私有财物”区分开来，戳穿小伙子的诡辩，使他不得不赔偿公园的损失。

（二）类比反驳，比出荒谬

类比反驳着眼于事物的相类相比，即仿照被驳斥的论题找出另一个论题与其相比，以显示出被批驳的论题十分荒谬。

古代某地灾情严重，当地老百姓选派一位德高望重的老年人到县衙门报告灾情，请求减免当年税收。到了县衙，县官问老人：“小麦收了几成？”“五成。”“棉花呢？”“三成。”“玉米呢？”“大约两成吧。”

县官听罢，勃然大怒，厉声说道：“有十成的收获还来报灾，岂不是想蒙骗本官吗？”

老人一听，心中暗骂：“真是个混账糊涂官！”但嘴上却赶紧说：“哪敢！哪敢！小民活了180岁，也没有见过这么严重的灾情啊！”

“胡说，你怎么会有180岁？”县官不知是计，反问道。

老人从容回答：“县官老太爷，你怎么就不明白：我大儿子50岁，二儿子30岁，三儿子20岁，我今年80岁，加在一起不是180岁吗？”

县官听罢，笑得前仰后合，说：“哪有如此算法，你是不是老糊涂了？”

老人大声说：“可你刚才是这样算收成的啊！”

县官哑口无言，不得不承认是自己先错了。

让我们再看一个现代生活的例子：

一公司职员经常迟到，经理批评他，并要罚他的款。职员辩驳说：“你怎么能罚我的款呢？你应该奖励我才对呀！我第一次迟到了20分钟，你批评我后，我只迟到了10分钟；而今天我仅迟到了5分钟。这说明我在不断进步，你怎么还要罚我呢？”

是啊，“进步”了还要受罚，谁服气？经理从正面一时找不到说服他的突破口，便巧设了一个类比去驳斥他：“有一个小偷，第一次偷了一万元，第二次偷了五千元，第三次只偷了一千元。他也在‘不断进步’嘛，难道我们就不该惩办他，还要奖励他吗？”迟到的职员无话可说，只好受罚。

类比反驳的最大特点是后发制人、以牙还牙。人们在运用这种方法时，

一般并不指出前一话题的荒谬，而是刻意去模仿它。不动声色，大智若愚，一针见血，戳穿诡辩，让对方的荒谬暴露无遗。

（三）归谬推论，突显荒谬

归谬推论就是对对方明显荒谬的论点，先故意不予驳斥，反而承认其“正确”，并以此为前提进行推理，推出更加荒谬的结论来，使对方的谬误不攻自破。

一个自封的“著名诗人”出了一本诗集却无人问津。一个批评家对他说：“你的朦胧诗太朦胧了，许多人读不懂，所以卖不出去。”诗人不以为然地说：“曲高和寡嘛。读不懂的人越多，说明我的诗越高，高不可及！”批评家反驳他说：“哦，那么除了自己之外，谁也不懂的诗才是最好的诗了？”诗人无言以对。批评家用归谬推论法，从“诗，读不懂的人越多越高”的错误前提，推出“谁也读不懂的诗最好”的可笑结论，充分暴露了它的荒谬性。

有个青年教师考上研究生后，把他在中学当教师的妻子扔在一边，想在他的研究生同学里另找恋人。一个朋友劝他，他却振振有词地说：“地位变了嘛，和以前的伴侣没有了共同语言，为什么不可以去寻找新的真正的爱情呢？”朋友气愤地驳斥他：“如果一个人地位变了，就说同妻子没有共同语言，另觅新欢，那么你如果从硕士生一步步升到博士生、博士后、教授、博导，也不知道要寻找多少回‘真正的爱情’呢！”

朋友用归谬推论法，巧妙地揭示了那个研究生的荒唐可笑。

在一个周末的晚上，在某大学教室里，一些同学正埋头看书写笔记，洪卫同学抱着个吉他，边弹边唱自娱自乐起来。同学们都投以谴责的目光，他全然不顾，班长出面制止他，洪卫竟然说：“今天可是周末啊！”

班长听了他的话，不动声色地对他说：“今天图书馆阅览室里也是周末，你怎么不到那里去弹唱？今天正在加班开会的会议室也是周末，你怎么不到那里去弹唱？今天医院手术室也是周末，你怎么不到那里去弹唱？……”接着班长的话，同学们七嘴八舌地议论开了，洪卫只好背起吉他到操场一角弹唱去了。

班长用归谬法驳斥洪卫同学的错误观点。他的观点是：“周末是绝对自由的，到什么地方弹唱都可以。”班长先假设洪卫的观点是正确的，然后用它作大前提去推理，得出可以在阅览室、会议室、手术室弹琴唱歌的荒唐结论，使他认识到教室是学习场所，即使周末也不能影响他人学习。

类比推出来的三种情况十分典型，对方论点之谬误显而易见。归谬反驳是成功的。

朋友们,当你在生活中遇到有人以诡辩欺压你的时候,不妨运用这些招法去戳穿它,以维护自己的合法权益。

辩论的最终目的在于驳倒对方的错误论点,证明己方的正确论点。反驳谬论还可以采用以下四种常用的方法。

(四) 追根究底,挖掘荒谬

某纺织厂一场火灾烧掉了库房里价值400多万元的棉花。在法庭上该厂党委书记朱阿大为了逃避法律责任,面对检察官的起诉,竟然辩解说:"我们厂领导班子是有明确分工的,我作为党委书记不分管安全生产,这场大火不该由我负责。"

公诉人:"请问:上级组织部门在宣布你上任时,有没有指出实行党委领导下的厂长责任制?"

朱阿大:"文件是这样规定的。"

公诉人:"这个规定是不是明确告诉你,你是这个厂负责全面工作的领导人?"

朱阿大:"是的。"

公诉人:"这全面工作当中,是不是包括全厂的重大决策和对干部的考察、任用、管理工作?"

朱阿大:"是的。"

公诉人:"那么,我们应该说:这次火灾你是责无旁贷的! 现已查明,火灾是由于厂长、仓库主任贪污挪用设备费导致电路失修造成的。你要对工厂重大决策失误负责,要对干部的任用、考察、监督方面的严重过失负责!"

朱阿大无言以对,低头认罪。

公诉人用追根法驳倒朱阿大"这场大火不该由我负责"的谬论,他透过现象、抓住本质,追根溯源,追究了党委书记朱阿大的重大责任。论辩中用了巧设机关、请君入瓮的招法,在公诉人层层进逼之下,朱阿大陷入有口难辩的境地。公诉人驾驭全局能力强,招法运用甚妙。

(五) 分析关键,反驳荒谬

在某市旧城改造工程中,遇到一个"钉子户",各项拆迁条例、政策均已落实,好说歹说对他就是没有效。在公示拆迁期限已过的情况下,城建执法大队前去依法强行拆除。户主对他们说:"噢,你们来硬的啦! 我这个人就是吃软不吃硬,来软的,咱们好说;来硬的,我就不买你们的账!"

听了他的话,拆迁办一位主任再跟户主谈话,心平气和地说:"请问,您说的这'软'和'硬'的标准是什么? 怎么才叫做'软'? 其实您所说的'软',

无非要我们对您以礼相待，同您一家开诚布公地交流，尽可能满足你们提出的要求，这些我们都已经做到了。您的要求只要符合法规的我们都满足了，我们已经软到位了。但您还不满足，那么请您说说还应该怎么个软法吧！”显然户主所谓的“软”标准是维护一己私利的、摆不上桌面的，他张口结舌，磨蹭了半天，终于同意拆迁。

拆迁办主任用分析法驳斥钉子户“服软不服硬”的观点。他从分析“软”与“硬”的标准入手，诚恳地表示市政方面已做到仁至义尽，巧妙地请对方提出可以接受的“软”标准。对方那些不合法不合理的要求又无法开口，只好乖乖就范。抓住关键词，分析概念内涵，坦陈己方见解，弘扬法理，辩驳是成功的。

（六）典型例证，证明荒谬

在某大学组织的辩论赛上，正方的观点是“有岗位才有作为”，反方的观点是“有作为才有岗位”。

正方辩手说：“大量事实都说明，人们只有进到一定的工作岗位之后，才可以干出一番事业来。如果你什么岗位都没有，哪个单位都没有你的事，你只能整天游手好闲。让你去筹划一个城市的建设规划，你能做到吗？”

反方辩手反驳说：“照对方的说法，没有岗位的人只能游手好闲，那么，我们请问：高位截瘫的张海迪没有工作岗位，她不屈服于命运的安排，勇敢挑战生命的极限，创作和翻译了一批文学作品，为社会做出了比许多常人更杰出的贡献；同样作为残疾人的侯晶晶，顽强地向命运挑战，成为南京师大教育科学的博士生。难道你能因为她们没有工作岗位就不让她们有所作为，而只能去游手好闲吗？没有岗位的人民群众难道就不能为城市的建设规划作出贡献吗？上海杨浦大桥的设计构想来源于一个小学生所画的一张草图；一个中学生向上海市长列举了大量城市交通和环保问题，提出的许多建议被城建部门采纳。他们离市长的岗位还远得很呢，不是也作出了重要贡献么？”

反方用例证法驳斥正方“有岗位才有作为”的错误论点。张海迪、侯晶晶，两个残疾人经过顽强拼搏，终于获得了成功；两个学生积极关心并以自己的方式参与城市建设，终于作出了自己独特的贡献。

这些没有岗位而大有作为的典型例证，雄辩地驳斥了正方的观点。反方举例可谓匠心独运：两位残疾人，两位未成年人，他们尚且能够做到，何况正常的成年人呢！

不破不立，论证己方观点的正确和揭示对方观点的谬误，是辩证统一、缺一不可的。在反驳对方的谬误中确立自己的正确观点;证明了自己的正确观点,对方的错误观点就不攻自破了。在生活中、在法庭上、在辩论赛场里,我们都要把握好辩论中破与立的辩证统一关系。

三、辩论中假装糊涂的技巧

古人说"以其昏昏",岂能"使人昭昭"。意思是说,自己糊糊涂涂,是不能使别人明明白白的,这是针对那些不懂装懂的人说的。我们在论辩中,却可以反其意而用之,形成一种独特的"糊涂"技巧。

(一)假痴不癫

"假痴不癫"是中国古代三十六计之一。指表面糊涂,心里却很明白。用"假痴"伪装自己的真实目的,麻痹对手,然后再反守为攻,克敌制胜。对手本来没有道理,却要蛮横,讲道理他偏不听的时候,可以采用这种方法。比如:

在某趟列车上,一位老太太见一座位无人,只有一个手提包,便礼貌地问:"请问,这儿有人吗?"无人回答。再问,坐在手提包旁的一位时髦小姐傲慢地说:"怎么没有人!人家的包不是放在这儿吗?"老太太环顾四周片刻,仍客气地说:"别处都没位子,是不是等……"小姐抢过话头:"等什么呀?人家刚送男朋友下车,马上就来的!你要着急,下车去催催吧!"老太太一踌躇:"她暂时没上来,我先坐坐行吗?"

"不行不行!这么热,一身臭汗!"

老太太有点不高兴:"小姑娘,出门在外,别这么说。"

小姐白了老太太一眼,将脸偏向车窗,不肯让座。不一会儿,列车启动,渐渐加速。只见老太太突然抓起提包,高声嚷道:"糟了,她没上车,不能让人家丢了包,我给她扔下去!"那小姐一把抓住提包:"别扔,这是我的!"顿时,全车厢一片哄笑。

老太太心里明白,却假装糊涂,要把手提包扔下车去,使小姐多占座位的不文明行为彻底暴露,受到公众的谴责。这一招甚妙。

(二)借局布势

"借局布势"也是三十六计之一,原意是借其他局面布成有利的阵势,虽然兵力弱小,但阵势也可以显得比较强大,就如鸿雁高飞,横空列阵,凭着羽毛丰满的双翼助长气势,也是很壮观的。在论辩中借取其意,指在应对中借助对方的立论方式及客观环境,利用一切可以利用的因素来打击对方。比如:

某青年素以愚弄他人而自鸣得意。一天,同村的孙大爷赶着毛驴经过他家门口,这个青年正在吃早饭,见孙大爷过来,便冲他喊:"喂,过来吃点东西吧!"孙大爷连忙应答:"多谢。我已经吃过早饭了。"不料,这青年是在玩恶作剧,一本正经地说:"我没叫你,我是在叫你的毛驴呢!"说完便得意地大笑起来。孙大爷以礼相待,却反遭这毛头小子的一顿侮辱,心中好不气愤。只见他抬起右手,"啪啪"打了毛驴两耳光,骂道:"你这蠢货,出门时我问你外面有没有朋友,你说没有,没有怎么人家请你吃东西?"说完又在毛驴屁股上抽了两鞭子:"看你这畜生以后还胡说不胡说!"说完翻身上驴,扬长而去。那个以愚弄他人为乐的青年目瞪口呆,满脸尴尬。

小伙子心术不正,出口伤人,不料姜还是老的辣,一过招就败在孙大爷的手下。孙大爷如果以正常的方式去同这个青年人论理,他很可能不理不睬或冷嘲热讽,于是孙大爷巧借小伙子跟毛驴"打招呼"所隐含的信息——以驴为友,来一个"训"驴教友,并用打驴耳光这个戏剧性动作,毫不留情地给小伙子一个严厉的教训。

(三)以谬止谬

当对方的立论存在似是而非的谬误,而又不方便直接指出时,不妨先做一下"糊涂"人,通过有效的诱导与转换,引用对方荒谬的立论,让对方在不知不觉中突然面对荒谬,从而达到一种"以其人之道,还治其人之身"的效果。比如:

加拿大有一位著名的外交官叫朗宁,他的父亲曾是一位来华的传教士,长期在湖北襄樊传教。朗宁出生在中国,是喝中国奶妈的乳汁长大的。后来,朗宁随父母回到加拿大,30多岁时竞选议员,对手攻击他说:"朗宁曾喝过中国人的乳汁,他身上一定有中国人的血统,因此不能参加加拿大议员的竞选。"朗宁镇定自若地反击道:"我小时候喝过中国人的奶就有中国人血统,你们小时候喝过牛奶就有牛的血统。喝过人奶又喝牛奶,岂不成了人牛'混血儿'了?以后肯定吃过牛排、鸡腿,你们的血统肯定很难认定了。"几句话就把对手驳得哑口无言,败下阵来。

朗宁的对手提出一个荒谬的论断,朗宁假定这个论点是"正确"的,然后用这个论点去推理,得出更加明显的荒谬的结论,这就是逻辑学中所谓的"归谬法",是论辩中常用的驳论手法。

(四)以假当真

有位哲人说过,假的就是假的,伪装应当剥去。哲人的思考,总是对事物做出真理性的认识。而在语言应对中有时却要与真理性的认识暂时分道扬镳——以假当真，当“糊涂”人。就是明知其假，却偏偏当成真，以此来推理，从而得出有利于自己的结果，让对方处于尴尬的境地。比如：

一个叫黄先富的农民到济民医院看病，患的是常见病肠胃炎，医生让他到七八个科室检查，折腾了半天，开一处方拿药去。农民拿单子去一划价，吓了一大跳：合计应交款1320元！

“姑娘，”黄先富讷讷地对收款员说，“俺不瞧这病行不？一千多块钱，是俺全家一年的收入，俺瞧不起这病……”收款员大声大气地说：“这算个啥？进口药，一针就是一千多块钱呢！你不是叫什么，什么‘黄先富’么？先富起来的大户，还在乎这几个钱么，哼！”

病人听了收款员的讽刺，十分生气，回敬她说：“姑娘从名字就看出穷富，真行！不过俺也从名字看出俺一分钱也不用交，你们叫做‘济民医院’，济民就不要收钱了吧！”

这家医院的收款员挖苦病人，服务态度十分恶劣。而病人黄先富对她的挖苦没有从正面给予驳斥，而是以假当真，顺着她的逻辑推下去：既然对“黄先富”可以顾名思义，知道他有钱；那么对“济民医院”也可以顾名思义，知道到这里看病不用花钱，这是绝妙的推理。在这种机智的回击下，缺乏职业道德的收款员理屈词穷，目瞪口呆了。

郑板桥给我们留下了“难得糊涂”的名言，被许多人奉为座右铭，这句话主要是对做人与处世而言的，我们不去讨论。但是，人们说话论辩有时也需要“糊涂”，这是一种说辩技巧：清醒的人用假装糊涂的手法，促使真正糊涂的人清醒起来，如此而已。

四、辩论中反客为主的技巧

在辩论赛中，提问是重要的进攻策略之一。一个巧妙的提问，可以将对手逼到山穷水尽的绝境，而一个高明的答辩又可以起死回生、化险为夷。作为一名辩手，要善于提问，通过问来主导对方，同时也应该善于应答。辩论中的答，不仅仅是对问的反馈，更是对问的正面回击。优秀的辩手往往善于在答辩中突破对方的主导力量，使其控制系统失灵，从而把握辩论的主动权。那么，常用的答问技巧有哪些呢？

（一）节外生枝

这种技巧的指导思想是，对对方的提问作一笔带过的答复之后，随即将话题岔到与该问题相关的其他方面，以开创新的立足点，为己方观点辩护，最终达到趋利避害的目的。

辩题：正方　艾滋病是医学问题，不是社会问题

反方　艾滋病是社会问题，不是医学问题

正方：我想请问对方同学，如果有一两岁的婴儿被感染上艾滋病，你对这个婴儿进行性安全教育是必要的吗？（笑声、掌声）

反方2：……至于谈到小孩，我们当然不需要对他进行性教育，但却有必要对他的母亲进行性教育，这样才能防止艾滋病的母婴传染啊！（掌声）

在论辩中，某一提问是否成功，基本上取决于它是否能在最大程度上为难对手。就上面的辩词来看，正方的进攻路数是可取的，他的反问有一个显而易见的答案，即对幼婴进行性教育是完全没有必要的，这是一个不容否定的事实。但是如果只是顺从地应诺它，又必将沦为被动。反方的高明就在于他轻描淡写地应承之后，马上话锋急转，谈到对幼婴的母亲进行性教育的必要性，这一高论出人意料而又合乎情理，且过渡得十分自然，毫无刻意牵强之嫌，它从较深的层次上论证了“艾滋病是社会问题不是医学问题”的论点，巩固了己方的逻辑底线。是面对某一具体提问，集中兵力突破于己不利的限制，争取自由的辩论空间。

辩题：正方　不以成败论英雄

反方　英雄自以成败论

反方：岳飞是因为他的成功之处成为英雄，还是因为他的失败之处成为英雄？

正方：对方辩友，岳飞根本不能拿一个简单的成败去衡量。我们今天学习岳飞，是学习他的爱国主义精神。岳飞的精神从哪里来？是从实践中升华出来的！这种实践无论成也好，败也好，无论是“撼山易撼岳家军难”这种胜利也好，还是风波亭的悲壮牺牲也好，这都无所谓，实践成败不是衡量岳飞的标准，岳飞在这种实践成败中体现出来的精神才是我们要学习的，这正是不以成败论英雄！（掌声）

反方抛出的是一个“二者必居其一”的选择性提问。这类提问有一个共同特点：只要你的思维稍稍被动，无论你做何种选择，都将在劫难逃。回头来看正方的答辩，他没有陷入反方“非此即彼”的圈套，而是跳出这个圈套之外反戈一击，尖锐地指出，岳飞之所以被视为英雄，是因为他在战斗的一生中体现出来的一种崇高的爱国主义精神，而并不是因为他的成功或者失败。如此一番慷慨陈词，大气磅礴而又淋漓尽致，挣脱了对方的束缚，使对方设置的圈套彻底失败。

（二）置换反击

一般来说，在辩论过程中，不论如何精心的设计提问，只要放到一个合适的参照系中，都可以找到其薄弱环节，但是受临场时间限制，我们常常在瞬间寻找反驳途径未果的情况下，马上就陷入了某种被动局面。这时候，“置换反击”法可以帮助我们解决一些实际问题。它的具体思路是，暂时置换自身角色，站到对方立场上去，审视对方所提问题，并从这一立足点出发设置一个新的反问，来堵截对方的追击。

辩题：正方　美是客观存在

反方　美是主观感受

正方：请问对方三辩，我美不美？

反方：对方三辩非常美，但这个观点只代表我个人的感受，如果有人胆敢说对方三辩不美的话，我们是不是要踏上千万只脚让他永世不得翻身呢？如果美的标准是客观的话，那么你何必问我你美不美，你只要拿美的客观标准衡量一下就可以了。（掌声）

正方现身说法的提问，有一个小小的“阴谋”：如果说她美，她会轻而易举地论证那是“客观事实”，如果说她不美，又必将显得言不由衷，且有失大体。这种情况下，反方先顺势肯定“对方三辩非常美”，妙就妙在他随即补充了一句“这个观点只代表我个人的感受”，弦外之音是肯定还会有人认为对方不美，因为审美是个人的主观感受，是因人而异的一种情趣，这与己方立场紧密扣合，使对方毫无间隙可乘。接下来，反方辩手置换了双方立场，假定对方的论题是成立的：“如果美有一个客观标准的话，你只需要自我衡量一下就行了，又何必问我你美不美呢？”巧妙的反问中射出暗箭，有力地推翻了对方潜在的立论基础。

（三）求同析异

此法适用于与概念有关的提问。在辩论赛场上，有些辩手可能会为了某种利益，而故意混淆或者曲解特定的关键性概念，当然，此处也不排除因认知角度的不同而导致无意的混乱。求同析异法就是以理性的分析指出两个相似概念之间的差距，矫正或澄清对方的说法，以达到化解其攻击力的目的。

辩题：正方　都市化有利于人类发展

反方　都市化不利于人类发展

正方：请问对方辩友，现代化大都市香港这颗“东方之珠”是怎样不利于人类发展的？

反方：今天我们讨论的是都市化是否有利于人类发展，不是都市，请对方辩友弄清楚都市和都市化的概念，不要以静态的眼光看动态的发展过程。正如，盐碱对土地本无所谓好坏，但土地盐碱化却是我们根治的对象。

稍事琢磨就不难看出，正方的发问看似颇有攻击性，但他却犯了一个严重的错误：即将"都市"等同于"都市化"，这或许是他有意地偷梁换柱。反方是相当敏锐的，他马上抓住这一把柄，旗帜鲜明地指出这两个概念是不可等量齐观的。从词性上来说，"都市"是名词，"都市化"是动词；从意义上来说，前者表示某一形态的事物，后者表示某一事物的发展趋向。如果反方的答辩到此为止，可以说他并不成功，他还不能完全征服对手和观众。他的成功之处在于随后附加了一个"盐碱"和"盐碱化"的类比。这一类比有如天外来客，它是如此的准确、及时和生动。笔者行文至此，也突然想到还有另一对同样恰当的概念可作类比，那就是"沙漠"和"沙漠化"，这可能更浅显易懂。也许有些读者对"都市化"这类抽象而生涩的概念有些不明所以，但通过反方这么一个类比，我们就豁然开朗了，至少，我们明白了"都市"和"都市化"的确是两个不同的概念。

（四）巧问妙答

如果说前面几种技巧都在不同程度上以不同形式回避了问题，那么这里要介绍的"巧问妙答"将是一种正面迎接问题的技巧。这一拟题可能有些笼统和不得要领，但也正好体现了它的自身特色：没有硬性规定，不拘一格。其基本要点是对对方的提问作技巧性的招供。所谓"技巧性招供"，可以是五花八门的，但总的来说，它必须兼顾两个原则：其一是有问必答，针对性极强，对抗性极高；其二是答而有方，既要精辟生动，又不能使对方有机可乘。

辩题：正方　夜晚对人类利大于弊
　　　反方　夜晚对人类弊大于利

反方：请问"月黑风高"是什么意思？

正方：我告诉你，"月黑风高"的意思是说胆小的强盗趁着夜晚去干坏事，但是，不要忘了，真正胆大的强盗在光天化日之下也会为非作歹的。

显然，反方抛出的提问是有其"险恶"用心的。凭经验，我们都知道，与"月黑风高"联系在一起的，十之八九都是见不得人的勾当。反方发此提问，旨在突出辩题中的"弊"，以强化己方观点，他甚至企图借对方之口来为己方服务。可喜的是，正方辩手一眼识破了其中伎俩，在迎难而上之际，充分体现了他的机智：他在解释"月黑风高"一词的含义的时候，分别在"强盗"之前冠以"胆小的"和"胆大的"两个定语，这么一来，他的答辩使其所处形势发生了峰回路转的变化，不仅精彩绝伦，而且相当圆满、滴水不漏。在时间观念极强的辩论场上，能及时作出这样快捷的反应，实在难能可贵。可见，这一技巧在很大程度上需要倚赖于临场上的“瞬时灵感”，它可能不便于生搬硬套，且因为是短兵相接，风险系数较大，稍有疏漏便会给对方抓住把柄。此处举此一例，意在启发读者朋友开发这种即兴思维。

以上介绍的是辩论赛中常见的几种巧问妙答的技巧。其实这些技巧也适用于生活中的辩论。任何辩论都存在频繁的问答，如果你把这招学好用好，在辩论中就可以反客为主，克敌制胜。

五、辩论中巧设陷阱的技巧

在辩论赛上如果能够巧妙地设计出一些让对方无法回避而又容易上当的问题，往往能够收到意想不到的良好效果。

（一）暗设逻辑陷阱

比如有这么一场辩论，正方立场是“市场经济条件下，道德第一位，竞争第二位”，反方的立场是“市场经济条件下，竞争第一位，道德第二位”。应该说，要坚守正方立场还是有一定难度的，因为市场经济体制本身就是一种竞争机制，市场经济的本质属性之一就是竞争性。在质询环节，正方第一个提问至关重要，是先发制人还是为人所制，关系全局的胜败。请看这一轮质询：

正方：请问对方辩友，经济活动的主体是什么？

反方：市场。

正方：对方辩友错了！市场是经济活动的载体，经济活动的主体应该是人。再请教对方辩友，竞争的主体是什么？

反方：人！（对方受第一问影响，陷入了思维误区，回答了正方所期待的答案。）

正方：我的第三个问题是，人应不应该有道德？

反方：（发现落入对方陷阱，但只好硬着头皮回答）人……人当然应该……应该有道德。

正方：（顺理成章地）对方既然承认作为经济活动和竞争主体的人首先应该有道德，为什么还要回避道德是第一位的呢？对方已经承认了我方观点正确，就不要“犹抱琵琶半遮面”了吧！（观众鼓掌、喝彩）

正方设计了两个问题，一步一步把对方引入逻辑陷阱，待对方发现时已不能自拔，只能按逻辑推理去回答，不得不承认对方的观点。正方胜得巧妙！

再举一个例子。正方立场“克隆人类，弊大于利”，反方立场“克隆人类，利大于弊”。正方设计了巧妙的提问，并取得了质询的胜利：

正方：请问对方辩友介意克隆人类吗？

反方：不介意！最新的科研成果，应当应用到人类生产、生活中去。

正方：请问对方辩友介意克隆一个你吗？

反方：当然不介意！我是人类的一分子嘛。

正方：请问对方辩友介意克隆的这个你，热烈亲吻你的女朋友吗？（观众喝彩）

反方：（尴尬）对不起，我、我还没有女朋友……（观众笑）

正方：对方辩友“王顾左右而言他”，不敢作正面回答。不过你的潜台词是十分明显的：如果你有女朋友，你会介意的，你会吃醋的！克隆人类将会带来一系列伦理道德问题，“春江水暖鸭先知”，对方辩友还是十分敏感的嘛！（观众鼓掌）

第一、二个问题，对方基于自己的立场，只有毫无选择地回答“不介意”。第三个问题让对方左右为难，再说不介意是违反人之常情的、不合逻辑的；说介意的话，既然克隆人带来了让你“介意”的后果，利大还是弊大，不言而喻。对方最后居然回答说：“对不起，我还没有女朋友。”一时传为笑谈，这也是一个设计逻辑陷阱诱敌成功的例子。

（二）善作归谬推理

在辩论中，假设对方的观点正确，用这个观点作为逻辑推理的前提，推出十分荒唐的结论，谁是谁非便一清二楚了。通俗地说，就是先“顺着竿子往上爬”，然后再“倒打一耙”。仍以“市场经济条件下，道德第一位还是竞争第一位”的辩论为例：

正方：众所周知，经济活动具有功利性。假如在市场经济条件下，把竞争放在道德之前，我们将看到人们穿着黑心棉，喝着甲醛酒，吃着陈馅月饼，看着盗版书，开着翻新车，住着新建成的危房，这样的竞争，对方想要吗？

反方：对方列举了衣食住行这么多问题的存在，可这是竞争带来的吗？

正方：对，这不是竞争带来的。这是不正当竞争带来的，是竞争者的道德水平低下带来的，所以我们才要把道德放在第一位。

反方：不正当竞争带来了问题，才用法律、用道德去规范。竞争在前，道德在后，所以还是竞争第一位呀！

正方：对方的意思是，不正当竞争的罪恶之果，催开了文明道德之花，于是，我们岂不是要呼唤更多的罪恶之果了吗？按照对方辩友的逻辑，为了法律规范，大家首先要男盗女娼、以身试法；为了道德完善，大家首先要坑蒙拐骗、丧尽天良。人世间还有比这更荒唐的逻辑吗？（热烈的掌声）

在这一轮的交锋中，反方说到“不正当竞争带来了问题，才用道德去规范，竞争在前，道德在后，所以还是竞争第一位”的时候，显然已经犯了一个错误，谁居第一位，说的是重要性的问题，而不是先后的问题。正方“顺着竿子往上爬”，用这个错误的逻辑去推理，得出了极其荒唐的结论。

（三）巧提两难问题

在辩论中，可以设计一些使对手左右为难的问题，让自己掌握场上的绝对优势，对方则怎么回答都要陷入非常尴尬和被动的境地。这就是逻辑学上的“二难推理”。比如有这么一场辩论赛，正方的立场是“学高为师”，反方的立场是“德高为师”。双方辩手就此展开了一场有趣的攻辩：

正方：有这么一个人，他酗酒，吸食麻醉剂，与妓女厮混。请问对方辩友，他可不可以为师？

反方：不可以，因为“德高为师”。

正方：可是我们提到的这个人，一般都称他为大师，因为这个人是梵高。（笑声和掌声）还有这么一个人，他四体不勤，五谷不分，鄙视体力劳动者，鄙视妇女。请问对方辩友，他可不可以为师？

反方：我们强调德高为师，为师者言传身教，榜样的力量是不容忽视的。

正方：请正面回答，可以，还是不可以？

反方：不可以。

正方：可是对方辩友知道这个人是谁吗？他是被我们尊为“万世师表”的孔子。（热烈的掌声）

应该说，正方设计的这两个问题都是比较刁钻的。反方回答“不可以”，正好掉进正方设置的圈套。回答“可以”，正方就可以接着反驳：那么就是说德不高者也可以为师，承认了我方“学高为师”的观点。即使反方发现正方的意图，从另一个角度回答，说德不高者可以作为反面教员，前车之覆，后车之戒。正方还是可以说，反面教员也是教员，只要我们学到东西，他一样为师了，德不高者也可以为师，与反方的观点还是相悖的。二难推理的妙用就在于让对方左也不是，右也不是，进也不是，退也不是，不论怎么回答都要犯错误。

以上是在辩论实践中，如何学习运用提问招法的几个简单例子，希望辩手们互相学习，在辩论中妙招频出，妙语连珠。

六、辩论中反弹制胜的技巧

爱好足球的朋友都知道,当对方踢来一球时,我方把球反踢回去,就势借力,可以把球踢得更远、更有力量。这种“反弹”的技巧,也可以用在论辩中,当对方向你发动攻势时。你接招借力“反弹”,使对方猝不及防,败下阵来。论辩中的“反弹”制胜术,主要有以下四种。

(一) 反果为因术

在通常情况下,事物的原因和结果是相辅相成的,有其因就有结果,相反,有结果就必有其因。在辩论中,对方如果通过荒谬的推理,错误地阐释事物的因果关系,这时就可以运用逆向剖析的方法,演绎出相反的因果关系,达到“反弹”制胜的目的。

在戴高乐机场候机厅里,一位胖乘客和一位瘦乘客之间,发生了一场有趣的论辩。

瘦子说:“听说法国航空公司拒绝男高音歌王帕瓦洛蒂乘飞机,因为他太胖了。后来他硬是按重量购了三张机票,才上了飞机。像你这样的胖子,按理至少得买两张机票才行。”胖子笑了笑说:“谢天谢地,假如你的话应验了,那么,你永远也没有福气乘飞机了。”

“为什么呢?”瘦子问道。

“你想一下,像你这样一个瘦家伙,占一个座位却只能收一半的钱,航空公司能让你乘飞机吗?”胖子揶揄地说道。

在这里,瘦子的推理是:按体重购票——胖子得购两张票;胖子反击推理是:按体重购票——航空公司不会卖票给瘦子,他乘不了飞机!由于这个结论,是由对方提出的前提推论出的,具有对方难以置辩的逻辑力量,反击十分有力。

(二) 同理类推术

在论辩中,有时可以针对对方的攻击,提出一种类似的情况,再进行合乎逻辑的推论,彰显对方的谬误,用同理类推的方法,把对方的攻击“反弹”回去。

国外一对夫妻到某湖滨度假村度假,丈夫喜欢黎明时钓鱼,妻子喜欢读书。

一天早晨,丈夫垂钓了一会儿,回宾馆休息。妻子划着丈夫的钓鱼船,到湖的另一边,在清新的空气中津津有味地读她喜爱的小说。

这时,一名警察坐着船来问道:“早上好,女士,您在这儿做什么?”

"读书。"她回答,心想,这不是明摆着的吗?

"您在法律规定禁止渔猎的区域钓鱼。"

"但是,长官,我没有钓鱼,您不是看到的吗?"

"可您有全部钓鱼的设备,就必须带您到警察局去一趟。"

"假如您那样干,我就告您强暴我。"女士厉声喝道。

"一位美丽文雅的女士怎么能血口喷人呢?您知道,我可没有碰您一指头哇!"警察抱怨道。

"是的,这没错。"女士回答道,"但是您不也具有强暴的全部设备吗?"

警察一愣,随即会意地哈哈大笑,并随即道歉说:"尊敬的女士,打扰您的雅兴了,请继续读您的书吧!"

警察的逻辑是,只要船上有渔具,就一定在钓鱼,而这位聪明的女士进行了类推"反弹",用一种幽默的方式,嘲讽了警察荒谬的逻辑,使其不得不认输。

(三)借言反击术

在辩论中,也可以从对手的话语中寻找反驳的言辞,经过妙手点化改装,成为回击的利器,再"反弹"回去,如同孔明草船借箭以反击曹操一样。对方如果要反驳,就是在否定自己说过的话,势必陷入自相矛盾的境地。

小江和老黄就"发展知识经济,自然科学和社会科学谁更重要"的问题展开论辩。

小江:发展自然科学是世界各国都在争上的一班车,千方百计挤上这班车才谈得上发展知识经济。

老黄:上车当然重要。但车往哪个方向开,要遵守哪些交通规则,更为重要。社会科学的发展就是要为自然科学的发展,为人类社会的发展方向导航。开车比上车更重要!

小江:人类社会的发展归根结底要靠自然科学的发展,现在科学已经发展到可以对人类克隆的程度,许多观念将会随之改变。

老黄:人能不能克隆,怎样制约这种克隆,必须制定法律,必须靠社会科学去调控。如果克隆技术一旦失控,人类将面临灭绝的危险啊!

在这场论辩中,老黄两次运用借言"反弹"的技巧。当小江以"争上车"为喻,说明发展自然科学是大势所趋时,老黄借言反击,从另一个角度阐明"开车"比"上车"更重要,即社会科学的发展要为自然科学的发展导向。当小江谈到"克隆人"的最新成果时,老黄立即借言"反弹",指出克隆技术必须靠社会科学去调控,反驳顺理成章,小江欲辩无词了。

（四）模拟比较术

在辩论中，面对强词夺理的对手，有时可以模拟其推理套路、说话方式，从另一角度推出结论与之比较，是非分明，手法巧妙，更容易使对方理屈词穷，败下阵来。

张教授和王律师就“中国目前是否应该取消死刑”的问题展开了一场辩论。

张教授：取消死刑体现了对人的生命最大的尊重和珍惜。

王律师：不取消死刑，震慑罪犯，体现了对广大人民群众的生命最大的尊重和珍惜。

张教授：加拿大等欧美国家取消了死刑之后，犯罪率并没有上升。他们的经验值得我们借鉴。

王律师：美国等欧美国家取消死刑之后，犯罪率急剧上升，又恢复了死刑。有的国家甚至两度取消，最终不得不恢复。他们的教训值得我们注意！

张教授提出“取消死刑尊重生命”的论点。王律师巧妙地模拟其套路和句式，提出“不取消死刑尊重更多人的生命”的论点与之对比。张教授提出加拿大等国取消死刑的例证，王律师模拟其套路与句式，提出美国等国家恢复死刑的例证，针锋相对，模拟对比，取得了成功。

七、辩论中刚柔相济的技巧

在人际交往中，有时会遇到蛮不讲理的人，用轻言柔语说不动他，而这个“坎儿”又非过不可，这时你可以审时度势，以刚柔相济的语气巧妙辩驳，既捍卫了自己的尊严，又使事态峰回路转，最终如愿以偿。下面介绍此类辩驳的三种方式。

（一）接过“石头”，效仿回敬

面对蛮横无理者，不妨接过石头打人，以同样话语回敬对方，“以其人之道还治其人之身”，使对方大吃一惊，把他打“醒”过来，那时局面就可能发生逆转了。

某公司滕经理为一家台湾商人做产品模型，台商看过样品后不满意，到手的生意眼看就要告吹。滕经理亲自去找台湾老板想争取一下，由于没有提前预约，硬被秘书小姐挡在门外。他从下午3点一直等到6点下班，当老板出门时，他上前礼貌地说：“老板，我想耽误您5分钟，和您谈一下关于产品模型的事情。”

老板盛气凌人，用手指着他的鼻子大声说：“你以为你是谁！你以为你是克林顿，还是安南？你想见谁就见谁！”滕经理没想到对方会如此无理，但他没被这种气势吓倒，反而接过“石头”回打过去，也用手指着对方说：“你以为你是谁，你是克林顿、你是安南吗？都是生意场上的人，让您苦等三个小时却见不到面，您怎么想？”

台湾老板从未见过这架势，一下愣住了。他已经意识到自己的态度不当，脸色由阴转晴，变得客气起来，请滕经理到贵宾室商谈，于是事态峰回路转。滕经理真诚地说：“我想，我接这个项目并不是为了赚钱，一心只想把它做好，创造品牌的好声誉。如果做得不满意，你们可以拒绝付款。”台湾老板高兴地说：“就冲你这股闯劲，这个模型就给你做定了！”事情很快谈妥。

这种接过“石头”回敬对方的辩驳，一方面有如重拳出击，使对方猝不及防，不知如何招架；另一方面“以其人之道还治其人之身”，又具有警示作用，让对方明白彼此是平等关系，为了做生意，对方自然会很快变得理智起来，展开平等对话。试想，如果滕经理用恳求方式说话，对方肯定看不上他，这桩买卖自然也就泡汤了。

（二）分析利害，指明后果

针对无理指责，在辩驳时重在分析对方的错误，指出其严重后果，刺中对方的痛处，促其反思，改正错误。

在某电脑公司打工的小张，善于学习，个人销售业绩突出，被评为金牌销售员。有一天，她在向顾客介绍电脑功能时，一一指出各种电脑的优点和不足，正好被来店视察的老板听见了。顾客一走，老板立即板起脸孔斥责她：“你怎么能在顾客面前随便瞎说电脑的缺点？这不是在砸我们自己的牌子吗？”她刚解释了几句，老板感到自己竟被一个下属反驳，丢了面子，便讽刺说：“你别以为自己比别人多卖了几台，就觉得了不起……”

老板的专横使小张受到了莫大委屈，她义正词严地说：“别以为您是老板就什么都是对的，就可以随便训斥人。我有我的销售方式，并且事实证明，这是能给公司带来长远效益的有效方式……不讲诚信，只晓得赚眼前的钱，那是自断财路！如果您觉得我不行，我可以另谋出路！”老板被驳得无言以对，生气地走了。事情闹僵了，小张决定干完这个月就辞职。谁知三天后，老板找小张谈话，诚恳地向她道歉，并提升她为这家专卖店的销售主管。

人都有尊严，只要自己有理，位卑也要挺直腰。对无理的斥责，应该予以义正词严的回击，分清是非，申明利害，帮助对方认识他的错误会导致的严重后果，明智者必会闻过则喜，改弦更张。难怪这位老板在清醒之后要重用一身正气的打工者呢！

（三）层层反驳，边破边立

针对对方明显的偏颇认识或不实之词，有理有据，逐层批驳。在批判谬误的同时，阐明自己的正确主张，引导其放弃错误立场，接受正确意见，达到理想的效果。

杨小姐某名牌大学硕士毕业后，到一家公司应聘。考官一看是个女性，便皱起眉头说："对不起，本公司需要一位能力强、马上能开展工作的男士，暂时不需要女性，你可以走了。"

面对如此武断、充满偏见又不讲礼貌的考官，杨小姐顿时产生了要对他"驳一驳"的勇气。她平静地说："经理先生，我很佩服您的坦率。女性是存在着许多不如男性的地方，但任何事物都有两面性，女性有短处，也有长处，比方说善于协调人际关系。在情商与智商同等重要的今天，女性所特有的细心和温柔往往能够避免矛盾的激化，进而化解矛盾，协调好单位内部的和外部的种种关系。贵公司的销售部经理不就是一位出色的有能力的女士吗？"

在这番有理有据的高论面前，经理脸上的傲慢消失了，换成了无可奈何的语气说："你说得都对，可是我不想就男女平等的问题同你辩论。我们仅仅在谈一个具体的工作，男女都一样，理论上顺理成章，实际却很麻烦……"

杨小姐反驳说："麻烦？那我们来谈谈'麻烦'吧。无须回避，女性由于生理方面的因素确实存在一些麻烦，但真的会麻烦到影响工作的程度吗？我想请经理把传统的家庭妇女与现代意义上的职业女性区分开来。有的女性确实更适合家务，而有的则受过高等教育，因而胜任社会工作。例如贵公司的销售部经理，还有您面前的我，一个工商管理学硕士！我并不想把自己伪装成一个厌恶婚姻、拒绝生育的怪人，事实证明，一个职业女性拥有一个幸福和谐的家庭，会让她拥有更多的热情和责任感投入工作。我想我进入贵公司，是可以为公司解决困难而非增加困难，消除麻烦而非制造麻烦的。"

至此，经理对她刮目相看了，他一页一页仔细翻看她设计的企划书，立即感到自己遇到了一个难得的人才，当场决定破例录用她。

面对主考官性别歧视、有辱女性的偏见，杨小姐以退为进，首先承认男女确有差别，但立即以辩证的观点，指出女性既有所短就必有所长，并且以该公司销售部女经理为证据。驳得多么巧妙、多么有力啊！主考官理论上被驳倒之后，又以具体问题的"麻烦"为由，拒绝招聘女性。小杨再以退为进，承认"麻烦"的客观事实，但立即指出，训练有素的现代职业女性不仅不会给公司增加困难和麻烦，而且能够为公司解决困难、消除麻烦，并看准时机十分自信地毛遂自荐,终于使主考官对她刮目相看。综观杨小姐反驳的全过程:承认事实、进退有方,有理有据、边破边立,以子之矛、攻子之盾,把握时机、推销自我。她反驳的勇气可嘉,她反驳的技巧可鉴。

从上述事例我们看到,运用此类反驳招法必须做到三点:

第一,有理。真理在握,据理力争,绝不是无理取闹。你有理才可能底气足,有勇气,而不被对方的气势吓倒,才敢于为维护自己的人格尊严、合法权益进行反驳。反过来说,如果你是无理取闹,不但输了理,而且输了人,这样的反驳就毫无积极意义可言了。

第二,有力。辩驳不是谩骂,而是针锋相对的讲理。你有理还要会讲理,善于运用说辩招法,把道理讲得雄辩有力,对准对方的"软肋",力求刺痛对方,引起震动,促其反思,在利弊得失的权衡中恢复理智,纠正错误,才会出现峰回路转的局面。

第三,有礼。这类辩驳一般发生在人民内部,彼此并无根本的利害冲突。这就要求反驳者有理不在声高,切忌声色俱厉,做到有理有礼有节,适可而止,得理饶人,以维系人际间和谐的关系。

生活、工作中不可能没有交谈,交谈中看法不同就会发生论辩。在论辩中怎样才能驳倒对方,最终说服对方呢?不妨试用一下上述这几种招法。

八、辩论中迂回周旋的技巧

辩论赛场上要克敌制胜,除了己方的立论正确、精辟之外,把对方驳倒辩垮是关键和难点。辩手的知识、阅历、智慧、口才在辩驳中集中地显示出来,往往决定一场辩论的成败。下面介绍巧答妙驳、克敌制胜的基本招法。

(一)一针见血,击其要害

在辩论中对手会向你提出一些刁钻、古怪、尖刻的问题,使你陷入困境。答好这些难题,你才能赢得人气、征服评委。你必须冷静、机警,瞄难其要害,一针见血,使对方无法招架、难以回手。

在《治愚和治贫哪个更重要》的辩论中——

正方:不治愚,贫穷代代相传,恶性循环,难怪对方辩友也发出哀叹:"唉,真是一代不如一代呀!"这一代不如一代的状况,难道不是愚昧造成的吗?

反方:不治贫穷,温饱问题都解决不了,人们的生存都无法保证,人还能代代相传么?

这个回合的辩驳反方显然占了上风,他们巧妙地把问题推向极端,把贫穷使人不得温饱,无法生存的问题凸显出来,正方难以再辩下去了。

在《人之初是性本善还是性本恶》的辩论中——

正方:正因为人性本善,所以人随时可以放下屠刀,立地成佛。这个成语难道不正说明了人的本性是善良的吗?

反方:有的人是会放下屠刀、立地成佛的,这不错。但我请问,如果人的本性都是善良的,谁会拿起屠刀呢?这个成语归根到底,只能证明我方的观点:人之初,性本恶!

反方辩驳得真妙!"放下屠刀,立地成佛"这个成语,正方从人可以转变去看;而反方则从本源上去看。反方看得更高更远,抓住要害,驳倒对手。反方巧妙地利用对手提出的论据,加以改造为己所用,表现了高超的辩论技巧。

(二)另辟蹊径,攻其不备

在辩论中当对手提出一些荒诞的问题,提出一些生僻的专业性很强的问题,你缺乏准备,硬辩下去,可能会出现鸡蛋撞石头的悲剧。这时你可以另辟路径,出其不意,攻其不备,扭转局面,争取胜利。

在《医学的发展是否应有伦理限制》的辩论中——

正方:既然是学医学的,怎么会把发展和应用截然分开呢?对方辩友知不知道外科学、内科学、儿科学、妇科学,离开了实际应用,这些学科能算医学吗?医学都不是,又怎么能发展呢?

反方:我倒想请问对方辩友了,相思病去看外科还是去看内科?(观众掌声、笑声)

按照正方的思路辩下去,反方必败无疑。医学的应用与发展密不可分,正方准备充分,只等反方落入陷阱。聪明的反方突然另辟路径,反过来提出一个似怪不怪的问题。反方突然扩大"疾病"、"医学"这些概念的外延,打乱了正方的部署,使辩论向着有利于己方的方向发展。真可谓另辟蹊径,扭转乾坤。

(三)借力还击,恰当类比

在辩论中对方常常会以一些名家箴言、俗话成语作为论据,由于历史文化的积淀和思维的定势,人们对这些名言成语存在畏惧感。这时,你要清醒沉着,跳出常规,用打太极拳的方法,借力还击,可以巧用类比推理,既驳倒对方,又进一步阐述本方的论点。

在《电脑是否一定给人类带来福音》的辩论中——

正方:反方辩友列举了电脑给人类带来的种种弊端,但是正如雨果所说："任何工具的产生都有它胚胎时的丑恶和萌芽时的美丽。"电脑这种事物，虽然是初生的婴儿，但它给人类带来的福音已经完全可以判定了！

反方：对方辩友的逻辑当真有趣。如果一个刚生下来的婴儿我们就可以下判决书，判定他今后给人们带来的是祸还是福，那么为什么希特勒没有被犹太人掐死在摇篮里呢？

正方搬出雨果的名言，说得似乎有理有据。反方不被这个"下马威"吓倒，抓住了对方的比喻不当和逻辑错误，借力还击：既然把电脑比作婴儿，怎么能对婴儿作出终身评价呢？把希特勒拿来作类比也很有说服力：当希特勒还是婴儿的时候，谁也无法判定他以后会成为杀人魔王！类比恰当、逻辑严密，反方这个回合胜得干脆利落。

在《信息高速公路的发展对发展中国家是否有利》的辩论中——

反方：中国有个成语叫"有勇无谋"。对方辩友口口声声要飞快发展，飞跃前进，我想到了《三国演义》里的张飞，有勇无谋，徒有匹夫之勇，发展中国家都成了"张飞"，也是飞不起来的！

正方：反方辩友从"飞跃发展"，想到"张飞"，想到"有勇无谋"，想象力真够丰富的，可惜这不是逻辑推理！我的名字叫许海楼，难道我往这儿一站，海市蜃楼就出来了吗？如果我要这么说，你们会马上把我送到安定医院去！

反方煞有介事地引经据典，却犯了一个低级的错误：以主观猜想代替逻辑推理。正方的反击十分巧妙，他以自己作类比，假设自己以名字联想去取代逻辑推理，一定会被人送到精神病院去。严词批驳了这种错误，又没有直接批评对方辩友，有理有节、得理饶人，其反驳的技巧和气量，都是可圈可点的。

（四）反唇相讥，幽他一默

在辩论赛场上遇到的挑战应该说都是善意的，回击应该针锋相对，可以反唇相讥，但一定要与人为善，有理有节，在唇枪舌剑中多一些幽默诙谐。是最理想的。

在《电脑是否一定给人类带来福音》的辩论中——

反方：对方辩友既然认识到，电脑从本质上看是一种工具，那么你怎样保证按在那电脑键盘上的不是黑手党的黑手呢？

正方：电脑是一种先进工具，它带来的巨大社会效益要比它的负面影响要大得多！黑手党可以用电脑，我们就不用电脑了？黑手党可以打电话，我们就不用电话了？黑手党可以坐飞机，我们就不坐飞机了？难道对方辩友愿意我们回到原始社会，赤身裸体、赤手空拳去改造世界吗？

双方的攻辩都不乏幽默。反方显然犯了以偏概全、不分主次的逻辑错误。正方的反驳十分得法，按对方的逻辑去推理，层层递退，结果只能倒退到赤身裸体的原始社会，幽默诙谐的语言表述了深刻的道理。

在《不破不立/不立不破》的辩论中——

正方：对方要讲历史，我们就从最古老的时期讲起，如果人类不破除四条腿走路的习惯，那么我们今天怎么能站在这里和对方辩友辩论呢？

反方：按照对方辩友“不破不立”的逻辑，只有把所有四条脚走路的猴子斩尽杀绝，人才能站起来走路喽！

双方观点针锋相对，但辩论中相互嘲讽、揶揄，语言风趣，态度友好，辩出了较高水平。

以上四条是辩论中巧答妙驳、克敌制胜的主要招法，对赛场上的辩论和生活中的辩论都有价值，值得朋友们学习和借鉴。

参考文献

1. 李军华著:《口才学》,华中科技大学出版社,2003 年版。

2. 金盛华、张杰著:《当代社会心理学导论》,北京师范大学出版社,1997 年版。

3. 陈钦勇著:《浅论口才在人际交往中的功用》,重庆交通学院学报,2005 年第 1 期。

4. 马勇琼著:《谈“第一印象”对人际交往的影响》,玉林师专学报,1997 年第 2 期。

5. 周龙影著:《论心理咨询中的“人际关系”》,江苏大学学报,2002 年第 2 期。

6. 于鲁文著:《咨询关系:咨询者的品质及其作用》,大学生心理健康教育与心理咨询研究,2001 年。

7. 易锦海、李晓玲著:《交际心理学》,华中科技大学出版社,2004 年版。

8. 桑德拉·黑贝尔斯,里查德·威沃尔著,李业昆译:《有效沟通》,华夏出版社,2002 年版。

9. 薛压萍著:《试论人际交往障碍形成的认知原因和对策》,无锡教育学院学报,1999 年第 4 期。

10. 李国庆、胡坚著:《讲演心理探讨》,湖南人民出版社,1988 年版。

11. Paolo Bernardis “Speech and gesture share same communication system”,Neuropsychologia,2006 年第 2 期。

12. Rachel Yudknowsky “Prior experiences associated with residents' scores on a communication and interpersonal skill”,Patient Education and Counceling,2006 年第 2 期。

13. 李元授、邹昆山、徐永年编著:《演讲训练》,武汉大学出版社,2003 年版。

14. 王晓东、汪玮琳编著:《跟我学:交际口才》,中国经济出版社,2006年版。

15. 欧阳友权、朱秀丽编著:《实用口才训练》,中南大学出版社,2005年版。

16. 王裘主编:《口才训练教程》,中国财政经济出版社,1996年版。

17. 方位津编著:《实用口才训练教程》,首都经济贸易大学出版社,2005年版。

18. 王黎云主编:《演讲与口才》,浙江大学出版社,2004年版。

19. 邵守义、谢盛圻,高振远主编:《演讲学教程》,高等教育出版社,1993年版。

20. 刘建祥主编:《演讲与口才应用知识大全》,湖南人民出版社,2002年版。

21. 林华章主编:《应用口才教程》,法律出版社,1996年版。

22. 谢伦灿著:《即兴说话艺术》,石油工业出版社,2002年版。

23. 郑悦素编著:《口才全书》,哈尔滨出版社,2005年版。

24.《演讲与口才》,演讲与口才杂志社编辑出版。

后　记

《口才学通论》这个题目，本来是准备作为个人著作悄悄进行的，结合个人近些年来在高等学校开设口才学公共选修课的教学实践和经验积累，试图做成一本小册子，以等待出版时机。这时，浙江大学出版社组织了一套面向应用型本科院校的教材，本书有幸列入其中。2006年初在浙江大学出版社召开了组稿会议，我的写作计划，得到与会代表的热情肯定和鼓励，同时也得到了中国计量学院李秋副教授、浙江工业大学赵中华副教授的热情支持，才有了此后的合作编写。

本书具体分工是，主编傅明善教授，完成全书编写体例和大纲，并执笔写作第一章“绪论”、第八章“演讲口才”、第九章“辩论口才”；副主编李秋、赵中华，李秋执笔写作第三章“口才学的美学功用”、第六章“推销口才”、第七章“社交口才”，赵中华执笔写作第四章“教学口才”、第五章“领导口才”。另外，由于专业化的需要，我们请宁波大学心理学专业的郎萍执笔写作了第二章“口才学的心理学基础”。正是各位编写成员的通力合作，充分体现了多学科合作编写的优势力量。

本教材编写工作能够如期进行，并按计划完成和出版，首先要感谢浙江大学出版社的编辑，正是他们那具有前瞻性的想法设想让我们如愿以偿；也感谢给我们提供了开设口才学公共选修课的各大院校，给我们提供了这样一个良好的教学实践机会，将我们教学实践中的点滴积累汇成今天这样一本粗具规模的通用教材，以便接受更加广泛而深入的教学实践的检验。其中，本书责任编辑孙秀丽女士，不仅在教材编写大纲的论证会上给予了许多很好的建议和一些建设性的意见，而且还不辞辛劳赶到宁波参加了编写小组的碰头会，对于当时还是半成品的部分初稿也提出了许多合理化的建议，进而又仔细审查了初稿的全文，纠正了许多因为电脑打字造成的错别字，认真负责、一丝不苟的工作态度更让我们感佩不已。

同时,我们也不能不感谢在口才学诸领域先期作出杰出贡献的学者教授们,是他们的优秀成果给我们编写教材提供了多方面的素材和经验,还要感谢《演讲与口才》杂志,那里面丰富的口才学实践个案和优秀文章给我们提供了很好的原材料,为我们的教材编写提供了极大的便利。因为考虑到教材编写的特点,以及体例的因素,书中引用材料,无法全部一一注明,还恳请诸位原作者多多见谅。如果还有一些不能尽如人意的地方,也请本教材的广大使用者提出宝贵意见,以便今后及时改进。谢谢了!

傅明善

2007 年 3 月于宁波